扣好人生第一粒扣子
习惯养成教育32课

编著◎姚瑜洁
顾问◎孙　红　陈镇虎

上海社会科学院出版社
SHANGHAI ACADEMY OF SOCIAL SCIENCES PRESS

图书在版编目（CIP）数据

扣好人生第一粒扣子：习惯养成教育 32 课 / 姚瑜洁编著 . — 上海：上海社会科学院出版社，2020

ISBN 978-7-5520-3152-2

Ⅰ . ①扣…　Ⅱ . ①姚…　Ⅲ . ①习惯性—能力培养—中小学—教学参考资料　Ⅳ . ① G635.5

中国版本图书馆 CIP 数据核字（2020）第 065459 号

扣好人生第一粒扣子——习惯养成教育 32 课

编　　著：姚瑜洁
责任编辑：路　晓
封面设计：高静芳
出版发行：上海社会科学院出版社
上海顺昌路 622 号　邮编：200025
电话总机 021-63315947　销售热线 021-53063735
http: //www.sassp.cn　E-mail: sassp@sassp.cn
照　　排：上海碧悦制版有限公司
印　　刷：上海天地海设计印刷有限公司
开　　本：787 毫米 ×1092 毫米　1/16
印　　张：16.25
字　　数：375 千字
版　　次：2020 年 6 月第 1 版　2020 年 11 月第 2 次印刷

ISBN 978-7-5520-3152-2/G · 918　定价：65.00 元

编 委 会

主　编◎姚瑜洁

编　委◎祝永华　黄　燕

谈　冰　曹丹红

凌洁敏　杨燕青

孙丽萍　罗丽惠

王　剑　富士英

王晓静　倪新华

杨　路　王　磊

龚志萍　张晓怡

秦蓉子　何平平

高　慧

扫一扫“德行千里”微信公众号
获取更多主题教育课案例

目录 Contents

序 Preface

“少成若天性，习惯如自然。”好习惯如铠甲，无坚不摧。当我翻开这本《扣好人生第一粒扣子——习惯养成教育32课》，就想到习近平总书记的指示：“实现中华民族伟大复兴的中国梦，需要一代又一代有志青年接续奋斗。广大青年要以国家富强、人民幸福为己任，胸怀理想、志存高远，积极投身中国特色社会主义伟大实践，并为之终生奋斗。”我也由此书看到了浦东德育工作者对习惯养成教育的探索和付出。

党的十九大提出，要培养担当民族复兴大任的时代新人。习近平总书记在全国教育大会上指出，要在加强品德修养上下功夫，踏踏实实修好品德，成为有大爱大德大情怀的人，强调每个人的生活都是由一件件小事组成的，养小德才能成大德。从自己做起、从身边做起、从小事做起，一点一滴积累，逐渐养成好思想、好品德。

上海教育工作者牢记新时期党的教育方针，适应新形势下教育改革和发展的需要，落实立德树人的根本目标，围绕“培养什么人、怎样培养人、为谁培养人”这一核心问题，结合未成年人思想道德建设的主要任务，加强和改进中小学班集体建设，建立家、校、社三结合模式，从“大处着眼，小处着手”，从规范行为习惯做起，培养学生良好的道德品质和文明行为，促进学生全面健康发展。

上海市浦东新区德育团队在这条探索之路上孜孜不倦，成为习惯养成教育中的“开路先锋”。他们以培养学生良好行为习惯为主线，以主题教育课为抓手，从学习生活习惯、文明礼仪习惯、孝亲敬老习惯、人际交往习惯等方面组织实践和探索，形成行之有效的习惯养成教育体系，本书汇集了他们的智慧与结晶。

在此探索与实践的过程中，浦东新区德育团队始终遵循以下三个原则——

一、注重意识培养，面向长远发展

著名教育家叶圣陶先生说："教育就是培养良好的习惯。"揭示了培养学生良好习惯的重要性。习惯养成教育是小学德育工作的基本任务之一。良好习惯的养成对一个人的成长、发展有着十分重要的影响，是学生形成健全人格的基础，也是学生成人、成才的前提，对学生核心素养的形成、个性化发展、社会性发展、可持续发展都有着深远的意义。

习惯的培养非一朝一夕之功，一旦养成习惯就具有一定的稳定性，会成为一种自动化行为。小学阶段是个体道德社会化的开端，是学生品德、智力、生活能力等形成发展的"黄金时期"。习惯养成过程中，学生的道德认知和理解能力得到提升，逐步形成规范，成长为一个独立、自信、有责任感的新时代少年。

二、立足学生特点，丰富主题内涵

本书以青少年习惯养成教育为己任，让习惯养成教育落地有声、行之有效，努力做到点、线、面结合。

1. 以教为点，开展序列化探索

浦东新区德育团队深入贯彻青少年习惯养成教育，融入青少年教育的每个阶段。从"学习生活习惯"到"文明礼仪习惯"，从"孝亲敬老习惯"到"人际交往习惯"，贯穿小学一年级到初中八年级，切实推进习惯养成教育的有序、有效开展。本书主题鲜明、内容丰富、形式多样，作为习惯养成教育的有效中介之一，与家庭习惯养成教育相辅相成、互为协同、形成合力，是习惯养成教育序列化的一次有效探索。

2. 以学为线，激发主观能动性

"思想决定行动，行动养成习惯，习惯形成品质，品质决定命运。"本书注重激发学生主观能动性，使其主动接受来自各方面的品德教育和人格熏陶，最终形成完善的人生观。对于学生来说，良好的习惯可以充分挖掘其非智力因素；良好的生活习惯培养其自理能力；良好的品德习惯可以使其成为有志向的人。

3. 以习为面，注重训练细打磨

习惯是一种巨大的能量，它可以主宰人的一生。未成年人的认知水平较低，自制力弱，对其行为习惯的养成教育应关注细节，习惯养成主题教育课以其教育性、双主型、情景化、体验式这四大特点，从发生在学生学习、生活中的小事件、小问题入手，落脚在训练，润物细无声的教育使学生在充满创意的课堂上习得终身受用的好习惯。

三、践行核心价值观，由近及远、知行合一

核心价值观承载着一个民族、一个国家的精神财富，是最持久、最深层的力量。习近平总书记号召广大青年要从现在做起、从自己做起，勤学、修德、明辨、笃实，使社会主义核心价值观成为自己的基本遵循，并身体力行将其推广到全社会去，在实现伟大中国梦的实践中创造自己的精彩人生。

浦东新区各学校的班主任通过主题教育课，将学生的“知”和“行”统一起来，使学生领会理解养成学习生活、文明礼仪、孝亲敬老、人际交往等好习惯的道理，使其心中产生共鸣；通过各种活动让学生从小事做起，在实践中感知，在行动中领悟，约束不当举止，在养成符合核心价值观的行为习惯中明辨、笃实。在主题教育课中，学生将道理内化，变成信念。“知”是前提，“行”是根本，“知行合一”固化于制，青少年学生践行社会主义核心价值观才能变为现实，才能同心共筑伟大“中国梦”。

结集成册的《扣好人生第一粒扣子——习惯养成教育32课》将社会主义核心价值观落实在学生的一举一动、一言一行、一字一句中。书中的主题方案根据学生年龄特点和心理特征编撰，大多经过多轮实战演练，即备课、磨课、观课、议课，引导学生通过“学、做、思、悟”，逐步形成对好习惯的认同感、渴慕心。行知情意

各要素相互作用，这其中行是关键。教师在帮助学生形成“好习惯成就大未来”的同时，也对学生如何“行”作了细致的指导，让学生晓之以理，动之以情，践之以行。

谨希望浦东新区德育团队继续努力深化，让青少年学生在养成良好习惯的同时，感受到社会主义核心价值观的力量，建立起共筑中国梦的使命感，为国家未来的栋梁之才铺垫一条充满正能量的道路。

期盼广大青少年扎根在良好习惯的土壤中，根深蒂固、枝繁叶茂，结得累累硕果。

以此为序。

上海市学生德育发展中心副主任

2020年5月

绪论 Introduction

主题教育课设计九步曲

上海市浦东教育发展研究院　姚瑜洁

班会有两种形式：一种是由班主任进行道德谈话和讨论，如解释《学生守则》和学校的有关规章制度等。另一种是由学生班委会在班主任指导下自己组织、自己主持进行的，如讨论和决定本班重大事项、开展某项有意义的活动等，有时还可以围绕某一主题举行主题班会。

——摘自《教育辞典》

《教育辞典》中的第一种班会形式，我们称其为“主题教育课”。主题教育课是以学生为主体，以班主任为主导，围绕某一个德育主题，通过课程形态，有计划、有目的地开展情境化的道德认知教育，引导学生在认知冲突和思想对话中进行道德交往、激发道德反应、获得道德体验、促进道德发展的集体教育活动，有意义的价值引领是活动的核心取向。它是班主任工作的有效途径和形式之一，在思想教育和班级管理中发挥着十分重要的作用。

本文结合“习惯养成教育32课”课例，探寻主题教育课设计九步曲。

一、明确活动意义——习惯养成教育的重要性

所谓意义，是人们对自然或社会事物的认识，是人们给对象、事物赋予的含义，是人类以符号形式传递和交流的精神内容。人类在传播活动中交流的一切精神内容，包括意向、意思、意图、认识、知识、价值、观念等，属于意义的范畴。那么，开展中小学生习惯养成教育的意义何在？

1. 教育是永恒的主旋律

著名教育家叶圣陶先生说：“什么是教育，简单一句话，就是养成习惯。”俄国著名教育家乌申斯基有过绝妙的比喻：“良好习惯乃是在神经系统中存入的道德资本，这个资本不断地增值，而人在其一生中就享受着它的利息。”我国古代哲人也说过：“教人以洒

扫、应对、进退之节，爱亲、敬长、隆师、亲友之道，皆所以为修身、齐家、治国、平天下之本。”可见，培养学生良好的行为习惯是青少年可持续发展的需要，是关系到学生将来能否走向社会、适应社会、服务社会的大事，是教育永恒的主旋律。

2. 儿童时期是习惯养成的最佳时期

发展心理学告诉我们，儿童时期是养成良好行为习惯的最佳时期。这个时期的儿童在心理上正处于一种吸纳和接受状态，如果能够得到适当的刺激和帮助，某种能力就会迅速发展起来；反之，就会造成发展上的滞后和变异。德国天才儿童卡尔・威特就是例证：卡尔・威特出生在一个牧师家庭，他生下来并未显示出“天才”的特质，相反，在婴儿时期反应较为迟钝，似乎有点儿痴呆。经过其父母的悉心教育培养，他养成了良好习惯，终于成为著名的天才儿童，在多个领域成为学术权威。

二、界定活动方向——习惯养成教育的内容

道德认知发展理论告诉我们，学生的道德行为发展阶段具有不变的序列性，即人的发展方向和潜能是多种多样的。不同学历、不同年龄阶段、不同境遇的人会产生不同的价值需求和认识差异。

《中学生日常行为规范》和《小学生日常行为规范》（以下简称《规范》）是国家对中小学生日常行为的规范性要求，目的在于对中小学生加强基本伦理道德教育和基础文明行为的训练，使中小学生懂得如何处理个人与他人、个人与集体、个人与社会的关系，懂得中小学生的责任与义务，从而养成良好的行为习惯，提高思想道德品质。本书中，我们着重关注学习生活习惯、文明礼仪习惯、人际交往习惯和孝亲敬老习惯。

1. 学习生活习惯

学习生活习惯是指在学习生活过程中经过长期练习而形成并逐步成为个体需要的方式。对中小学生来说，良好的学习生活习惯就是积极调动“眼、耳、口、心、脑”等多种感官的有效运作，形成“善于观察、勤于思考、敢于质疑”的良好思维品质，促进学生在学习方法、学习效率、思维品质等方面的综合提升，提高生活自理能力。

2. 文明礼仪习惯

文明礼仪是全社会都必须遵守的行为准则，是社会文明程度和文化水准的体现，也是弘扬中华民族文化、彰显传统美德的重要形式。对于中小学生来说，良好的礼仪主要表现在待客接物、做客礼节、餐桌聚会、同学交往、公共场合等方面。培养学生文明礼仪习惯，使华夏文明之花在润物细无声中外化于形、内化于心，让文明礼仪的种子在孩子们的心中生根发芽，滋润每个家庭，浸润整个社会。

3. 人际交往习惯

人际交往也称人际沟通，是指人们通过语言、文字或肢体动作、表情等方式将某种信息传递给其他人群的过程。对于中小学生来说，良好的人际交往习惯从关心身边的人做起，用友善、乐助的姿态，设身处地为他人着想；懂得理解、尊重、包容、感恩、诚信等相处之道。

4. 孝亲敬老习惯

孝亲敬老是中华民族的传统美德，是每一个中华儿女应尽的义务，也是促进家庭幸福

美满、保障社会和谐稳定的重要举措。“孝”是中国传统文化最基本、最重要、影响最深远的伦理道德观念。对于中小学生来说，养成孝亲敬老的习惯，就是用正确的道德观念塑造学生美好的心灵，引导学生自觉恪守和传承中华孝道、不忘父母养育之恩、感念师长关爱之情。弘扬中华民族传统美德，用良好家教家风涵育道德品行，为家庭谋幸福，为他人送温暖，为社会作贡献，努力提高精神境界，培育道德文明新风尚。

三、分析活动背景——上扣文件，下系实际

活动背景是指活动开展前已经存在的状态，包括自然环境、社会政治、经济条件、文化教育等方面，对此要进行具体分析，做到“上扣文件要求，下系实际需求”。

1. 把握上级文件和教育政策

“上扣文件”是指班主任要加强学习，牢牢把握国家、教育部门的文件精神。

班主任须认真研究文件要求，把握教育基调。例如，《中小学德育工作指南》指出：“以培养学生良好思想品德和健全人格为根本，以促进学生形成良好行为习惯为重点，坚持教育与生产劳动、社会实践相结合，坚持学校教育与家庭教育、社会教育相结合，为中国特色社会主义事业培养合格建设者和可靠接班人。”《中小学文明礼仪教育指导纲要》指出：“加强中小学文明礼仪教育，对于提高中小学生的思想道德修养，努力构建社会主义和谐社会，提升全民族的文明素质，增强国家的文化软实力具有重要意义。”

再如，党的十九大报告以及《中华人民共和国国民经济和社会发展第十三个五年规划纲要》《教育部共青团中央全国少工委关于加强中小学劳动教育的意见》《上海市中小学生命教育指导纲要》《小学生日常行为规范》《青少年网络文明公约》等也多次强调习惯养成教育的实施要点。这些都为学生的习惯养成教育指明了方向。

2. 把握学生的实际情况

“下系实际”是指班主任要认真研究学情，把握学生的年龄特点、成长规律等实际情况，增强教育的针对性和实效性。

王淑芬老师在设计三年级主题教育课《拉勾，文明用餐，从我做起》前，做了这样的学情分析：学生进入三年级，自我意识逐步萌发，对外界提出的要求开始质疑，从一年级、二年级的“大人要我怎么做我就怎么做”开始萌生“为什么我要这样做”的想法，对之前养成的习惯放任松懈，比如用餐文明、上课礼仪等。这个阶段需要引导学生深入了解“习惯”背后的含义，促使其将规范行为内化为一种自愿、自发的行动，从而巩固已养成的好习惯。

周霞老师设计的三年级主题教育课《小小洗手间　处处显温馨》是源于班中部分学生代表参加了“学校少代会提案金点子”活动。大家针对学校洗手间出现的玩水嬉戏、乱涂乱画、如厕不冲等不文明现象提供了大量实用的改进意见。代表们强烈呼吁全校师生都应将学校看作自己的另一个家，并建议班主任老师开展一次“爱护公物”的主题教育课。

陆燕华老师在和家长沟通中，听到家长抱怨“孩子老爱泡在QQ上，不知道在和什么人聊天，很担心他会因此耽误学习。”“我家孩子有许多QQ网友，没几个我认识的，实在担心他会学坏！”了解这些情况后，她针对班级学生做了网络交友的问卷调查，结果显示有92%的学生结交过网友，有90%的学生经常与网友聊天，甚至有学生盲目地与网友相约见

面。可见，网络交友现象在班级中普遍存在，八年级主题教育课《小小对话框，网友知多少》就这样应运而生了。

四、拟定活动主题

活动主题是画龙点睛之笔，在正确审题、多维度思考、推敲词句、提升立意的基础上酝酿而生。主题是一个富有思想的灵魂，统领整个活动，起着纲举目张的作用；主题是一条贯穿课堂的主线，链接所含内容，凸显于课的始终；主题是众矢之的，聚焦目标，直击心灵深处的痛点；主题是一首曲子的定音，奏响学生教育工作的主旋律。

1. 凸显人物法。如“独一无二的我”“我和大雄学礼仪”“我是小当家”“邋遢大王书包奇遇记”“马小虎漫游马虎国”“我和大雄学五到”“告别‘小马虎’学习更给力”等。

2. 设置悬念法。课题中设置悬念能使学生产生疑问，激发寻找答案的冲动，调动学生的好奇心。如“小小对话框，网友知多少”“如果我是你”“今天，我们怎么扔垃圾”等。

3. 点明关键法。如“告别嘲笑”“小动作　大能量”“合理使用零花钱”“学会理书包”等。

4. 中英融合法。如“高空抛物，STOP！”“注意力，你hold住吗？”“和借口say byebye”。

5. 关键词前置法。如“护眼，我们一起行动”“高空抛物，STOP！”“注意力，你hold住吗？”“学会自制，做学习的主人”等。

五、明确活动目标

活动目标是一课时活动过程中师生互动的目标，指活动实施的方向和预期达到的效果，是对学生通过德育活动后，预期产生的思想、情感态度价值观、知识和能力以及行为方面变化的一种明确具体的表述。活动目标是最具有操作性的目标，是一节课的出发点和归宿。一节课的成效是由目标的实现程度来检验的。活动目标一般有三种写法。

（一）常规写法：一般从思想教育、能力培养等角度考虑

1. 学会换位思考，体谅父母，解决与父母之间的误会与矛盾，提高与父母沟通的能力。

2. 体会父母为抚养自己付出的辛劳，了解父母的难处，以实际行动孝敬父母和尊敬长辈。

（上海市浦东新区沪新小学　刘东清《体谅父母　从我做起》）

（二）知识目标、情感目标、行为目标

1. 知识：了解营养午餐的来之不易，体会均衡饮食的重要。

2. 技能：针对班级中午用餐“乱”和“脏”的问题，探究问题产生的原因，体验文明用餐全过程，进一步明确用餐要求，规范文明用餐的行为。

3. 情感：理解爱惜粮食不仅是尊重他人的劳动成果，也是对自己的健康负责。

（上海市浦东新区福山证大外国语小学　王淑芬《拉勾，文明用餐，从我做起》）

（三）三维目标：知识与技能；过程与方法；情感、态度与价值观

1. 知识与技能

（1）学习整理书包的三个小本领：分类法、摆放法、物归原处法。

（2）应用所学方法整理自己的书包，学会唱儿歌《理书包》。

2. 过程与方法

（1）通过录像和视频，掌握整理书包的步骤。

（2）通过观察、点评，以及自己亲身体验，练习整理书包。

3. 情感态度价值观

懂得劳动最光荣；养成自己整理书包的习惯。

（上海市浦东新区周浦第二小学　方秋萍《学会理书包》）

六、做好活动准备

古人云：“凡事预则立，不预则废。”这启发我们，不打无备之仗。要备好一堂主题教育课，除了精心设计活动方案，教师还要做好一系列的准备工作，需要准备很多活动材料和用具。我们可以从硬件和软件两个方面着手，对课堂上的每一个细节都应予以考虑，这是教育成功与否的关键。

【活动准备】

1. 查找资料：国内外洗手间的照片、别称、浪费水资源的后果等。
2. 拍摄照片：洗手间安装门前后的变化、少代会提案稿等。
3. 拍摄视频：清洁工阿姨打扫洗手间。
4. 创编小水滴的故事、水龙头哥哥和镜子姐姐的对话并录音。
5. 制作课件。

（上海市浦东新区三林镇中心小学　周霞《小小洗手间　处处显温馨》）

【活动准备】

1. 准备各种不同款式的衣服。
2. 准备一个儿童行李箱。
3. 制作大拇指奖章。
4. 准备六个小篮筐。
5. 邀请家长代表。

（上海市浦东新区晨阳小学　谈冰《慧劳动　会生活》）

七、明确活动主线

主题教育课要有一条清晰的“主线”，主线是实现有效活动的关键抓手，它忠实地指向活动目标，是教育活动的“纲”，统御着活动的全过程。

陆燕华老师设计的一年级主题教育课《邋遢大王书包奇遇记》中，小邋遢喝了不干

净的汽水，身体缩小，掉进了一个又脏又乱的大书包里。孩子们和小邋遢发现了四个宝箱。第一个宝箱的任务是“点一点”，孩子们和小邋遢一起清点书包内的物品；第二个宝箱的任务是“分一分”，孩子们学会了物品分类的各种方法；第三个宝箱的任务是“理一理”，孩子们与小邋遢一起动手理书包；第四个宝箱的任务是“辩一辩”，孩子们围绕“理书包可以让家长代劳吗？”进行了头脑风暴。取得线索后，孩子们最终获得了通关密码“自己的书包自己理”，顺利救出了小邋遢。

傅琳老师设计的三年级主题教育课《我和大雄学礼仪》中，大雄邀请我们参观他的梦幻博物馆，通过玩“七关小游戏”学习参观博物馆时应具有的基本礼仪。在第一关“门口——换装大变身”中学习“穿戴整洁进展馆”的礼仪；在第二关“走道——猫咪，我来也”中掌握“轻声慢步细欣赏”的礼仪；在第三关“青铜馆——点赞需谨慎”中理解“触碰展品要不得”的礼仪；在第四关“油画馆——洗耳恭听”中明白“打断导游不礼貌”的礼仪；在第五关“放映厅——你来分分类”中了解在参观博物馆时照相机的使用方法和要求；在第六关“大家来找茬儿”中学会“挡住他人可不好”的礼仪；在第七关“葵花宝典”中，总结所习得的参观礼仪秘籍，吟唱文明礼仪儿歌。

韩琳老师在《美食大不同　民族心连心》一课中，从民族美食入手，以“戴着领巾去旅行”活动为出发点，以主人公“小小”和她的旅行日记为主线，学生在旅行日记的引导下，了解民族特色美食、寻找身边的民族美食、知道各民族的饮食禁忌。由民族美食入手，引导学生认识到，维护民族团结要从尊重民族饮食习惯做起，将民族团结落实到生活细节中。

在主题教育课《握住他（她）的手》中，音乐节奏的起伏韵律就是一条主线。陈金凤老师带着四年级的学生和家长一起体验。首先，伴随着悠扬的排箫音乐，柔和幽暗的灯光，引导学生沉浸到体验中，并在手中的白纸上写下五个生命中最重要的人。随后，通过煽情走心的音乐切换，层层进入学生的内心世界，引导学生做出选择，用手中的笔依次删掉其中一个人的名字。最后，当充满温暖的音乐《感恩的心》缓缓响起时，提醒学生从体验环节回到理性的现实，写下内心独白，并走向教室后排，与亲人握手。这种推波助澜式的情感体验策略，正好击中学生的情感命脉。

结合学生生活选取活动的落脚点，形成一条清晰的主线，让课堂环节、活动内容和活动形式等都紧紧围绕主线，环环相扣，从而保证活动的从容、有序进行。

八、挖掘活动资源

陶行知先生说：“教育要通过生活才能发出力量，而成为真正的教育。”生活是教育的基础。学生品德的形成源于他们对生活的体验、认识和感悟，家庭、学校、社区、国家、世界是学生不断扩展的生活领域。教师必须珍视生活对儿童品德形成和社会性发展的价值，注重课程内容与各种社会生活资源的整合，让生活走进课堂，从课堂走向生活。

1. 调动学生个体资源

学生的生活经验、个性特长、情感态度都是很重要的“资源库”，学生的观点、问题和猜想等都是活动中所需要用好的课程资源。教师要联系学生实际，关注学生差异，关注生活，从生活实践中采撷闪光点，掌握更多的第一手素材，建立“生活储备库”。刘炜老师在《告别嘲笑》中设计的情景剧《试卷下发后》就来源于学生的实际生活。

试卷下发后，平时成绩一直很好的小茹因一道简单题做错而被同学嘲笑。

小怡：耶，我这次得了A呢，还是全对呢！看看，看看，这试卷多完美！

众人：哇，好厉害，全对啦。就是就是……咦，小茹呢？

小琳：小茹你得了啥？呀，才得了B啊！

小王：让我看看，让我看看！你们知道吗？小茹这次才得了B，这道这么简单的题，我都做对了，她却错了，哈哈……

众人：什么题错了？

小王：0+8，你猜她写几？她写0，哈哈……

小茹：你们……你们都走开，笑什么笑？

（小茹趴下哭泣，很伤心）

2. 开发学生周边资源

联系学生生活实际，补充学生身边的“真”故事材料，使教学内容贴近学生生活，这些信息也是非常重要的课程资源。

沈可蕾老师在《小动作　大能量》中呈现了一张微信截图，是来自《爸爸去哪儿》中小主角森碟（田亮的大女儿）和妈妈的日常对话，上传后在网络上引起了热议。网友们纷纷感叹“每一句都露出拒绝”，森碟的妈妈更是自嘲道：“和森碟的聊天，每一句都是ending。”这样的情景在我们身边也曾经发生过，能引起学生的反思。

3. 利用教师自身资源

任课教师自身的生活经历、求学经历、工作经历、学识智慧、社交活动都比学生丰富，教师与学生相处过程中展现出的人格魅力、教学风格等都是课堂教学的一种独特资源。

《小小对话框，网友知多少》一课中，陆燕华老师展示了自己的QQ聊天对话框图样，介绍教师的网名和网友，显示教师和学生“记忆犹新”的模拟聊天记录，拉近与学生的距离，力求引导学生了解网络是一把双刃剑。老师的现身说法能有效地提醒学生在生活中要慎交网友，学会自我保护。

4. 开发社会人力资源

当地的社会经济、人文地理、风俗文化、时事政治等都是扩展课程资源开发与利用的范围，能促使学生认识社会、参与社会、适应社会。

吴鸣琪老师在《小“悦”手招聘会》中将学校的校本课程理念与主题教育课相结合，将学校吉祥物小海鸥设计为“悦”团领袖，让学生在学习过程中了解学校文化，用富有挑战性的欢乐情境激发低年级学生的兴趣。

“学生幸福课程”是嘉定区全面推进的中小幼一体化区本德育课程，古猗小学是嘉定区“学生幸福课程”项目领衔校，毛莹老师的《绿色出行，种下属于自己的树》以培养具有良好行为习惯与幸福生活能力的学生为核心理念，把培养健康人格、培育公民素养作为课程总体目标，以生活体验方式，指导学生获得幸福和自信的能力。

九、创新活动形式

良好行为习惯的形成是一个复杂的系统过程，诸多因素在学生的心理及行为发展中存在着各种影响。知、情、意、行是道德教育的四个重要层次，知是道德的认识，是指学生理解和接受《规范》并用以判断自己和别人言行的主观认识。在对学生提出一种行为习惯的要求时，要尽可能采用直观、形象的方法向学生阐述，晓之以理，使他们形成感性的认识。在行为规范教育与训练过程中，要注重学生成长发展中的变化情况，尊重学生的个性特点，采取多种有效的教育手段。

倪新华老师在《红丝带飘起来》中设计了“七个一”的活动：一场别开生面的知识竞赛，为学生揭开艾滋病的神秘面纱；一张触目惊心的图表，使学生认识艾滋病给人类带来的严重危害；一个亲身参与的化学实验，让学生了解艾滋病蔓延悄无声息；一句预防艾滋病的仿句填空，帮学生总结远离艾滋病的方法和措施。一部反歧视公益广告片，一个彭妈妈与艾滋病孩子长达十多年的故事，一首动情感人的歌曲，真真切切地让学生感受到彭妈妈对艾滋病孩子的尊重与关怀。

顾卫红老师在《合理使用零花钱》中把握“课前、课中、课后”三个环节，通过课前调查，让学生了解父母的收入情况以及工作的辛苦，了解自己的零花钱占父母收入的比例，从而真切感受父母的辛苦以及对自己的爱；通过课中对比，学生真切体验使用零花钱的合理性；通过课后延伸的实践操作活动，借用双胞胎的故事，指导学生向大宝学习，在生活中学会记账，养成理性消费的好习惯，懂得节约，体谅父母，回报社会。

韩琳老师在《美食大不同　民族心连心》中通过闻、摸和尝葡萄干，充分利用学生的多种感官体验来调动学习积极性，拉近了学生与民族特色美食的距离。运用图片、视频、音频、游戏开展教学活动，丰富学生的认知。巧妙运用学习单来帮助学生掌握、巩固所学知识，培养良好的学习习惯；合理利用小游戏掀起课堂小高潮，调动学生学习的积极性、主动性；充分运用美食卡、神秘礼物等评价手段，激励学生认真看、仔细听，完成学习单，抓住教学中的细节，从知识的掌握、课堂表现、合作学习等方面对学生进行课堂评价，充分发挥评价的激励作用。

“少成若天性，习惯成自然。”德育活动是一个“认知—抉择—实践—反思—再认知—再实践”的过程，从而让学生达到知行合一。知就是认识，行就是行为。一个人的品德自始至终都会从行为中自觉地表现出来。行为主要来自个人的认识。人的行为可分为三个层面：第一层面是被动的，即不自觉的，往往要别人不断教导，严加约束；第二层面是主动的，即可以自觉地去执行；第三层面就是达到自动化的境界。我们在养成教育中要遵循这一规律，对学生从小事抓起，从严要求，进行反复训练。主题教育课的最终目的是教会学生某种方法，因此方法指导和专项训练是主题教育课的重点。让我们把握主题教育课设计的九步曲，通过强化训练，促使良好的行为或意识渗透到学生的每一个细胞、每一滴血液和每一根神经中，达到“自动化”的程度。

一、学习生活习惯篇

学习生活习惯是日常学习生活中长期形成并逐渐固化下来的具有个性特征的行为方式，包括阅读学习、生活作息、个人卫生、环境卫生、科学饮食、运动健康等。

正如培根在《论人生》中所说："习惯真是一种顽强而巨大的力量，它可以主宰人生。"古今中外，关于名人大家良好习惯的故事不胜枚举。常言道，"细节决定成败"，良好的学习和生活习惯，不仅是个人保持身心健康的重要前提，也是提高个人素养和塑造优秀人格的基石，更有利于促进学生在阅读方面、学习技巧、思维方法等得到综合提升，受益终身。

对中小学生来说，良好的学习生活习惯就是积极调动"眼、耳、口、心、脑"等多种感官，具备"坐如钟、站如松"的定力，拥有"善于观察、勤于思考、敢于质疑"的品质。此外，还有早睡早起的作息规律；自主服务的劳动意识和生活技能；科学合理的饮食习惯；爱好运动、具有自我防护的安全意识等。

让我们从"理书包"开始，会"休息"，能"自制"，护双眼，和"大雄""小马虎"一起养成好习惯，成为学习生活的小主人！

第①课　邋遢大王书包奇遇记

设计教师：上海市浦东新区唐镇小学　　陆燕华
指导教师：上海市浦东教育发展研究院　姚瑜洁

【活动背景】

自理能力是孩子成长中非常重要的内容，有助于提高孩子的自主性、独立性。一般而言，自理能力强的孩子，将来步入社会后的生存能力也强。从小培养孩子良好的自理能力是学校和家长的责任与义务。

现在的学生，从小就是家里的“小皇帝”“小公主”，过着衣来伸手、饭来张口的日子。一年级学生上学时，有的忘了书本，有的忘了水壶，有的忘了餐具，丢三落四的现象时有发生。他们认为，整理书包是爸爸妈妈或爷爷奶奶的事，没有形成“自己的书包自己理”的意识，也没有掌握整理书包的方法。教师要从具体细节上给予指导，家长也应放手让孩子自己动手，养成及时整理书包的好习惯。

【活动对象】

小学一年级学生

【活动目标】

1. 认知：了解分类的含义和要求；掌握整理书包的基本过程和方法，并简要描述分类的依据；懂得“自己的书包自己理”这一道理。

2. 情感：激发自己料理生活的兴趣，培养“小主人”意识。

3. 行为：学会分门别类整理书包中的物品，并能结合整理活动总结整理书包的经验。

【活动重点】

学会分门别类整理书包中的物品，并能结合整理活动总结整理书包的经验。

【活动难点】

学会分门别类整理书包中的物品，并能结合整理活动总结整理书包的经验。

【活动准备】

课件、教具。

【活动过程】

一、观看视频创情境

（一）谈话导入

1. 师：小朋友们喜欢看什么动画片，为什么？

生1：我喜欢《冰雪奇缘》中的艾莎公主，因为艾莎公主有魔法而且特别善良。

生2：我喜欢奥特曼，因为奥特曼能打怪兽。

2. 师：你们特别有正义感，很赞。陆老师小时候也喜欢看一部动画片，里面有个人物叫“邋遢大王”，今天我们一起来认识他。

板贴：邋遢大王

（二）故事导入

播放视频《小邋遢掉进大书包》：

小邋遢喝了脏饮料之后变小了，并且重重地摔进了一个乌漆墨黑的地方。

小邋遢：哎呦！乌漆墨黑的！这是什么地方呀？

话音刚落，一堆书、文具还有餐具从天而降砸在小邋遢身上。

小邋遢：哎！哎！哎！我怎么掉进这么个大书包里了呀！小朋友们，快来帮帮我吧！

1. 师：小邋遢掉进一个怎么样的大书包里了呢？

生：小邋遢掉进一个又脏又乱的大书包里了。

板贴：书包

设计意图： 课堂伊始抛出“你最喜爱看的动画片是什么？”这一问题，既有利于拉近老师与学生的距离，激发学生的兴趣，又开门见山地引出整堂课的主人公“小邋遢”，符合一年级学生的学习特点和认知规律。

二、激趣闯关学技能

（一）火眼金睛点一点

1. 师：那我们先来帮小邋遢点一点，看一看大书包里一共有几本书？

生：一共有7本书。

2. 师：接下来，我们来个大扫除，看看里面还有些什么东西。

生：铅笔、橡皮、笔袋、胶水、卷笔刀、刀片、蜡笔、尺、剪刀、餐垫、餐具。

出示PPT：书包里的物品一件一件消除……最后出现了4只宝箱。

3. 师：咦？竟然还有4只宝箱。这里有张纸条，谁来读？

出示PPT：只有完成所有的任务，打开宝箱得到线索，排列出准确的密码，你才能从这里出去！

（生读纸条）

播放音频《小邋遢求助》：这可怎么办？小朋友们一定要帮帮我呀！

4. 师：小邋遢，别着急，我们马上开始第一个任务！谁来读任务卡？

出示PPT：任务一——点一点，想一想。大书包里的东西都是天天需要用到的吗？

（生读任务卡）

5. 师：陆老师先把那么多东西分成了三类：天天用到、经常用到、很少用到，小朋友们来判断一下，这些物品属于哪一类呢？

出示PPT：书本、橡皮、笔袋、铅笔、水壶、餐具

生：这些是天天要用到的东西。

出示PPT：剪刀、胶水、蜡笔

生：这些是经常用到的东西。

6. 师：为什么要分到“经常用到”这一类呢？

生：因为这些是美术用品，每周二才用得到，不用天天带。

7. 师：真会动脑筋，那么剩下的这两样东西呢？

出示PPT：字典、刀片

生：这些是很少用到的东西。

8. 师：这又是为什么，你们是怎么想的？

生：因为我们现在是一年级的学生，这学期暂时用不到字典，刀片对我们来说太危险，这些东西基本上都用不到。

9. 师：小朋友说得真好，恭喜你们获得第一把宝箱钥匙。请一位小朋友上台任意打开一只宝箱。

（生上台打开宝箱，获得线索）

10. 师：你获得了什么线索？

生：两个字，“自”“自”。

11. 师：好像没有什么头绪，我们赶紧进入第二关吧！

设计意图： 这一环节，设计“小邋遢”摔进了脏乱的大书包里的情境，通过“分一分”这个关卡先带领学生一起把书包内的东西进行清点，在清点的同时通过问答，初步使学生了解到书包内的物品可以分类，且有些东西是不适合放进书包里的，给下面“分一分”关卡做好铺垫。

（二）小组讨论分一分

出示PPT：任务二——请用各自的标准给大书包里的物品分类，并且说一说理由。

1. 师：请你来读任务卡。

（生读任务卡）

2. 师：请小朋友们用桌上的教具，以小组为单位讨论并且进行分类，推选一位代表进行汇报。

（生小组讨论进行分类）

生1：我们小组把大书包里的物品分成了三类。其中，一类是书本，一类是文具，一类是日用品。

生2：我们小组把大书包里的物品分成了四类。其中，一类是书本，一类是天天要用到的文具，一类是美术用品，一类是日用品。

生3：我们小组也把物品分成了四类。其中，一类是书本，一类是文具，一类是美术用品，一类是日用品。同时，我们把书本又进行了分类，学校的课本是一类，爸爸妈妈买的课外书是一类。

生4：我们小组也把书本进行了分类，将语文书和语文练习册放在一起，将数学书和数学练习册放在一起，我们是按照学科来分类的。

生5：我们小组把物品分成了四类。一类是书本，一类是会用到的文具，一类是日用品，还有一类是我们很少用到的刀片和字典。

3. 师：小朋友们的分类方法都不错，有理有据。

播放音频《小邋遢说分类标准》：小朋友们，你们真厉害，让我学到了不少。原来分类可以根据不同标准来分，比如可以按照学科分，也可以按照是否常用来分……我们快去打开第二只宝箱吧！

4. 师：看看能不能拿到第二把钥匙呢？嗨！真拿到了！请你来打开第二只宝箱。

（生上台随机打开一只宝箱，得到线索）

5. 师：你得到了什么线索？

生：也是两个字，一个是“己”，一个是“书”。

设计意图： 清点完书包里的物品后，就要进行分类。物品分类的方法有很多，课堂上不能刻板地教授一两种方法，所以在“分一分”这一环节中，采用小组讨论，让孩子们开动脑筋，在实践中学会物品分类这一技能。

（三）动手实践理一理

1. 师：我们离最终的目的地越来越近了，马上进入第三关！

出示PPT：任务三——理一理。请用上点一点、分一分的方法把自己的书包理一理，理得最快最好的小朋友就能得到宝箱钥匙！

播放音乐《小书包大梦想》：微风习习，清晨朗朗。崭新一天，有新的希望。向日葵风中娇艳绽放。年少的梦就像花一样，校园里摇椅轻轻晃。欢声和笑语微微荡漾。暖暖春风，吹来了书香，荡漾在知识的海洋里。小小的书包，装着大大的梦想，我背上它一路向远方，迈着轻盈步伐，沐着金色阳光，梦在心中，就不会迷茫……

（生在音乐声中开始整理自己的书包）

2. 师：请第一位整理完的小朋友来展示书包，大家可以通过实时投影来观察一下。

生1：我的书包有两个口袋。我在大口袋里放了书本、笔袋，书本按照大小，从大到小往前放，最前面放笔袋。小口袋里放的是午饭用的餐具和餐垫。还有两个侧袋，左面的侧袋里面放了水杯，右面的侧袋里放了纸巾。

3. 师：有谁来挑战？

生2：我的书包一共有三个口袋。我在大口袋里放了书本、笔袋，书本我按照学科分别放在了文件袋里面，最前面放了笔袋。第二个口袋里放了课外书和短绳。第三个口袋里放了餐具和餐垫。为了卫生，餐具外面还用一个保鲜袋包着。此外，我在侧袋里放了水杯。

4. 师：谢谢两位小朋友的分享和展示，你们认为谁能获得“整理书包小能手”这个称号呢？

（生齐呼姓名，生2以较大优势当选）

5. 师：请你来打开第三只宝箱！你得到的线索是什么？

生：“的”和“包”。

设计意图： 有了之前的“点”“分”这两个环节的铺垫，在“理”这个环节，让学生把课堂上学到的知识当堂操作。通过比拼的方式激发学生兴趣，也能更明确整理书包的方法，具有条理性。

三、劝解“邋遢”明事理

播放音频《小邋遢开第四只宝箱》：这里是什么？我等不及了！去开第四只宝箱！咦？这只宝箱怎么没有任务卡呀？不对！这里有个按钮，我来看看……

播放视频《我会整理书包》：（1）在家做完作业后。每天晚上做完家庭作业后，检查铅笔有没有削好，将没有削好的铅笔削好后戴上笔帽，和橡皮、尺子等文具一起放进笔袋中。按照课程表找出第二天上课用的书本、文具和其他学习用具，然后将物品分类放进书包里，餐巾纸、湿纸巾、公交卡、钥匙一类的小物件，放在书包的前袋里，水杯在侧兜里，整理完再想一想，有没有漏掉什么。（2）下课铃响后。下课后，把文具装进笔袋中，把上节课用的书本分类收好，放进书包或者桌肚里，拿出下节课用的书本放在课桌左上角。（3）学校放学后。每天放学将铅笔、尺子、橡皮放进笔袋中，有序整理书本，放入书包，检查自己的课桌，不要遗忘物品，再将笔袋放进书包，最后拉好书包拉链，背好书包。

1. 师：哦！原来宝箱是要教我们怎么理书包呀！小朋友们，你们学会了吗？

生：学会了！

2. 师：小邋遢，你学会了吗？

播放音频《小邋遢让妈妈理书包》：理书包太麻烦、太累了！我以后再也不理书包了，让妈妈理，也是一样的呀！

3. 师：小朋友们，你们同意小邋遢的说法吗？

生：不同意。

4. 师：那你们快来劝劝小邋遢吧！

生1：小邋遢，爸爸妈妈上班那么辛苦，我们应该体谅他们。

生2：小邋遢，我们已经是小学生了，自己的事情自己做，应该自己理书包。

生3：小邋遢，如果爸爸妈妈帮你理的书包，你就不知道用品放在哪里了。

5. 师：小邋遢，你听不听劝呀？

播放音频《小邋遢决定自己理书包》：小朋友们，你们说的对！书本、学习用品是我们的好朋友，我们应当把这些好朋友放在一个整洁的“家”里，书包就是它们的家，以后要把自己的书包整理好哦。

6. 师：恭喜你们，成功劝说了小邋遢，得到了第四把钥匙。请你打开最后的宝箱吧！最后的线索是什么？

生：“己”和“理”。

四、编辑密码悟真谛

1. 师：宝箱都打开了，线索也都拿到了，谁能编辑出准确的密码，救出小邋遢呢？

出示PPT：只有编辑出准确的密码才能通过！

生：自己的书包自己理。

2. 师：对不对呢？我们一起大声读三遍！

生：自己的书包自己理，自己的书包自己理，自己的书包自己理。

出示PPT：密码正确！

播放音频《小邋遢的感谢》：啊哈！我终于从这个又脏又乱的大书包里出来啦！小朋友们，谢谢你们，是你们教会我理书包的方法，还教会我自己的书包要自己理的道理。

设计意图：课堂“点”“分”“理”这三个环节关注的是学生生活技能的习得，而“劝”“悟”这两个环节则更关注学生的思辨能力。在劝解“小邋遢”的过程当中，学生懂得了“自己的书包应该自己理”的道理，强化了“自己的事情自己做”的意识。

五、总结拓展链生活

1. 师：今天，我们和小邋遢在大书包里巧遇，把小邋遢从脏乱的大书包里拯救了出来，也学会了整理书包的各种方法。而小邋遢也长大了，不再是那个不讲卫生、不会整理的邋遢大王了。以后，我们要自己理书包，看看里面的东西是不是进行了分类，放的位置是否合理。

板贴：奇遇记

2. 师：其实，我们不仅应该自己整理自己的书包，还应该整理自己的书桌和衣柜。小邋遢，你愿意接受挑战吗？

播放音频《小邋遢接受新挑战》：当然愿意咯！

3. 师：小朋友们，你们愿意接受挑战吗？

生：愿意！

【板书设计】

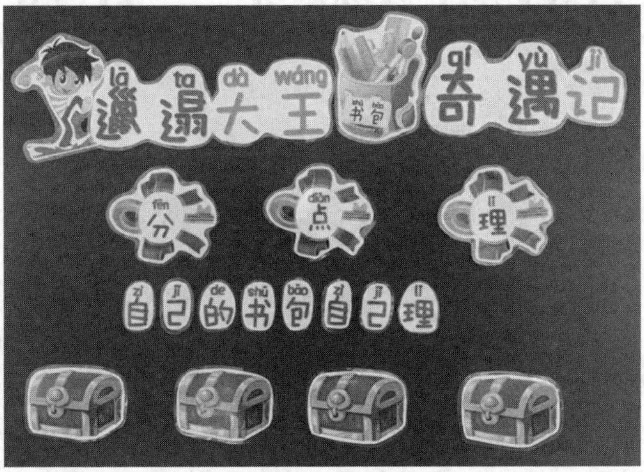

【点评】

1. 关注生活，创设课堂情境

课堂伊始，陆老师通过“你喜爱的动画人物是谁？”这个贴近孩子生活的问题激发学习兴趣，从而引出“小邋遢”这一动画人物，创设有趣的课堂情境。这一情境的创设，与活动主题紧密相关，激发兴趣的同时，引起了学生的好奇心。

2. 形式多样，学生体验丰富

整堂课层次清晰，陆老师在“激趣闯关学技能”这一环节中，把理书包这一看似简单的技能清晰地分成“点、分、理”三个步骤，并采用“火眼金睛、小组讨论、动手实践”等丰富多样的形式，“开宝箱”与“编辑密码”环环相扣，有效梳理了理书包的好方法，学生得到了全方位的体验和参与。

3. 培养技能，联系生活实际

陆老师巧妙地设置“点一点”“分一分”“理一理”“劝一劝”四个紧扣主题、服务主题的关卡，带领学生在闯关过程中动脑动手，习得整理书包的能力。其中，“劝一劝”重在培养孩子的思辨能力，通过对主人公“小邋遢”的劝解，使学生们在潜移默化中懂得了“自己的事情自己做”的道理。

上海市浦东新区唐镇小学德育主任　刘叶青

第❷课　我和大雄学“五到”

设计教师：上海市实验学校东校　　　周茵华　戴　怡
指导教师：上海市浦东教育发展研究院　姚瑜洁

【活动背景】

著名教育家叶圣陶先生说：“什么是教育？简单一句话，要培养良好的学习习惯。”教育的根本任务是培养能力，养成习惯，使学生终身受益。培养学生良好的学习习惯是素质教育的一个重要方面。《小学生日常行为规范》明确指出：上课专心听讲，积极思考，大胆提问，回答问题声音清楚，不随意打断他人发言。（听讲是学生学习的基本方式，要想学得好，首先要提高听课质量。）

小学低年级是基础教育的起始阶段，也是培养良好习惯的起始时期。但是这一时期的学生注意力还不够稳定，缺乏一定的自我约束能力，容易分心，经常会出现不认真听讲的现象。我们班级男生较多，性格较为活泼，将近一半的男生在课上会出现注意力不集中的现象，导致学习效率不高，出现落后情况，因此引导学生养成良好的听课习惯刻不容缓。

【活动对象】

小学一年级学生

【活动目标】

1. 知识与技能

（1）了解认真听讲的重要性。

（2）知道听讲要做到“五到”。

2. 过程与方法

（1）提炼并总结认真听讲的好方法。

（2）念儿歌，做动作，牢记“五到”：心到、口到、眼到、耳到、手到。

3. 情感态度价值观

懂得学会“五到”有助于积极养成良好的听讲习惯。

【活动重点】

提炼并总结认真听讲的好方法。

【活动难点】

念儿歌，做动作，牢记“五到”：心到、口到、眼到、耳到、手到。

【活动准备】

1. “大雄的一天”微视频。
2. 简笔画“大雄”板贴。

【活动过程】

一、大雄来了，认识新朋友

1. 师：小朋友，今天有位神秘的小客人要和我们一起来上课。他录了一段自我介绍，请小朋友仔细听，大家比一比，看谁猜得又快又准。

播放音频：我有一个圆圆的脑袋，戴着一副圆圆的眼镜；我喜欢翻花绳；我的学习成绩不是太好，经常被老师批评；我有一个最好的朋友，他的名字叫哆啦A梦。小朋友，现在你知道我是谁了吗？

生：你是大雄！

2. 师：对了，他就是《机器猫》中的野比大雄。

板书：“大雄”（并贴大雄图片）

3. 师：请你们和大雄打打招呼吧。

生：你好，大雄。

4. 师：你们都是热情好客的小主人，大雄也向你们问好呢！

播放音频：你们好，我是你们的新同学，请多多关照！

设计意图：课堂伊始，抓住一年级学生的心理特点和认知规律，利用大雄这一卡通人物，通过和主题相符合的游戏暖场，既活跃了气氛，拉近了师生之间的距离，又引出了新授课的内容，一举两得。

二、大雄走神，闹出小笑话

（一）认真听老师说

1. 师：嘘，小朋友听，铃声响了，我们开始上课了，第一节课是美术课，请小朋友竖起耳朵听听美术老师的要求。

播放音频：今天我们要来画天空中的星星，小朋友在画的时候要注意突出星星的闪亮和美丽。大雄东张西望没有认真听，而其他小朋友都在认真听老师讲课。

2. 师：听清楚要求的小朋友已经开始画画了，而大雄呢？

出示PPT：此时的大雄抓耳挠腮，不知道画什么，只好乱画。

3. 师：现在来看看大家的作品。

出示PPT：星星与猩猩

4. 师：小朋友为什么要笑呀？

生：大雄画错了。

5. 师：大雄为什么会画错呢？

生：他上课的时候东张西望，根本没有听老师讲。

6. 师：对呀，听清老师说的要求可重要啦，不然会和大雄一样，闹出笑话呢！上课认真听，使我们少走弯路。

（二）认真听同伴讲

1. 师：轻松的美术课结束了，经过十分钟的休息，丁零零……

播放音频：小朋友们，今天老师要请大家一起来讨论，完成一篇小短文，每个小组都需要一个记录员，短文的题目就是“我心中的最美老师”。

2. 师：听了语文老师的话，各组都开始分配任务，大雄是第三小组的记录员。在组长静香的带领下，他们热烈地讨论起来。

播放音频：

静香：我心中的最美老师有一双大大的眼睛，柔软的双手。

戴戴：我知道你说的是谁了。她扎着漂亮的马尾辫。

晓婷：是的，我也最喜欢她。她总喜欢穿红色的衣服，很美丽。

静香：大雄，你把我们说的话都记下来了吗？

大雄（睁开睡眼）：记了，记了……最美老师不就是大大眼睛，穿着蓝色衣服，圆圆脸蛋，头上没有头发的嘛？

组员：你说的是谁啊？你说的不是我们的老师吧，是机器猫？

3. 师：小朋友，你觉得大雄的问题出在哪儿呢？

生：大雄没有认真听别人发言；在小组成员发言的时候，大雄思想不集中。

4. 师：因为大雄没有认真听组员讲，所以在小组交流中出现了问题。在学习时，我们不仅要听老师讲，还要认真听同伴讲，同伴的发言是大家的智慧，学会认真倾听，才能得到更多信息。

设计意图：通过讲故事的形式，创设大雄各类错误做法的情境，引导小朋友懂得上课不仅要认真听老师讲，还要倾听同伴发言，懂得认真听讲的重要性。这些道理从故事中来要比照本宣科管用得多。

三、大雄知错，一起学“五到”

（一）大家一起来纠错

1. 师：大雄在这两节课上出现的问题，你在平时学习中出现过吗？请小朋友闭上眼睛，仔细想一想。

（生闭眼思考）

（二）小组讨论想办法

1. 师：现在请你们动动脑筋，想想有什么好主意帮帮大雄，怎样才能做到上课认真听讲呢？

生1：眼睛盯着黑板看。

生2：耳朵要听老师讲。

生3：还要学会做笔记。

2. 师：要使自己上课不走神，就要做到“五到”，即眼到、耳到、口到、手到、心到。眼到，就是眼睛要看着黑板、看着老师，不能埋着头听课。耳到就比较容易理解了，竖起耳朵仔细听。

3. 师：口到，就是要勇于回答老师的提问。手到，就是一边听一边要做笔记，在书本上、在练习册上勾勾画画，把老师讲的重要内容及时记录下来。心到，就是把老师讲的内容用心想明白。做到了这“五到”，上课专心了，学习就不难了。

随机出示小儿歌和图片：

爱心图片：心到，用心记。

嘴巴图片：口到，大声说。

眼睛图片：眼到，仔细看。

耳朵图片：耳到，认真听。

小手图片：手到，跟着做。

4. 师：让我们一起做做动作，大声念一念，牢牢记住它。

（三）观看“五到”情景剧

1. 师：大雄听了，觉得要求太高了。

播放视频：此时的大雄心里在犯嘀咕：要求这么高，还要做到“五到”，能做到其中一个已经很好了，边说边走向计算机教室。正巧，耳边响起了铃声，电脑课开始了。这节电脑课，老师请小朋友一起欣赏一段数字故事，大雄跃跃欲试地点开了视频：

一天，眼睛傲慢地对耳朵说：“我的本领最大，没有我，就看不清老师的课件和板书。”耳朵一听，非常不服气：“光看有什么用，如果上课不听，老师的要求就弄不明白。”这时，嘴巴也加入了争论：“如果没有我，谁来回答老师和小朋友的问题呢，还是我最重要了。”小手也不甘示弱：“聪明的小朋友上课会边听边记，用笔圈圈画画，印象才更深刻，我也很重要呢！”此时，一旁沉默不语的心慢条斯理地说道：“你们都别争了，看到、听到的如果不用心印在脑海里，上课不动脑子，就等于白上，所以最重要的是我呢！”它们在喋喋不休地争吵。

2. 师：看了视频后，大雄若有所思，好像明白了什么。小朋友，你觉得大雄明白了什么呀？

生：光有一个“到”可不行。

3. 师：是呀，“五到”一起来帮忙，听课的质量会大大提高。

板书：“五到”齐，有收获

四、认真听，勇于表达

1. 师：时间过得真快，转眼就到了下午第二节社团活动课，这节课要进行讲故事比赛。请小朋友和大雄带着“五到”认真听，然后再来讲讲故事，比比谁是故事大王。

播放音频：一个炎热的夏天，四只出来觅食的蚂蚁发现了一块西瓜。西瓜红红的、大大的，有好多好多的汁，看起来真诱人呀！他们用打钻机打了一个洞，到了西瓜内部，又出来了，他们想把这块西瓜搬回家。一只蚂蚁，两只蚂蚁，四只蚂蚁，他们推呀推，却怎么也推不动，都累得趴倒在地上。他们让一只蚂蚁去蚂蚁城堡搬救兵，这只蚂蚁大呼：“喂，我们在草地上发现好东西了。”蚂蚁王国从来都是忙忙碌碌、井井有条的。他们用铲子挖，但是西瓜太大了，每次只能铲出那么一点点儿。但是人多力量大，他们用铲子不停地挖，西瓜终于松动了，然后他们用吊车来搬运西瓜。他们的城堡变成了红色的海洋，到处都是甘甜可口、鲜嫩多汁的西瓜，连瓶子里装的都是西瓜汁。但是西瓜太多了，也会给他们带来祸患。他们决定把剩下的西瓜都吃了，他们的肚子已经涨得要爆炸了，正躺在地上休息呢。他们用西瓜皮做了一个滑梯，他们坐在树叶上飞快地向下滑，他们玩得多高兴呀！

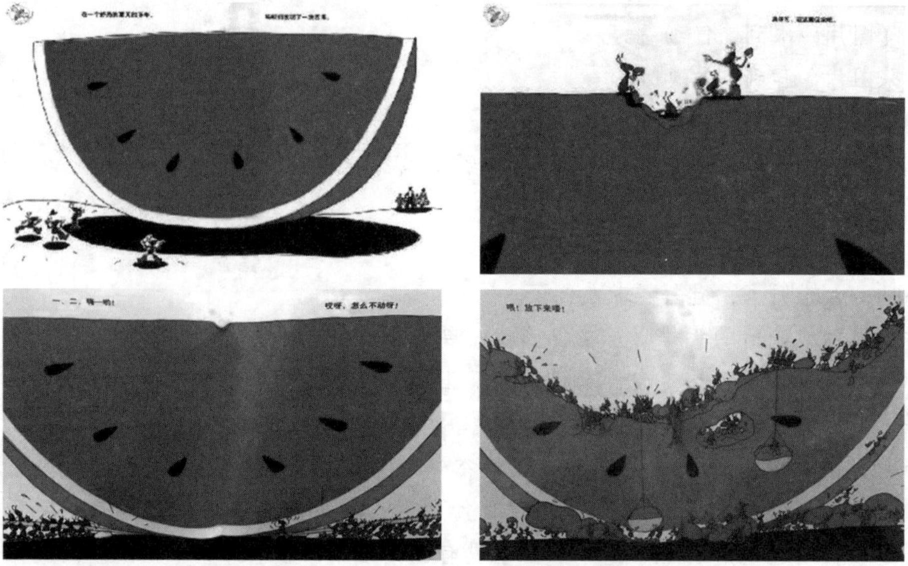

2. 师：听完故事，大雄可着急了，先来听听他讲的故事吧！

播放音频：

大雄：夏天，小蚂蚁要搬西瓜，可是……可是搬不动，只好求别人帮忙……嗯，然后呢，他们就成功拉！

3. 师：大雄说得结结巴巴，小朋友有补充吗？

生1：他们用钻机打洞搬西瓜。

生2：很多蚂蚁都来帮忙。

生3：后来，他们用吊车搬西瓜。

生4：最后成功了，还做了西瓜滑梯。

4. 师：大家说得真棒！让我们再来听一遍故事，再来比一比。

（生再次听故事）

5. 师：这一次的大雄听得可认真了，他等不及了，让我们一起来听听他是怎么说的呢？

播放音频：一个炎热的夏天，四只出来觅食的蚂蚁发现了一块西瓜。西瓜红红的、大大的，有好多好多的汁，看起来真诱人呀！他们用打钻机打了一个洞，到了西瓜内部，又出来了，他们想把这块西瓜搬回家。一只蚂蚁，两只蚂蚁，四只蚂蚁，他们推呀推，却怎么也推不动，都累得趴倒在地上。他们让一只蚂蚁去蚂蚁城堡里搬救兵，这只蚂蚁大呼："喂，我们在草地上发现好东西了。"蚂蚁王国从来都是忙忙碌碌、井井有条的。他们用铲子挖，但是西瓜太大了，每次只能铲出那么一点点儿。但是人多力量大，他们用铲子不停地挖，西瓜终于松动了，然后他们用吊车来搬运西瓜。他们的城堡变成了红色的海洋，到处都是甘甜可口，鲜嫩多汁的西瓜，连瓶子里装的都是好喝的西瓜汁。但是西瓜太多了，也会给他们带来许多祸患。他们决定把剩下的西瓜都吃了，他们的肚子已经涨得要爆炸了，正躺在地上休息呢。他们用西瓜皮做了一个滑梯，他们坐在树叶上飞快地向下滑，他们玩得多高兴呀！

6. 师：这次大雄说得怎么样？小朋友想一想他是怎么做到的呢？

生：大雄做到了"五到"。

7. 师：让我们一起夸夸大雄吧！

大雄，大雄你真棒！
心到，用心记。
口到，大声说。
眼到，仔细看。
耳到，认真听。
手到，跟着做。

设计意图： 采用课堂复述故事的形式，让小朋友对听讲"五到"法有更为深刻的认识。同时，教师以小儿歌的方式总结，学生诵读朗朗上口，便于记忆，内化于心，外化于行。

五、总结

1. 师：小朋友，上完今天的课你有什么收获吗？

生1：我们认识了一个新朋友。

生2：我们知道了上课要做到"五到"。

2. 师：是呀，今天我们和大雄一起学习"五到"（板书："我和"）。一开始，大雄没有认真听讲，闹出了很多笑话。在大家的帮助下，大雄知道了上课要做到"五到"，成了名副其实的故事大王。我们在平时的学习中，也要努力做到"五个到"，成为一名学习小能手。

（生齐读儿歌）

【板书设计】

我和大雄学“五到”

心到，用心记。
口到，大声说。
眼到，仔细看。
耳到，认真听。
手到，跟着做。

【点评】

一、情景教学，激发兴趣

主题教育课，旨在说清道理并能指导学生的行为。这堂主题教育课以情景剧的形式为我们展现了大雄的一天，贴近小朋友的生活，有助于激发小朋友的学习兴趣。

二、重点突出，关注学生

活动目标小而精，在推进过程中层层递进，采用不同的教学策略，课堂扎实，气氛活跃。通过音频和视频等有冲击力的方式将“五到”一一呈现，学生乐于接受，既突出了重点，又关注生成问题，根据学生的特点，对于他们的发言给予积极肯定的评价，在交流中形成思维碰撞。

三、主动参与，积极反馈

从学生的活动状态看，体验深入，感悟较深；从学生的参与状态看，参与过程长、程度深；从学生的思维状态看，思维活跃，效果好；从目标达成度看，学生端正了学习态度，在实践中能做到“五到”。

上海市实验学校东校德育教导　凌洁敏

第③课　马小虎漫游马虎国

设计教师：上海市浦东新区祝桥小学　　刘　飒
指导教师：上海市浦东教育发展研究院　姚瑜洁

【活动背景】

《中小学德育工作指南》指出：小学中高年级应养成良好的生活和行为习惯。小学阶段是义务教育的基础阶段，是形成良好习惯的关键时期，也是一个人成长的奠基时期。因此，在小学教育中帮助学生养成良好的习惯是促进学生可持续发展的重要途径。

三年级的学生已经养成了一定的行为习惯，但马虎行为仍时有发生，本班学生在学习中常出现因马虎而抄错题、算错数的现象，在日常生活中也常发生因马虎做错事、耽误事的情况。究其原因，是思想上的松懈与不重视，必须想方设法予以纠正。

【活动对象】

小学三年级学生

【活动目标】

1. 知识与技能

（1）知道生活中的马虎行为是不良的习惯。

（2）分析各种马虎事例，了解马马虎虎做事会对学习和生活造成各种不良后果。

2. 过程与方法

（1）学会改正马虎行为的方法：他人提醒法、自我暗示法、行为训练法。

（2）讨论总结克服马虎坏习惯的秘诀，并运用到生活中去。

3. 情感态度价值观

（1）养成做事认真仔细的好习惯，规范行为，学会踏实对待每一件事。

（2）树立主动克服马虎的坏习惯的意识。

【活动重点】

1. 形成主动克服马虎的坏习惯的意识。

2. 学习改正马虎行为的方法。

【活动难点】

引导学生归纳总结出改正马虎行为的方法。

【活动准备】

多媒体课件、空白书签、笔。

【活动过程】

一、介绍马小虎

1. 师：同学们好！今天有一位同学来到了我们的课堂上，他的名字叫——马小虎。他呀，急着和大家打招呼呢！

板书：马小虎

播放音频：大家好，我叫马小虎，今年十岁，读三年级。我是一个热情而又有活力的男生，喜欢旅游和运动，也有不认真思考和做事马虎的缺点。前两天，我收到了一张邀请函。

2. 师：这就是马小虎收到的邀请函，谁来读一读？

出示邀请函：亲爱的同学们，我是马虎国的国王，我国的宗旨是马马虎虎做事情，舒舒服服过日子。欢迎你到马虎国来玩。

生读邀请函内容。

3. 师：什么是马虎国，你们想不想去看一看啊？就让我们一起跟着马小虎去漫游马虎国吧！

板书：漫游马虎国

设计意图： 三年级是学生良好行为习惯养成的关键时期，在他们的学习生活中，因马虎做错事、耽误事的情况并不少见。因此，设计和学生年纪相仿的角色——马小虎，并由他做小导游，带领学生一起漫游马虎国，能有效地激发学生的参与兴趣。

二、游览马虎国

（一）马虎美术馆

1. 师：星期六的早上，咱们的马小虎就坐着专机来到了马虎国，受到了国民们的热情欢迎。马虎国国王交给马小虎一张游览图，这里有马虎茶馆和马虎美术馆。就让我们跟着马小虎先去马虎美术馆看一看吧。

2. 师：马虎美术馆正在进行作品征集，这可是马小虎的强项啊，正好大显身手。

出示马小虎的四幅画：（1）四条腿的螃蟹。（2）尖嘴的鸭子。（3）圆耳朵的兔子。（4）没有尾巴的白马。

播放音频《无所谓的马小虎》：

画外：马小虎，你画的螃蟹怎么是四条腿呢？

马小虎：随便啦，没关系的。

画外：马小虎，你画的鸭子怎么变成了尖尖嘴啊？

马小虎：差一点儿，无所谓的。

画外：马小虎，兔子怎么变成圆耳朵了？

马小虎：小事一桩，别放在心上。

画外：马小虎，这画里的白马为什么没有尾巴呢？

马小虎：这有什么！

3. 师：为什么马小虎画的画这么奇怪，你们听到马小虎是怎么说的吗？

生1：随便啦，没关系的。

生2：差一点儿，无所谓的。

生3：小事一桩，别放在心上。

生4：这有什么！

板书：随便啦，没关系的
差一点儿，无所谓的
小事一桩，别放在心上
这有什么

4. 师：马小虎说这些话，说明他没有把画画这件事放在心上，所以才会画出这些奇怪的画。我们看得糊里糊涂，马小虎却不以为然，认为差一点儿，无所谓，没事的！真是名副其实的小马虎！

（二）马虎茶馆

1. 师：那么马虎茶馆里又是什么样子呢？让我们看一段视频，找找看，从茶馆客人们的聊天中，可以看出他们做事哪里马马虎虎的？

播放视频《茶馆“马虎”事》：

茶馆客人1：做题目的时候，我把7加5等于几，写成了2，因为题目太简单了，没当一回事。

茶馆客人2：上周考完试后，我发现没有我的成绩，也没有我的试卷，原来老师的要求我没认真听，名字没有写上。

茶馆客人3：有一次在家里，我用“一边……一边……”造句，原想写：“我边吃瓜子，边看电视。”结果心不在焉，写成了：“我边吃电视，边看瓜子。”

茶馆客人4：周末去学钢琴，到了老师家才发现，我把语文练习册当成了钢琴教材，因为没仔细看所以拿错了。

茶馆客人5：小时候，我的脚被自行车轮夹过，疼死了！因为我没听从妈妈的提醒，所以就发生了危险。

2. 师：你们发现他们有哪些马虎的表现吗？

生1：有的人认为题目太简单，没当一回事。

生2：有的人考试时不认真听老师的要求。

生3：有的人做作业时三心二意。

生4：有的人拿东西没仔细看。

生5：有的人对妈妈的提醒毫不在乎。

3. 师：是呀，这些人的态度不认真，做起事来就非常马虎。

板书：态度不认真

三、马虎危害大

（一）寻找马虎的原因

1. 师：在你们身边发生过“马虎”的事件吗？

生1：我出门的时候曾经忘带钥匙。

生2：我有一次把回家作业忘在家里。

生3：我妈妈有一次炒菜时忘记关火。

2. 师：同学们，你们有没有发现，所有马虎事都是因为处事不认真引起的，所以说：细节决定成败，态度决定结果。

设计意图：以参观“马虎美术馆”和“马虎茶馆”为契机，马小虎和马虎国民的马虎行为所产生的原因为对比参照，联系自身，懂得马虎的形成原因和思想态度的不重视有很大关系。

（二）马虎导致的后果

1. 师：当马虎找上门，究竟会产生怎样的后果呢？让我们来说一说。

出示PPT：如果写作业马虎，______________________________。

如果考试马虎，______________________________。

如果穿衣服马虎，______________________________。

如果整理书包马虎，______________________________。

如果做实验马虎，______________________________。

如果________马虎，______________________________。

生1：如果写作业马虎，作业会写得很潦草或是错误百出。

生2：如果考试马虎，就不会考出好成绩。

生3：如果穿衣服马虎，可能会前后穿反，或是穿走别人的衣服。

生4：如果整理书包马虎，会导致应该带的东西忘记带。

生5：如果做实验马虎，可能会发生爆炸。

生6：如果警察马虎，犯罪分子就会漏网。

2. 师：对啊！马虎会给我们带来很多麻烦，在苏联就曾经发生过因为马虎而产生了严重后果的真实事件。

播放视频《一个小数点的悲剧》：这是关于苏联宇宙联盟一号宇宙飞船的坠毁事件，费拉迪米尔·科马洛夫是苏联著名宇航员。1967年8月23日，科马洛夫独自一人驾驶联盟一号宇宙飞船，经过一昼夜的飞行，完成了任务而胜利返航。但当飞船返回大气层后，准备打开降落伞以减慢飞行速度时，他发现无论用什么办法都打不开降落伞，地面指挥中心采取了一切可能的救助措施帮助排除故障，都无济于事。在人生的最后两小时，科马洛夫用了大部分时间向上级汇报工作，再用剩下的时间向母亲、妻子、女儿做了最后的诀别。“妈妈，您的每一根白发我都能看清，您能看清我吗？”“女儿，你不要哭，以后每年这一天，都到坟前献一朵花，和爸爸谈谈学习情况，好女儿，爸爸要走了！”永别的时刻到了，飞船坠地，电视图像消失，整个苏联一片寂静，人们纷纷走向街头，向着飞船坠毁的地方默默地哀悼。

联盟一号当时发生的一切，就是因为地面检查时忽略了一个小数点，请记住一个小数点酿成的悲剧，让我们以更加严谨的态度对待学习和科学，以更加认真的态度对待工作和生活。

3. 师：听了这个故事，同学们有什么感受？

生：我感到十分悲痛。

4. 师：你为什么感到悲痛呢？

生1：科马洛夫死得非常可惜。

生2：联盟一号飞船就这样坠毁了，也失去了很多有科研价值的东西。

生3：就因为忽略那个小数点，让科马洛夫一家骨肉分离。

设计意图： 马虎产生的后果，并不是小小的麻烦，很有可能造成极为严重的后果。通过苏联的一个真实事件，让学生们更深刻地感悟马虎带来的严重后果。

四、改掉小马虎

师：马小虎也认识到了问题的严重性，决定痛改前非，让我们看看马小虎的变化吧！

播放视频《改变马小虎》：

1. 马小虎：妈妈，我是小虎，还在马虎国。每天学习的时候总是马马虎虎，我想请您每天都给我打电话，提醒我要认真复习功课。

妈妈：没问题，妈妈一定支持你！

2. 每天早上到校前，大喊几句：我能细心做事，我一定会成功的！

3. 我还要在铅笔盒里贴上字条“踏踏实实做事情”，不断地提醒自己。

4. 比如做算术题，一步一步仔细看；做语文作业时，看清部首结构，连标点符号都看清后再认真写。

5. 做事前认真听，要把话都听清楚再做，不能光图快。

6. 打扫卫生时，从里到外，一下一下挨着扫，不再东一扫帚西一扫帚。

7. 时间一天一天过去了，我身上的马虎事也越来越少了。

（一）他人提醒法

1. 师：马小虎的马虎病慢慢纠正了，你们找到他改正马虎的方法了吗？

生：他请妈妈提醒他，要认真复习。

板书：提醒

2. 师：除了让妈妈提醒，还可以请谁提醒？

生1：同学。

生2：朋友。

3. 师：对！这种方法叫作“他人提醒法”。

板书：他人

（二）自我暗示法

1. 师：除了他人提醒法，马小虎还用了什么方法呢？

生1：他在明显的地方贴上字条。

生2：他每天都大声对自己喊。

板书：自我暗示

2. 师：你们说得真清楚！贴字条和大声喊都属于自我暗示，是通过对自我的肯定而鼓励自己前进的方式。在世界体育史上就有一个通过自我暗示而成功的案例。

出示图片，师讲解内容：想当年，卡尔·刘易斯这个名字是如雷贯耳，因为他是短跑和跳远的双料冠军，光是跳远就曾经得过65次世界冠军，他所创造的8.9米的跳远世界纪录保持了10年之久。然而，在1991年他被一个名叫迈克·鲍威尔的人超越了，这个名叫迈克的人，在刚成为跳远运动员时的最好成绩是7.47米，和世界纪录的距离相差一个学生的身高，就像我们班小明同学的身高，这个距离看起来是难以超越的。但他一直以“我能跳得更远，我一定能打破世界纪录”来进行自我暗示，在对决时，他跳出了8.95米的惊人成绩。值得一提的是，这个成绩一直保持到现在，可见自我暗示的效果有多么强大！

3. 师：我们来说说马小虎每天进校门前是如何进行自我暗示的？

生：加油！我能细心做事！我一定会成功的！

4. 师：你说的可真是振奋人心啊！请所有人都站起来，和我一起喊：加油！我能细心做事！我一定会成功的！

（生齐喊）

5. 师：马小虎不但大声喊了，还往铅笔盒里放了字条，上面写着“踏踏实实做事情”。这也是对自己的暗示，只要看到它，就会规范自己的行为。字条的内容可以自己想，也可以从名人名言中选取，如果让你写一句话提醒自己，你会写些什么呢？请同学们写在桌上的书签上。

（生写提示语）

6. 师：写完了吗？谁能大声读出来？

生1：虚心使人进步，骄傲使人落后！

生2：天才是百分之一的灵感加百分之九十九的汗水。

生3：少壮不努力，老大徒伤悲！

……

7. 师：大家的提示语一定对自己很有帮助，老师也希望这张小小的书签一直陪在你的身边，给你鼓励。

（三）行为训练法

1. 师：自我暗示和他人提醒的方法，都从思想上帮助他改变了做事的态度，那么马小虎还做了什么来改变自己呢？

生1：眼睛要看得清。

生2：耳朵要听得细。

生3：动作要做得准确。

2. 师：对，还要看清楚，听仔细，做准确，进行必要的行为训练，才能多效合一。

板书：行为训练

3. 师：你们的眼、耳、手能努力做到清、细、准吗？让我们来做一个小练习，比比谁能看得清。

出示PPT：比比谁看得清，默默地数一数下面图中，三角形有几个，四边形有几个，数完后举手示意。

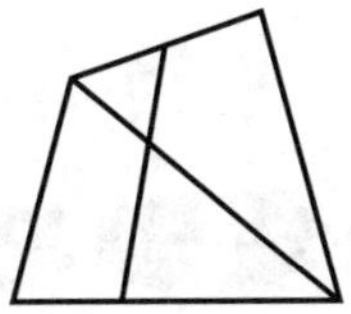

4. 师：谁来说说数到了几个三角形？几个四边形？

生1：三角形有4个，四边形有4个。

生2：三角形有4个，四边形有5个。

5. 师：让我们一起数一数，看看正确答案是什么。

6. 师：原来，三角形有4个，四边形有5个才是正确答案。这个小练习可以帮助我们提高观察能力，同学们也可以多找类似的内容进行练习。其实改正马虎的训练方法还有很多，同学们可以再去寻找，找到以后告诉大家。

设计意图： 帮助马小虎纠正马虎病，并总结出改正马虎的几种方法：他人提醒法、自我暗示法和行为训练法。通过课堂体验，学生可以了解到改正马虎没有那么可怕，只要时常留意，养成认真仔细的好习惯，就会有改变。

五、告别马小虎

1. 师：马小虎的变化引起了马虎国王的注意。

播放音频《改正马虎的马小虎》：马小虎啊，你痛改前非，已经不再是一个小马虎，现在也没有必要留在马虎国了，这是给你的马虎国出门证。

2. 师：恭喜马小虎离开了马虎国，他用这次漫游马虎国的经历写了一首诗，让我们一起读一读——

出示诗歌：马虎容易，细心难。
摆脱马虎要动脑。
思想重视常提醒，
眼睛要看清，
耳朵要听清，
动作要准确。
常把秘诀记心中，
永不再来马虎国。

（生齐读）

3. 师：让我们一起说，克服马虎的秘诀就是——

出示PPT：思想重视常提醒，眼睛要看清，耳朵要细听，动作要准确。

（生齐读）

4. 师：同学们，仅仅靠一节主题教育课就想改掉马虎的毛病是做不到的，关键在平时的生活和学习中，从一点一滴做起，从改变细小的马虎行为做起，用实际行动和马虎行为说再见。让我们牢记秘诀，和马小虎再见吧！

【板书设计】

马小虎漫游马虎国

随便啦，没关系的　　　　他人提醒

差一点儿，无所谓的　　态度不认真　　自我暗示

小事一桩，别放在心上　　　　行为训练

这有什么

【点评】

一、选材真实，解决实际问题

马虎、粗心是学生平时注意力不够集中、处事不够认真的表现，是一种不良的性格特点，对学生的生活和学习造成一定的负面影响，这是一个急需解决的问题。针对学生发生“粗心马虎”现象，反思引起的原因和造成的后果，刘老师选取了生动的事例，以“马小虎”为反面人物，形象地表现出来，从而引导学生联系自身改变身上的不良习惯。

二、形式灵动，符合学生特点

以动画人物贯穿主题始终，创设场景，给学生提供想象空间，在为小虎“治病”的过程中，发挥学生主观能动性，既激发了兴趣，也提高了课堂实效。“马小虎”这个形象，其实是孩子们身边最熟悉的人，从他身上，孩子们依稀可以看到自己的影子，能给一个和自己有着某些类似缺点的人“治病”，激发了孩子们的兴趣，这样的主题教育课也必将取得很好的效果。

三、有法可循，回归生活本真

陶行知先生说：生活就是教育，教育的过程是要将课堂回归到社会生活中去。引导学生在生活中学习、在实践应用中学习，对于学生如何防止马虎粗心现象的发生，刘老师也作了点拨，给予方法指导。可以看出，这些生动的选材是来自学生们身边的，所以孩子们见了更有亲切感。

上海市浦东教育发展研究院德育教研员　姚瑜洁

第❹课　护眼，我们一起行动

设计教师：上海市浦东新区金桥镇中心小学　闵　娟
指导教师：上海市浦东教育发展研究院　　　姚瑜洁

【活动背景】

近年来，青少年近视率居高不下，已成为影响身体健康的突出问题之一。常见的视力问题有近视、弱视、散光等，尤其是近视人群居多，影响最大。近视甚至会限制莘莘学子日后的专业选择，如公安院校、航空航海业、测绘业等报考专业，对双眼裸眼视力都有明确要求。2018年8月30日，教育部等八部门联合印发《综合防控儿童青少年近视实施方案》，倡导多方面动员，倡议全社会共同参与。

调查中发现，我班有些同学迷恋网络游戏，经常一玩就是好几个小时，几乎20几秒才眨一次眼，这对眼睛的伤害非常大；还有部分同学不认真做“眼保健操”，直到戴上了眼镜，仍不知保护。保护视力，注重用眼卫生是急需解决的问题。

【活动对象】

小学三年级学生

【活动目标】

1. 知识与技能

（1）知道6月6日是全国爱眼日。

（2）了解造成近视的人为因素。

2. 过程与方法

（1）通过情景模拟，体验近视或失明的感受。

（2）通过讨论，知道保护视力的“三个一”“五不要”和“三坚持”。

（3）通过观看视频和动手操作，学习护眼小妙招（熨烫法、制作防近板）。

3. 态度情感价值观

（1）知道爱护眼睛的重要性。

（2）培养学生形成良好的用眼卫生习惯。

（3）形成爱眼、护眼的知识理念。

【活动重点】

寻找造成近视的人为因素。

【活动难点】

掌握平时学习生活中正确的护眼方法。

【活动准备】

家长拍摄小视频、收集相关资料等。

【活动过程】

一、“护眼”意识

（一）戴上眼镜的烦恼

1. 师：昨天课间休息时，闵老师看到龙龙、丽丽和亮亮在激动地讨论。他们在讨论什么呢？我们一起去看下吧。

播放视频《戴眼镜的烦恼》：

龙龙：哎……

丽丽：怎么了，龙龙，干吗唉声叹气的？

龙龙：唉，昨天妈妈带我去医院检查眼睛，医生说我近视了，以后要戴眼镜。

丽丽：戴眼镜啊，不错啊，人家一看你斯斯文文的，就认为你肚子里装了不少“墨水”呢！

亮亮：丽丽，戴上眼镜可没你想的那么简单，会有很多不方便的。

龙龙：是啊，你想我那么喜欢踢足球，现在戴上眼镜，你说我该保护我的眼镜，还是去抢我的球呢？

2. 师：丽丽说，戴眼镜是件不错的事，你们怎么认为？我们先请戴眼镜的同学来说说自己的切身体会吧。

生：我认为戴眼镜不好。戴上眼镜后，吃火锅太不方便了，热气一下子“扑”到眼镜上，瞬间镜片上就都是雾气，什么也看不到。

3. 师：是呀，的确如此，老师这里有个视频，我们一起来看下吧！

播放视频《吃火锅》：一家人围坐桌边，火锅煮开了，孩子激动地想选食物，可镜片瞬间被雾气蒙上，什么也看不出。

4. 师：谁再来说说呢？

生1：冬天，车里开空调很暖和，一下车，外面冷，镜片就会起雾，什么也看不到了。

生2：看3D电影，要戴2副眼镜。

生3：踢足球或者打篮球时，不敢大力碰撞，就怕撞到眼镜，万一镜片碎了，扎到眼睛就糟糕了。

5. 师：是啊，戴上眼镜确实会给很多的体育运动带来不方便，我们看看视频中这位同学。

播放视频《打羽毛球》：球打到镜片上，取下眼镜后，接不到球。

6. 师：刚才戴了眼镜的同学说了很多实际的感受，那么，不戴眼镜的同学有什么想说的吗？

生1：听戴上眼镜的同学说了那么多，感觉戴上眼镜很麻烦，我不想戴眼镜。

生2：看了两个视频，我也觉得戴上眼镜真不方便，我也不想戴眼镜。

设计意图： 在这个环节中，先由学生展开讨论，再通过视频呈现，进一步引发同学们的思考。在学生回答环节，先让戴眼镜的同学来说说自己的真实体会，再由不戴眼镜的同学来交流，通过对比，让学生感受戴上眼镜后的“麻烦”。

（二）近视的危害

1. 师：从一年级开始，闵老师就和同学们朝夕相处，记得那时还没有同学戴眼镜，现在到三年级了，戴眼镜的同学却直线上升，几乎占了班级总人数的三分之一。让我们来听听医生博士的说法吧。

播放音频《近视的严重性》：一旦患近视，很难彻底恢复，积极的治疗也只能保证视力不下滑。近视后，恢复正常很难。如果患了近视又不治疗，视力会下降，最终看不清东西，严重的和失明差不多。

2. 师：截至2017—2018学年上海市中小学生视力不良率为57.0%，其中小学46.9%。小学生近视不良率近年来呈现上升趋势，而且近视也越来越低龄化。儿童青少年近视高发的态势引起了国家的高度重视，2018年8月30日，教育部等八部门联合印发《综合防控儿童青少年近视实施方案》。我国把每年6月6日定为爱眼日。

板书：6月6日爱眼日、眼睛图片

设计意图： 借助医生博士这一形象，从医学角度带领学生认识到近视带来的危害，同时也告知学生教育部对学生近视情况的重视，进一步增强护眼意识。

二、“失明”体验

1. 师：同学们，如果患上近视或者眼睛失明，我们的生活会是什么样呢？让我们做两个小小的实验，来体验一下在看不清或看不见的情况下。拿作业和喝水，谁愿意来试试？

出示游戏方法：拿作业——眼罩略微透光，形成近视感觉，其中一位同学戴上，两位同学同时、同地出发到讲台上拿自己的作业本（讲台上准备若干本不同姓名的作业本）。

喝水——眼罩不透光，其中一位同学戴上，两位同学同时、同地出发到讲台上分别拿起桌上的水杯喝水。

2. 师：这两位同学分别参与了刚才的活动体验，你们有什么感受？

生1：虽然讲台离我很近，可因为看不清，我不敢走得太快，找自己的本子也要凑得很近，怕拿错。

生2：讲台很近，可不敢走，要慢慢摸索着向前，走上讲台也不知道杯子在哪，又怕不小心把水打翻，终于小心翼翼地拿到了杯子，我也不敢大口喝，因为不清楚杯子里水的情况。

3. 师：其他同学看了他们的演示，你们有什么想说的吗？

生1：我感觉近视就算能看见，也明显不方便，找自己本子时速度很慢，而且也要拿得很近，才能保证不拿错。

生2：喝水是件很简单的事，可如果失明了，就变得很困难，可想而知其他事情了。

4. 师：是啊，原本轻而易举的事，可如果近视或失明了，就变得非常困难，可见眼睛多么重要！如果失明了，那将看不到美丽的世界，看不到自己爱的人，看不到自己喜欢的东西，行动也变得非常困难，给生活带来很多不方便。

设计意图： 两个实验都取材于学生平时最常见的行为，一个和学习有关，一个和生活有关，由此让学生深刻体会到不爱护眼睛将会导致的后果。

三、“护眼”辨析

（一）近视形成原因

师：严重的近视会导致失明。同学们，你们知道近视眼是如何形成的吗？我们继续来听听医生博士是怎么说的吧。

播放音频《近视眼的形成原因》：近视眼的形成主要是与眼轴的伸长和屈光力过强两个方面有关。眼轴伸长进入眼内的平行光线所结成的焦点，位于视网膜之前，是形成近视眼的最常见原因，通常称为轴性近视。眼轴伸长的原因有很多。首先是发育因素。儿童期眼球小，呈远视状态，之后逐渐发育成正视眼，若眼球发育过度则形成近视眼。其次是遗传因素。若父母或父母一方患有近视，尤其是高度近视的家庭，其子女得近视眼的也多。再次是人为因素。青少年在眼球发育期，由于不注意用眼卫生，养成了不良的卫生习惯。

（二）寻找护眼方法

1. 师：对我们来说，近视眼的形成主要是由人为因素引起的。根据你的观察和了解，你认为造成近视眼的人为因素有哪些呢？先小组讨论，等会儿我们一起交流。

生：我认为造成近视眼的人为因素是读书、写字姿势不正确。

出示照片：平时学生读写姿势。

2. 师：在读书写字时，我们要注意看书写字“三个一”。还有谁想说说？

板书：看书写字“三个一”

生：我认为在强光或弱光下看书会造成近视。

出示：过强或者过弱的光线都会使眼睛的疲劳程度加大，增加近视发生的可能性，一定注意不要在光线弱的地方看书写字，也不要在阳光下看书写字。

3. 师：那晚上看电视时，室内要亮一盏小灯吗？

生：我认为要的。

4. 师：你说得非常好，晚上看电视时，室内要开一盏小灯。

出示：室内开一盏3～8瓦的小灯，这样，进入眼睛的光线比较柔和，减弱光线对眼睛的刺激，避免眼睛疲劳，从而保护眼睛。

生1：眼睛工作时间太长。像长时间玩电脑、看电视等也会造成近视。

出示：用眼时间最多不超过1小时，最佳半小时就休息，向远处眺望，看看绿色植物。

生2：有的同学在走路或坐车时都会看书，这样也对眼睛不好。

出示：眼球是一个高精度的仪器，它会随着所看物体的距离而不断地调节“焦距”，但是由于坐车、走路看书都会不停地动，导致眼睛不断调焦，很容易导致眼睛疲劳，时间长了对眼睛造成伤害。

生3：趴在床上、躺在床上看书也不对。

出示：因为眼睛距离书比较近，再加上光线不足等原因，容易造成近视。

5. 师：那你知道看书的距离多少才比较合适呢？

生：老师，我不太肯定距离保持多少，但知道肯定不能太近。

出示：看书一般距离书本约30～40厘米。

6. 师：同学们都说得非常好，在看书和写字时，我们有“五不要”要记住。

接着还有谁想说吗？

板书：看书写字“五不要”

生：我认为，用脏手或脏毛巾揉眼睛也不对，因为这样会让细菌进入眼睛，也有可能会有异物进入眼睛中。

7. 师：那如果眼睛中进入了异物怎么办？比如小虫子什么的？

生：我认为可以闭会儿眼睛，有时小虫子会随着眼泪流出来的。

8. 师：说得真好！

出示：如果眼睛中进入了异物，轻闭双眼，让泪水或用眼药水将异物冲出来，严重者应立即去医院。

生1：有的同学是因为眼睛不舒服却没有及时治疗，慢慢就近视了。

出示：眼睛不舒服一定要及时去医院检查。

生2：有的同学眼睛近视了，就直接拿哥哥或姐姐的眼镜戴，我认为这样也不对。

出示：眼睛近视了，一定要去专业的医院进行散瞳检查，青少年眼睛的调节作用很强，如果不散瞳，验光误差的度数是很大的。

生3：我认为不良饮食习惯对眼睛也不好。

9. 师：那你知道有益于眼睛的食物有哪些吗？

生：胡萝卜、蓝莓。

10. 师：在我们生活中，有很多食物都是对我们的眼睛有益的。

出示：有益于眼睛的食物

含维生素A多的食物：牛肝、羊肝、猪肝、鸡肝、鸡蛋黄等；

含胡萝卜素多的食物：胡萝卜、南瓜、青豆、番茄等；

含维生素B2多的食物：牛奶、瘦肉、鸡蛋、扁豆等；

其他明目食品：芥菜、苦瓜、香榧子、无花果、青鱼、白鱼、蚌肉、螺蛳等。

11. 师：我们一起找到了形成近视的人为因素，也找到了很多保护眼睛的方法。在平时的学习生活中，老师发现还是有相当一部分同学会有以上这些不良用眼习惯。希望从现在开始，每一位同学都能坚决杜绝这些不良的用眼习惯，保护好我们的眼睛，行不行？

设计意图： 通过寻找形成近视眼的人为因素，让学生明白平时这些习以为常的行为会对我们的视力带来很大的影响，借此告知学生正确的做法，让学生通过一些日常的行为来保护自己的视力。

（三）坚持做好眼操

1. 师：除了“三个一”“五不要”，医生博士还有保护视力的“三坚持”来告诉我们。

板书：保护视力“三坚持”

2. 师：很多实践证明，坚持做眼保健操，可起到调整眼及头部的血液循环，改善眼疲劳的作用。为了更好地保护我们同学的视力，在新版眼保健操中有一节为揉捏耳垂、脚趾抓地。脚趾部位的一些穴位是足阴经和足阳经的起止穴，足阴经和足阳经贯穿于头、面和足部。耳垂眼穴位于耳垂中心位置，通过按揉该穴位，同时和着节拍做脚趾抓地动作，能刺激穴位，达到疏通经络、防治近视的作用。

出示相应动作图片：

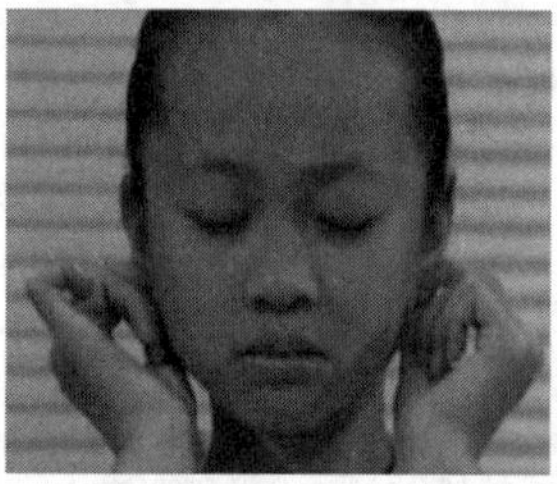

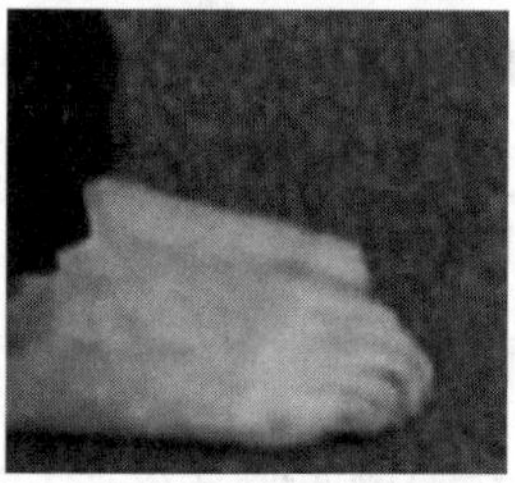

3. 师：现在我们一起来看下视频，有兴趣的同学可以跟着一起做。

播放视频《眼保健操》：揉捏耳垂、脚趾抓地

四、“护眼”妙招

师：前面我们学习了很多护眼小知识，同学们学得真不错，闵老师也忍不住想再分享两个护眼小诀窍给大家，你们想不想知道？

（一）熨烫法

1. 师：可以跟闵老师一起试试。先全身放松，然后闭上双眼，再快速相互摩擦两掌，使之生热，趁热用双手捂住双眼，热散后两手猛然拿开，两眼也同时用力一睁。这样反复3~5次，能促进眼睛血液循环，增进新陈代谢。同学们试一试吧。

2. 师：同学们都做得不亦乐乎，谁来说说感受？

生1：我反复做了四五次后明显感觉眼前似乎明亮了很多。

生2：我做了几次，不仅觉得眼睛看物体更清晰了，而且觉得人也更有精神了，这个

熨烫法还能让我提神！

（二）制作防近板

1. 师：同学们，知道吗？除了老师讲的“熨烫法”，其实护眼还可以用上很多的工具呢！

出示“制作方法”：在一块边长7厘米的正方形硬纸板中间挖一个直径2厘米的圆孔，做成防近板。把文具盒盖子打开，在盖子里面贴一张小红纸，然后把防近板插在文具盒边缘，把盖子搁在防近板上方，使盖子和防近板组成三角形状。

出示“使用方法”：使用时，把放有防近板的文具盒放在你的桌子前方，书本靠近文具盒放，穿过圆孔看到文具盒的底部，说明读写姿势正确；如看到盖子上的红纸，说明眼睛和书本太近，提醒你赶快端正坐姿。

2. 师：同学们都看清楚它的制作和使用方法了吗？现在我们按小组一起开始制作吧。

设计意图：学习熨烫法缓解视疲劳，但要强调手的卫生，运用熨烫法能起到一定提神作用；动手制作防近板，不仅可以提高学生的动手能力，而且能促使其在平时读书写字时，保持正确的读写姿势。

五、“护眼”行动

1. 师：今天这节课，同学们的表现太棒了！看，医生博士给我们送来了儿歌。

出示儿歌：读书和写字，光线要适宜。过亮和过暗，反光都不宜。用眼半小时，注意眼休息。看书不趴躺，距眼三十厘米。电脑和电视，眼离八倍距。车船行进中，不要读和写。睡眠要充足，饮食不单一。经常做眼操，锻炼不可少。

2. 师：同学们，学习了这么多，你有什么收获呢？

生1：这节课让我知道了眼睛的重要性，以后我一定要好好保护眼睛，不能再躺在床上看书了。

生2：知道了同学们戴上眼镜后的麻烦，我要保护好眼睛，不想戴眼镜。

生3：虽然我已经戴了眼镜，但我还是会努力保护我的眼睛，因为我不想让度数再加深了。

生4：我要多吃些对眼睛有益的食物，让我弟弟也要跟着一起吃。

3. 师：同学们说得真棒，希望大家能将今天所学到的护眼知识分享给你的家人和朋友们。护眼，我们一起行动。

板书：护眼，我们一起行动

4. 师：护眼歌曲唱起来，保护眼睛有必要。让我们在优美的《护眼歌》中结束今天的学习吧！

出示《护眼歌》：蓝蓝的天，我爱看蓝蓝的天。青山绿水，我爱看青山绿水。看近看远，看近看远，看看美丽的世界。不要太累，让眼睛休息一会，不要怀疑，若是你觉得好累，闭上眼睛，闭上眼睛，做做深呼吸。看上看下，看左看右边，眼睛转一圈。举手弯腰深呼吸几遍，放松你的眼，远视、近视，还有散光眼，离我远一点，青菜水果不要忽略，做好视力的保健。

【板书设计】

护眼，我们一起行动

6月6日爱眼日

看书写字三个一：
眼离书本一尺远；
手离笔尖一寸远；
胸离桌子一拳远。

看书写字五不要：
不要坐车看书；
不要走着看书；
不要躺着看书；
不要在强光弱光下看书；
不要长时间看书写字。

保护视力三坚持：
坚持每天做眼保健操；
坚持每半年检查一次视力；
坚持看完电视后按摩眼眶。

【点评】

本堂课选材聚焦、独特，结合当前社会关注的热点展开讨活动，并有效地利用生成资源，引导学生体悟保护眼睛的重要性。

一、形式多样扣主题

这一课中，闵老师注重调控课堂气氛，让同学们通过感知、体验、讨论、小组合作等形式，结合科学的讲解，使学生明白眼睛的重要性，唤起学生保护眼睛的意识，认识到眼睛在生活中的重要作用，从小养成爱眼护眼的好习惯。

二、方法灵活显成效

1. 讨论法。讨论是学生获得知识和巩固知识的一种教学方法，它不仅能启发学生思维，还可以促进同学之间的交流。上课伊始，教师引导学生讨论“戴眼镜是否真的很不错”引入主题。之后，在讨论形成近视眼的人为因素时，充分调动了学生参与的积极性，活跃了课堂氛围。

2. 体验法。体验式教学法以学生参与为主体，是促进学生获取知识技能的一种教学方式。课上，闵老师通过让学生进行戴眼罩后的对比体验，直观形象地让学生感受到：近视或失明将会给学习、生活带来诸多的不便，从而激发学生一定要保护好自己眼睛的意识。

3. 讲授法。讲授法是通过口头语言向学生传授知识的理论技法。闵老师出示医生博士的相关讲话内容，引导学生提炼信息，提高对保护眼睛重要性的认知与觉悟。

教育不仅仅是在课堂上，还需延伸到平时的生活中去，闵老师还巧妙地传授了两个护眼小窍门，供学生们在家操作，扩大了教育的效应。

上海市浦东教育发展研究院德育教研员　姚瑜洁

第⑤课　合理使用零花钱

设计教师：上海市南汇实验学校　　　　顾卫红
指导老师：上海市浦东教育发展研究院　姚瑜洁

【活动背景】

“静以修身，俭以养德”，《小学日常行为规范》指出：节约水电，不比吃穿，不乱花钱。勤俭节约是中华民族的传统美德。小学阶段正是行为养成教育的奠基时期，养成勤俭节约的好习惯将会受益终身。

随着时代的发展，人们的生活水平不断提高，各种物品越来越丰富，款式、包装也日渐新颖，对小学生来说很容易被琳琅满目的商品所诱惑。我班学生在消费中出现了这样的情况：他们不顾父母挣钱之不易，购物花钱大手大脚，浪费现象严重。为此，对他们进行勤俭节约、合理使用零花钱的教育显得尤为必要。

【活动对象】

小学三年级学生

【活动目标】

1. 知识与技能

（1）知道每一分钱都是长辈辛苦赚来的，不能乱花钱。

（2）学会简单记账，合理使用零花钱。

2. 过程与方法

（1）了解父母每天的工作情况和一天的收入。

（2）尝试每天记账，有计划、有节制、有意义地使用零花钱。

3. 情感态度与价值观

（1）懂得赚钱的不易，体谅父母的辛苦。

（2）树立勤俭节约的生活理念。

（3）养成不乱花钱的好习惯。

【活动重点】

体会长辈的辛苦，学会简单记账。

【活动难点】

懂得长辈赚钱的不易，能尝试日常记账，学会合理使用零花钱。

【活动准备】

1. 提前做好家庭收入调查。

2. 拍摄采访视频，设计零花钱使用调查表、汇总表和课后活动自查表。

3. 制作多媒体课件和板贴。

【活动过程】

一、情境引入，揭示课题

1. 师：老师最近遇到一个难题：隔壁邻居家的大宝和小宝是一对双胞胎，兄弟俩关系一直很好，但是最近却出现了问题，他们争着向我诉说自己的烦恼，你们愿意帮我一起来解决吗？

生：愿意。

播放音频《一对双胞胎的烦恼》：

小宝：大家好，我和哥哥大宝是一对双胞胎，从小爸爸妈妈就非常疼爱我们，好吃的都会留给我们，一点儿都不偏心。可是最近我发现，妈妈开始偏爱哥哥大宝了，大宝还不承认。前两天妈妈给了我10元钱，说给哥哥大宝也是10元，但是这些钱我只买到一包薯片、一支活动铅笔，还有一块小白兔橡皮；可是哥哥买到了五六样东西呢，还说把剩余的钱存了起来，这怎么可能？肯定是妈妈偷偷多给哥哥零花钱了。你们说，我妈妈是不是偏心呢？

大宝：妈妈给了我和小宝每人10元钱，可是小宝偏偏说妈妈多给我钱了，不管我怎么解释，小宝都不相信，这可怎么办呢？

2. 师：是呀，为什么同样得到了10元钱，大宝和小宝买来的东西数量不一样？现在让我们来看看兄弟俩买来的东西吧，大家来评评理，妈妈到底有没有偏心？

出示图片：大宝、小宝的购物清单及价格

大宝：普通白色橡皮一块（1元），普通绘画铅笔5支（4元），一把尺（1元），一瓶矿泉水（1.5元），剩余2.5元。

小宝：一包薯片（6元），一支活动铅笔（2元），一块小白兔橡皮（2元）。

生1：我觉得妈妈没有偏心，小宝选的笔和橡皮都比哥哥的贵，还买了零食，所以买到的东西数量少。

生2：我认为大宝买的笔和橡皮都是实用又便宜的，所以他买的东西多、剩余的钱还能存起来，我要向他学习。

生3：大宝买的是矿泉水，很健康，弟弟买的是薯片，是垃圾食品，多吃对身体不好。

3. 师：大家说得有道理，不是妈妈偏心，而是兄弟俩选购的商品价格不一样。同样数量的钱，假如选的商品贵，买到的东西就少；选的商品便宜，买到的东西就多。相信大家都在心里夸奖大宝，买学习用品，不一定很漂亮，实用就行，零食要买健康的才好。看了兄弟俩买的东西，老师觉得合理使用零花钱真的很重要。今天，我们就一起来学学如何合理使用零花钱。

板书：合理使用零花钱

设计意图： 对于小学三年级的孩子来说，空洞的口头教育只会引起反感，他们往往是通过群体交流产生的影响力来调整自己的认识、态度、情感和行为，所以我以双胞胎兄弟大宝和小宝的烦恼引出问题，激发学生的学习兴趣。

二、实践体验，感悟美德

（一）零花钱的来源

1. 师：随着时代的发展，每个家庭的生活条件变得越来越好，你们都是家里的宝贝，平时都会有一些零花钱吧。你们的零花钱是从哪里来的，大概有多少呢？

生1：我今天带了5元钱，妈妈让我回家时买两个馒头吃。

生2：我有8元钱，是奶奶早上给我的，放学后我要买橡皮，还要买个面包吃。

生3：我带了11元，是昨天晚上爸爸和奶奶两个人给我的，但是我还没花掉。

（二）零花钱的使用

1. 师：看来，大家的零花钱还真不少，不知道你们有没有想过把这些钱节省下来并存起来？平时你们是怎么使用零花钱的呢？老师这里有一张调查表，请你们认真回忆一下，在这一个星期里，买了什么东西，花了多少钱？在表格里填一填，说给大家听一听，好吗？

出示PPT“一周零花钱使用汇总表”：

姓名	文具	零食	玩具	其他	统计
合计（元）					

生1：我一个星期花了24元，买了面包、馒头、薯片，还有3支活动铅笔。

生2：我一个星期花了43元，主要买的是零食，还买了一盒水彩笔。

生3：我一个星期花了18元，买了铅笔、橡皮、尺，还有零食。

（三）了解父母一天的收入

1. 师：同学们，你们通过计算知道了一个星期内花掉的钱，你们知道爸爸妈妈一个月能挣多少钱吗？在课前，老师已经布置任务，请大家回家去了解父母的收入，并拍了采访视频，现在让我们来看看吧。

播放采访视频《父母的收入》：

家长1：我在一家社办企业工作，从早上七点半一直工作到下午六点钟，每周休息一天，一个月4800元，平均一天赚160元。不过，我们家平时一天的生活开销就要100元左右，剩下60元还要花在孩子的学习和生活上，基本上用完。

家长2：我在超市当收银员，早上六点出门，晚上要到十一点才回家，每周休息两天，一个月3600元，平均每天赚120元多一点点。平时除去日常生活开销90元左右，双休日还要花钱报名送孩子去学围棋，几乎没有剩余的了。

家长3：我在银行工作，每周休息两天，一个月8500元，平均每天赚280元左右。可是爷爷奶奶年纪大了，身体不太好，我们经常要去给两位老人看病买药，我们还给孩子报了两个兴趣班，所以能余下的钱不多。

家长4：我为了照顾孩子，目前没有工作，待在家里，全靠爸爸一个人在物流公司上班赚钱来养活全家。

2. 师：同学们，通过观看刚才的视频，我们知道了，父母赚钱都不容易呀，你们的零花钱都是他们辛苦工作换来的。你们有什么话想说吗？

生1：爸爸妈妈工作真辛苦，每天上班要好几个小时，可是赚的钱并不多。

生2：我们平时不懂节约，乱花钱真不应该。

生3：爸爸妈妈虽然赚钱不多，但只要我问他们要，他们一定会给我，我都拿去买零食吃了。

3. 师：同学们说得真好，爸爸妈妈要养家，平时辛苦赚的钱不一定舍得花在自己身上，却舍得给你们零花钱，那是因为他们爱你们。因此，我们要学会体谅大人的辛苦，合理地使用零花钱，学会节俭，争取不给家长增加更多的生活压力，以实际行动回报父母。

（四）学会记账

1. 师：那么，我们的零花钱该怎么花才合理呢？老师这里有一份小宝上个星期的零花钱使用汇总表，我们以小组为单位，一起讨论哪些是不必要的开支？再帮小宝出谋划策，提出新的购买建议，看看能结余多少钱？

出示PPT“小宝一周零花钱使用汇总表”

小宝一周零花钱使用汇总表

日期	物品	支出（元）	备注
9月1日	活动铅笔（4支）	8	
	香肠	5	
	玩具枪	15	
	馒头	1.5	

（续表）

日期	物品	支出（元）	备注
9月2日	本子（3本）	3	
	饮料	4	
	香肠	5	
	抽奖	5	
9月3日	零食	11	
	发夹	15	
	饮料	4	
	大富翁棋	15	
合计（元）	91.5		
重新整理合计（元）			

生：我们组认为，小宝在乱花钱，抽奖是骗人的，他买了很多不该买的玩具，大部分钱用来买零食，这个坏习惯要改一改。我们的建议是，不买玩具枪和大富翁棋，不抽奖，不买不健康食品，比如香肠，饮料可以换成矿泉水，活动铅笔不实用，换成普通绘画铅笔。这样一算，可以省下55元。

2. 师：同学们的建议真棒，小宝盲目花钱真是不应该。看来花钱后记账的作用可真不小，所有的开销一目了然，能及时提醒我们是不是在乱花钱。我们平时也要学会记账，这样才能更合理地使用零花钱，买到实用又健康的东西。这就叫——

板贴：认真记账不乱花　一目了然顶呱呱

生：认真记账不乱花，一目了然顶呱呱。

3. 师：小朋友想不想做一个勤俭节约不乱花钱的好孩子？老师已经给大家准备了零花钱记账表，大家回家后也认真记一记，一个月后拿来汇总，看看谁做得最好，好吗？

出示PPT：记账表

周	物品	支出（元）	得到零花钱（元）
周一（____月____日）			
周二（____月____日）			
周三（____月____日）			
周四（____月____日）			
周五（____月____日）			
周六（____月____日）			

（续表）

周	物品	支出（元）	得到零花钱（元）
周日（____月____日）			
合计第一周结余			
合计第二周结余			
合计第三周结余			
合计第四周结余			
合计一个月结余			

（五）结余零花钱的处理

1. 师：老师相信，只要我们能够合理使用零花钱，并且认真记账的话，一个月后就会有很多的结余，所以老师这里还准备了一张汇总表，等一个月后再做统计，看看我们全班能结余多少钱。

出示PPT：零花钱结余汇总表

周次	一组	二组	三组	四组	五组	六组	七组	八组
第一周								
第二周								
第三周								
第四周								
一月总计								

2. 师：结余的零花钱我们该怎么处理呢？我们一起来个“头脑大风暴”，看看谁的点子最有计划性，更有意义？

生1：我会把节省下来的钱交给妈妈保管，等存得多一点儿，让妈妈帮我存到银行。

生2：我会把节省下来的钱攒起来，用来交餐费。

生3：我可以让爸爸妈妈少给我点儿零花钱。

生4：每年红十字募捐时我会把钱捐出来。

设计意图：整个活动过程中，由于数据的出现频率较高，因此各类表格的呈现形式相对较多，这样的好处是直观明了，便于学生辨别和统计，也能适时教会学生记账，懂得不乱花钱，并学会管理结余的零花钱。

三、教师总结，深化美德

1. 师：小朋友们的金点子真棒，老师想为你们点赞。从小养成勤俭节约的好习惯是多么可贵，合理使用好每一分零花钱是多么重要。今天，我们通过学习，不仅能体谅大人的辛苦，减轻他们的生活压力，还能为社会献爱心，真是一举多得！其实当时哥哥大宝就是这样跟我说的，也是这么做的，我还夸奖了他呢。

板书：勤俭节约人人夸

2. 师：从今天开始，大家也要积极行动起来了，好不好？老师等着大家的好消息。

【板书设计】

合理使用零花钱

认真记账不乱花

一目了然顶呱呱

勤俭节约人人夸

【点评】

一、创设情境，提出问题

万事开头难，能将学生很快地引入情境中来并不是一件易事，顾老师设计了“双胞胎大宝小宝的烦恼”的情境，引出主题，同时以此为主线，贯穿主题教育课全程，做到有始有终。

二、情感体验，活动明理

本课旨在通过活动，引导学生树立“节约光荣”的意识，正确合理地使用零花钱，能在日常生活中时时注意节约，事事注重节俭，养成不乱花钱的好习惯。然而，好习惯的养成并不是一蹴而就的，应该让学生亲自体验。顾老师通过设计相应活动环节，让学生从中明白道理，增强意识，从小做到合理使用零花钱。

1. 课前调查

顾老师课前设计的一份调查作业，动员家长和孩子一起完成，让学生了解父母的收入情况以及工作的辛苦，知道自己的零花钱所占父母收入的比例，从而真切感受父母的辛苦以及对自己的爱心，这样的设计真实有效，直击学生内心。

2. 课中对比

为了让学生能真切地体验使用零花钱的合理性，顾老师设计了“小宝一周零花钱汇总表”，大宝小宝的购物单，学生通过讨论交流大宝、小宝所购买物品的合理性，明白了购买学习用品应该价廉物美，其中实例照片的取材全部来自学生的用品，学生的感受会更深切，受到的教育也就更有益。

3. 课后延伸

教育活动的最终目的，是让学生真正养成好习惯。顾老师最后安排了一项实践操作活动，借用双胞胎的故事，指导学生向大宝学习，在生活中学会记账，理性消费，懂得节约，体谅父母。这一环节，主要采用头脑风暴的活动形式，学生集思广益，明智理财，将零花钱花得更有意义。

上海市浦东教育发展研究院德育教研员　姚瑜洁

第❻课　告别“小马虎”　学习更给力

设计教师：上海市宣桥学校　　　　　祝永华
指导教师：上海市浦东教育发展研究院　姚瑜洁

【活动背景】

《中小学德育工作指南》指出：“以培养学生良好思想品德和健全人格为根本，以促进学生形成良好行为习惯为重点，坚持教育与生产劳动、社会实践相结合，坚持学校教育与家庭教育、社会教育相结合，为中国特色社会主义事业培养合格建设者和可靠接班人。”小学阶段是学生行为习惯养成的最好时机，树立好习惯意识也是小学阶段德育工作的重要内容之一。

今年，我接手了四年级（3）班，看到部分学生因为粗心给自己带来了很多遗憾和烦恼：课本忘拿了，只能暂时用老师的或者和同桌合用一本；要求没听清，作业的格式或者内容理解错误；忙中出错，明明会做的题因为着急而考虑不周全，导致答题不完整……针对以上诸多情况，我以学生在学习中经常出现的粗心现象作为突破口，设计一堂《告别“小马虎” 学习更给力》的主题教育课，和学生一起探讨养成学习好习惯的重要性。

【活动对象】

小学四年级学生

【活动目标】

1. 知识与技能

（1）了解粗心给学习带来的严重后果。

（2）知道粗心的集中表现及原因。

（3）学习应对粗心的解决办法。

2. 过程与方法

选择适合自己的学习方式，逐渐改掉粗心的坏习惯，并在后续学习中逐渐养成细心的好习惯。

3. 情感态度价值观

（1）摒弃学习坏习惯，明确学习时要仔细看、专心听、认真写。

（2）在学习中能坚持运用所学的方法来减少粗心。

【活动重点】

运用适合自己的方式逐渐改掉粗心等坏习惯，并在以后的学习中逐渐养成细心等好习惯。

【活动难点】

努力改掉学习中粗心的坏习惯，明确学习时要仔细看、专心听、认真写；在学习中能坚持运用所学的方法来减少粗心。

【活动准备】

1. 视频：《“没头脑”和“不高兴”》、数字故事《班级树》和《挑战训练营》。
2. 图片：切尔诺贝利核电站事故。
3. 音频：切尔诺贝利核电站事故介绍、8种常见事物声音。
4. 搜集粗心症状、训练题、写字儿歌。

【活动过程】

一、观看动画，明确主题

1. 师：老师批改作业的时候，看到有的同学粗心大意，错误百出，脑海里总会闪现出一个动画人物。你们猜猜他是谁？

播放视频《“没头脑”和“不高兴”》片段：有个孩子，叫“没头脑”，上学路上不是丢了帽子，就是丢了书包；画完作品署名时把名字写倒了；当了工程师，设计了一座999层高的少年宫大楼，却忘了安装电梯，结果孩子们为了在这个大楼上看戏，要带着铺盖、干粮爬一个月的楼梯。

2. 师：大家想对“没头脑”说些什么？

生1：我想对他说：“你做事有点儿马虎！如果能检查一下就好了。”

生2：我想说：“‘没头脑’，你做事最好慢一点儿，心急吃不了热豆腐！”

3. 师：“没头脑”因为做事马虎，同学们都叫他“小马虎”。在现实生活中，由于马虎导致的严重后果远远超过我们的想象。下面，请大家听听这个真实的故事：

播放音频《切尔诺贝利核电站事故》：1986年4月26日，由于操作员粗心大意并违犯了规程，加上核电站控制棒上的设计缺陷，核电站的第4号核反应堆在进行半烘烤实验中突然失火，引起爆炸，其辐射量相当于500颗美国投在日本的原子弹。爆炸使机组被完全损坏，8吨多强辐射物质泄露，尘埃随风飘散，电站周围30公里被宣布为危险区，居民撤走了，事故发生时当场死2人，遭辐射受伤204人。

5月8日，反应堆停止燃烧，温度仍达300℃；瑞典检测到放射性尘埃，超过正常数的100倍。苏联官方于4个月后公布，共死亡31人，主要是抢险人员，其中包括一名少将；得放射病的203人；从危险区撤出13.5万人。

白俄罗斯共和国损失了20%的农业用地，220万人居住的土地遭到污染，成百个村镇人去屋空。近核电站7公里内的松树、云杉凋萎，1000公顷森林逐渐死亡。30公里以外的“安全区”也不安全，癌症患者、儿童甲状腺患者和畸形家畜急剧增加；即使80公里外的集体农庄，20%的小猪生下来也被发现眼睛不正常。切尔诺贝利成了荒凉的不毛之地。

1992年乌克兰官方公布，已有7000多人死于本事故的核污染。专家们说，切尔诺贝利事故的后果将延续一百年，会持续威胁白俄罗斯、乌克兰和俄罗斯约800万人的生命与健康。

4. 师：一次马虎却导致了人类历史上的一场巨大灾难，相信这个事例在小朋友的心中已经引起强烈的震动。其实，在我们同学的身上，老师也时常会看到类似“小马虎”这样粗心的情况，所以千万不要小看“马虎”，也希望小朋友们告别“小马虎”。今天的活动主题就是：告别“小马虎” 学习更给力。

板书：告别“小马虎” 学习更给力

设计意图：《“没头脑”和“不高兴”》这部动画片虽已久远，但里面的内容对于现在的孩子来说还是能引起共鸣的，尤其是“没头脑”的颠倒署名和丢三落四，能引发学生对于粗心现状的探究。通过告知学生粗心在现实生活中所造成的严重后果，正视“粗心”这个学习、生活、工作中的“拦路虎”，从而更认真、更仔细地做好每一件事。

二、查明“症状”，寻找对策

（一）仔细看

1. 师：学习中，看题、审题是最常见的，在“看”的时候，也会出现很多粗心的情况，“小马虎”也不例外。哪位同学来说说“小马虎”有哪些粗心现象呢？

出示眼睛图片和表格：

粗心“现象”1
看错符号或数字：把“+”看成“-”，把“5”看成“3”……

生：“小马虎”他看错了符号或数字，把加号看成减号，把“5”看成“3”。

2. 师：你看得真仔细，读得也很正确。那么，大家在学习中有没有遇到过类似的情况呢？

生1：有的，我好几次把加减符号看错。

生2：我昨天默写词语时，把音调看错了。

生3：早读时，没看清英语单词。

3. 师：都是“看错”惹的祸，那么同学们有什么好办法能治治它吗？

生1：我觉得看的时候可以慢一点儿。

生2：眼睛睁大些。

生3：看得仔细些。

5. 师：大家说得真好，“仔细看”能避免类似的错误。现在大家知道了方法，那就做个小练习测试一下吧！

板书：仔细看

出示训练题：找出每组中与其他不一样的数字，下面画上横线，数一数有几个，将总数记下来。88888898889888988889888888988888898888988898889888888988988889888共（　　）个。

（学生做题，教师巡视）

5. 师：让我们用手指一起出示答案吧，一二三，答案是——（生伸出手指，出示答案）绝大部分同学出示的答案是“12”，个别同学的是“11”。（走到选“11”的同学小A身边）看得仔细些，再数一遍，好吗？（生重新数）

6. 师：能汇报你的答案吗？

生：“9”这个数字，一共有12个。

7. 师：遇到需要仔细看的内容，我们看得慢一些，仔细一些，就可以提高正确率。再来一题，挑战一下！

出示训练题：查数字表，在“23”下面画上横线，再将总数记下来。

26876 23456 32455 52344 65454 54375 34477 67432 23345 25236

42353 54908 34522 52387 57432 31685 42356 94232 46556 91423

51243 69345 25254 96912 43234 65465 65776 23555 63536 96576

72311 68346 76587 42423 76845 34643 53135 75325 02354 86732

92146 02346 85632 72368 04236 74257 56782 34323 54277 86466“23”共（　　）个。

（学生做题，教师巡视，关注之前做错的小A同学）

8. 师：手指准备好了吗？一二三，答案是——（生伸出手指，出示答案18）小A这次做对了，学会了看的正确步骤和方法，做题的正确率就提高了，不过也有同学这次失利了。的确，学会了方法并不意味着一劳永逸，还需要我们认真努力，持之以恒。在学习中，要看清题目的本意。下面这些题，需要我们看清什么呢？

出示题型：

组词：辩（　　）辨（　　）辫（　　）
加部首变成新字再组词：青（　　）（　　）青（　　）（　　）青（　　）（　　）

生：第一题，需要我们看清楚每个字的部首再组词；第二题，需要我们看清楚题目要求再组词。

9. 师：说得对！同学们做题前一定要把要求看仔细，把题目看清楚，这样才能远离粗心这个坏习惯。

设计意图： 练习中的各类试题，学生若没看清要求就会做错，因此作为“常见病症”进行解析。将现状、原因、对策三大板块合并在一起，说到现状就分析原因并进行对策指导，然后进行专项训练，这样有利于同学们建立起一条完整的记忆通道，对于以后碰到类似的情况可以快速进入“仔细看”的状态。

（二）专心听

1. 师：看看“小马虎”学习上的其他粗心现象，他的耳朵在听的时候——

出示耳朵图案和表格：

粗心"现象"2
听错作业要求：把"一行"听成"一遍"，把"默写"听成"抄写"……
没听到提示：数量后写明单位；应用题写好答句；先跟读再自由读……

生：他听错作业要求：把"一行"听成"一遍"，把"默写"听成"抄写"。他也没听到老师的提示，如数量后写单位，应用题要写答句，先跟读再自由读。

2. 师：你看得很仔细。同学们在学习中有没有类似的现象？

生1：有的，老师布置作业的时候我没听清写几遍，回去只好再问同学。

生2：我默写英语单词的时候，没听清老师的要求，不知道怎么默。

生3：上课没听，下课不会做题。

3. 师：听错的后果很严重，请你针对"怎么听"来想办法。

生1：老师讲要求的时候，眼睛看老师，耳朵竖起来。

生2：心静下来，认真听。

4. 师：不错，"专心听"能使我们离细心越来越近。老师这儿有一些声音素材，测测你的听力，到底能听到几种声音？

板书：专心听

播放音频：钢琴、鸟、喇叭、风、青蛙、婴儿、飞机、鸭的声音。

生1：钢琴、鸟、喇叭、风、青蛙、婴儿、鸭。

生2：我补充一下，婴儿声音后面应该还有飞机的声音，最后才是鸭子。

5. 师：这两位同学的回答合起来就完整了。同学们只要专心听，用心记，老师相信大家会离"粗心"越来越远。

设计意图： 选用生活中常见事物发出的声音来抓住同学们的注意力，培养倾听的能力。

（三）认真写

1. 师：说到这"小马虎"，还真是让人头疼，在同学们的提醒下，好不容易看得仔细了，听得也专心了，可是写的时候又出错了，看看他——

出示手的图案和表格：

粗心"现象"3
写错：写字的时候多一笔、少一画……
漏写：忘记标调号……

2. 师：大家有没有出现过类似的现象？

生1：有的，我写字的时候就总是多一笔或少一画。

生2：上周的数学练习，我其实是可以少被扣2分的，"答"漏写了。

生3：英语的练习中，我也在抄写部分被扣分了，首字母没有大写。

3. 师：小组商量一下，给"小马虎"，也给你自己想一个好办法。

（小组商议后，交流）

生1：我们小组认为写之前要听清要求，写的时候心要静下来。

生2：我们认为写字要认真，写好每一笔、每一画！

4. 师：你们说得对，写字就要“认真写”！老师这儿有一首写字儿歌，让我们一起读一读。

板书：认真写

出示儿歌：写字前，坐端正，握笔手势要恰当。
一笔一画要认真，横平竖直字方正。
写字先后有顺序，规规矩矩不出线。
端端正正写得好，认真写字才美观！

5. 师：看看这些作业，大家有什么想说的吗？

生1：我觉得**的作业看着很舒服。

生2：我喜欢***的作业字端正，对得也整齐。

生3：我发现写得认真的作业，正确率也高！

6. 师：同学们观察得仔细，相信你们已经发现了提高作业正确率的小秘密了，那我们就挑战自己——练练字吧！

出示挑战要求：复习防止粗心的三大法宝——仔细看　专心听　认真写
请你抄写“九字真经”——仔细看　专心听　认真写

（学生写字）

7. 师：写完了“九字真经”，给自己评价一下吧！如果态度认真，给自己画个笑脸（学生自评），然后同桌互评；如果字端正，给伙伴画个笑脸（同桌交换评价）。只要认真写，作业正确率会越来越高。

设计意图：拿出同学们自己的作业更有说服力，在比较中认识到认真写作业的重要性，进而对自己提出更高要求。利用实践环节，让同学们进一步了解写字要“认真写”的要求。同时，同学们在写一写的过程中能牢记告别粗心的“九字真经”，在后续的学习中能时时想起，常常运用，力求更加细心。

三、出示表格，再想招数

1. 师：瞧瞧我们的“没头脑”，“小马虎”的称号真是名不虚传，马虎的表现真不少——

出示表格：

粗心“症状” 现状
1）看错符号或数字：把“+”看成“-”，把“5”看成“3”…… 已解决

（续表）

2）听错作业要求：把“一行”听成“一遍”，把“默写”听成“抄写”…… 已解决
3）没听到提示：如数量后写明单位、应用题写好答句、先跟读再自由读…… 已解决
4）写错：写字的时候多一笔、少一画…… 已解决
5）漏写：忘记标调号…… 已解决
6）上学时忘了戴好领巾、胸卡，有时会忘记带书本和作业。 （　　　）
7）试卷上没有写上自己的姓名。 （　　　）
8）考试的时候漏做题。有时做好题目，忘了写答案。 （　　　）
9）回家后才发现没拿到作业本或试卷，只能写在自己的本子上。 （　　　）
10）老师布置的作业有时忘记做了。 （　　　）

2. 师：刚才，大家献计献策，帮助“没头脑”想了三个好办法，让他心中燃起了胜利的火焰。可是，要想真正摘掉“小马虎”这顶帽子，还需要大家的“金点子”。同桌两人商量商量，给他支支招吧！

（同桌互相商量）

生1：可以把要做的事情写在小本子上，这样就不会忘记了！

生2：可以设个小闹钟提醒自己。

生3：做练习时，默念“姓名、学号和学校”，养成习惯就不会忘写了。

生4：写好练习，按照老师要求认真检查每一道题。这次数学练习，我是在最后检查的时候，才查出来两道口算题和一道应用题呢！

生5：每天放学时，按照记事本上的作业要求检查各项作业本，这样就不会回到家发现没有作业本，还得回学校拿！

生6：每天按照记事本上的作业要求检查是否齐全。不要依赖大人，要学会自己做。

生7：可以和好朋友约好互相提醒，共同做到！

3. 师：“没头脑”听了你们的建议，很高兴，在大家的帮助下，他相信自己一定会尽快摆脱“小马虎”这个称呼的！是的，我们可以通过“自我提醒”提醒自己在某一个时刻该干什么，可以通过“榜样示范”多看看同学的优点，取长补短，或者和好朋友互相督促，共同进步。同时，老师和家长也会表扬与鼓励有进步的同学，给予你们更多的能量。

板书：自我提醒、榜样示范、师长激励

设计意图： 动画人物贯穿主题教育课的始终，使同学们对这个粗心的典型人物印象深刻。在小结“小马虎”粗心表现的过程中，同学们既在帮助他，也在帮助自己改掉粗心的坏习惯，这比简单的说教更有意义。

四、总结原因、归纳策略

1. 师：今天大家为“没头脑”诊疗粗心症状，既帮助了“小马虎”，也使自己受益良多。其实，粗心源自做事的态度，只要我们端正学习态度，对待任何一件事情都能尽心尽力、认认真真，那么粗心就会远离你。让我们静下心来，看一个数字故事吧！

板书：态度

播放视频《班级树》：班级就像一棵大树，同学们就是那粗粗的枝杈。有的仔细看、专心听、认真写，已结出细心果啦！有的借助于自我提醒、师长鼓励、同伴互助，粗心已离他远去啦！老师坚信，班级树上的每根枝杈，总有一天会开满细心花，结满细心果，长成一棵硕果累累的参天细心树。播种一种行为，收获一种习惯；播种一种习惯，收获一种性格；播种一种性格，收获一种命运。让我们告别“小马虎”，播下细心种，收获好习惯，学习将会更给力！

五、课后延伸、巩固所得

1. 师：接下来，让我们马上进入“挑战训练营”。

播放视频《挑战训练营》：

（1）学生营。每次练习后，记录自己做得仔细和粗心的题目数量。例如，5月6日练习：仔细6题，粗心2题；5月7日练习：仔细8题，粗心1题……一周后，比较每天数字变化，以此作为自我激励或警示。

（2）组长营。请语文、数学、英语课组长分别记录自己组员每天作业正确率情况，在每周班会课上对语文、数学、英语课作业正确率最多以及进步较大的成员进行表扬和奖励。

（3）老师营。在学习中强调细心和认真，对于作业认真的同学多表扬多鼓励，经常展示优秀作业。

（4）老班营。平时多多关注做事认真、作业仔细、学习踏实的同学。

（5）家长营。在家校联系中，请关注同学们在学习上的认真态度。加油！

2. 师：大家有没有信心挑战成功？

生：有！

3. 师：让我们一起努力，告别“小马虎”，学习更给力！

设计意图：理论与实际相联系。设计训练营活动，用“挑战”激起孩子的好胜心，在之后的学习中“被动”细心，在组长和师长的鼓励与督促下坚持“细心”，通过努力，最终养成“主动”细心的好习惯。

【板书设计】

告别“小马虎”　学习更给力

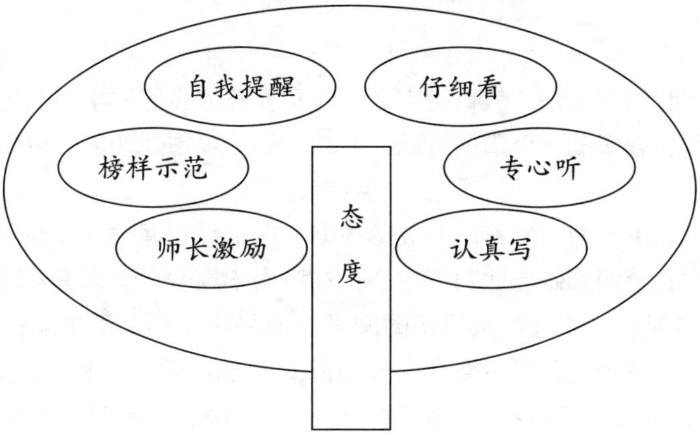

【点评】

1. 结构板块活泼有序。祝老师选取了学生学习中最常见的“粗心”现象作为教育课的主题，结合认知心理进行板块式教学，分为粗心的表现、原因、解决的对策及实施这四大版块进行解析。结合某种现状，由学生结合自身实际分析具体原因，师生共同商议应对策略，学生则进行专项训练。

2. 多样训练引导有力。德育活动是一个“认知—抉择—实践—反思—再认知—再实践”的过程。主题教育课的最终目的是教会学生某种方法，因此方法指导和专项训练是本堂主题教育课的重点。祝老师选取的对策，考虑到学生周围因素的影响和学生的学习情况紧密联系，而且呈现的方式多样化。同时，祝老师也关注学生的学习惯性，给予学生鼓励和足够的时间，教师的信任给予了学生向上的信心和力量，使本堂主题教育课收到了良好的效果。

3. 人物形象生动有趣。“没头脑”的马虎形象，一开始便吸引了学生的眼球，人物表现虽有些夸张，但学生能在他身上隐约看见自己的影子。这样的表演形式有利于使学生和人物之间产生共鸣，既帮助角色改变了粗心的毛病，同时也使学生从中受益。

上海市浦东教育发展研究院德育教研员　姚瑜洁

第❼课　学会自制，做学习的主人

设计教师：上海市浦东新区周浦第二小学　高　慧
指导教师：上海市浦东教育发展研究院　　姚瑜洁

【活动背景】

叶圣陶先生曾明确指出：“教育简言之，就是要养成良好的学习习惯。”培养学生良好的学习习惯是素质教育的一个重要方面。是教师的一项重要任务，应该从小抓起，从学生的行为入手。

小学四年级是学生行为习惯养成的关键时期。在班级管理中，发现部分学生出现了一些不良的学习习惯：上课或做作业时不专心，注意力不集中；学习遇到困难时，总会半途而废；常常因看电视、玩游戏花费很多时间，作业马虎了事，质量差；做事常常虎头蛇尾，不能持之以恒；甚至部分学生要在家长的督促下才能完成作业。这些学生存在共性问题：自我管理、自我约束能力差，因而学习成绩不够理想。希望这些学生能学会控制自己，做学习的主人，提高学习成绩。

【活动对象】

小学四年级学生

【活动目标】

1. 知识与技能

（1）了解自己的学习态度，懂得顽强的意志对学习、生活的影响。

（2）在日常的学习中学会自我管理，培养较强的自制力。

2. 过程与方法

（1）通过学习、实践，学会提高自制力的一些方法，培养良好的学习习惯。

（2）初步学会从身边的点滴小事做起，逐步锻炼自己顽强的意志。

3. 情感态度价值观

（1）以积极向上的态度，去克服学习上的困难，行动实现既定的目标。

（2）树立敢于向困难挑战的信心，学会控制自己，不为外界的诱惑干扰。

【活动重点】

在日常学习中学会自我管理，培养较强的自制力。

【活动难点】

（1）学会从身边的点滴小事做起，在学习、生活中充分发挥自己的主观能动性。

（2）努力克服学习上的各种困难，以顽强的意志实现既定目标。

【活动准备】

收集相关资料，设计自制力游戏，制作多媒体课件。

【活动过程】

一、问卷测试，关注自制力

1. 师：同学们，你觉得自己的自制力如何呢？一起来完成问卷调查表，测一测，你能得几个A？

出示PPT《问卷调查表》：

（1）如果某项学习任务比较难，我会半途而废。

A. 从不　　B. 偶然　　C. 经常　　D. 总是

（2）上课或做作业时我总是不能专心，容易分心，不能集中注意力。

A. 从不　　B. 偶然　　C. 经常　　D. 总是

（3）我做事常常虎头蛇尾。

A. 从不　　B. 偶然　　C. 经常　　D. 总是

（4）我常常因看电视、玩游戏花费很多时间。

A. 从不　　B. 偶然　　C. 经常　　D. 总是

（5）我总是不遵守自己制订的学习计划。

A. 从不　　B. 偶然　　C. 经常　　D. 总是

（6）我常常在家长的督促下完成作业。

A. 从不　　B. 偶然　　C. 经常　　D. 总是

2. 师：同学们，问卷做完了，交流一下，你能得几个A？

生1：我能得4个A。

生2：我能得3个A。

生3：我能得5个A。

生4：我只能得2个A。

……

3. 师：同学们，请你们联系自身实际，寻找原因。说一说为什么没有得到6个A，是哪里做得不好呢？

生1：我如果遇到某项困难的学习任务，经常会半途而废。

生2：我总是不遵守自己制订的学习计划。

生3：我做事常常虎头蛇尾。

生4：我有时需要在家长的督促下才能完成作业。

生5：我上课或做作业时会不专心，容易分心，不能集中注意力。

生6：我自己制订的学习计划总是不遵守，不能完成。

……

板书：虎头蛇尾　半途而废　三心二意　言行不一　……

4. 师：老师知道，好多同学由于自己管不住自己，学习自制力差，因而学习成绩不理想，但是心里又迫切希望学会控制自己，做学习的主人，提高学习成绩，老师说出你们的心里话了吗？今天，我们一起“学会自制，做学习的主人”。

设计意图： 这一板块通过设计问卷调查表，让学生在完成调查的过程中寻找自己在学习中自制力差的表现。贴近学生的实际，触及学生内心真实想法，引发学生思考。

二、方法指导，提高自制力

（一）锦囊妙计1——游戏训练法

1. 师：同学们都希望自己能有较强的自制力，能改掉以上这些坏习惯，老师这里有一些锦囊妙计，你们想得到它们吗？

生：想！

出示PPT：屏幕上出现了一些锦囊妙计，上面标有数字。

2. 师：好，让我们先来看一看1号锦囊妙计告诉我们什么好办法？

点击1号锦囊：PPT出现“游戏：木头人”字样。

3. 师：同学们，你们会玩“游戏：木头人”吗？

生：会玩。

4. 师：让我们一起玩一玩吧！

出示儿歌内容：

一二三，三二一，我们都是木头人，不许讲话不许笑，还有一个不许动。

（生做游戏）

5. 师：玩了“木头人”的游戏，你们有什么体会？

生1：虽然我知道不可以笑，可是我总是忍不住要笑出声来。

生2：我的两只手控制不住，要动来动去。

6. 师：同学们，刚才做游戏时，有的同学自控力差，一会儿就笑出声来。原来游戏也可以训练我们的自制力。我们把这种的方法称为“游戏训练法”。

板书：游戏训练法

（二）锦囊妙计2——他人监督法

1. 师：让我们看一看2号锦囊妙计，它又将教会我们什么好办法？

点击2号锦囊：播放录音。

小云是四年级的一名男生，上课时他总是管不住自己，经常做小动作或是走神，于是他希望同桌小丽能帮助他，恳切地对她说：“小丽，你能帮我一个忙吗？”看着小云一副诚恳的样子，小丽爽快地答应了："你说吧。""如果我上课时做小动作或是走神，你就轻轻地碰一下我的胳膊，提醒我一下。"于是，当小云上课做小动作或是走神时，小丽就会轻轻地碰一下他的胳膊，小云立即领会专心听课。

2. 师：同学们，小云同学采用的这种方法称为"他人监督法"。你自己主动叫父母或同伴提醒你，这是一种积极的态度，不是老师、父母逼你的被动的形式。每一个人都有惰性，把你的计划告诉你的父母或周围的人，让他们来监督你、提醒你。这样带来的好处很多，如他们不会干扰你了，最主要的是你也不好意思"说到做不到"。

板书：他人监督

（三）锦囊妙计3——练习说"不"、体验成功、榜样示范法

1. 师：学会自制力的锦囊妙计还有好多呢，让我们一起来欣赏一段康祺的视频资料吧。

点击3号锦囊：播放视频《康祺生活二三事》。

场景一：共进晚餐。妈妈笑眯眯地问女儿："康祺，暑假快到了，你有什么打算吗？"女儿看着妈妈说："妈妈，前两年的暑假我已经通过了上海市少儿英语的一星级和二星级，今年暑假我准备考三星级！"妈妈怀疑地问："三星级相当于初中水平，你现在才三年级，有那么多的单词，能行吗？""妈妈，我想试试！"孩子信心满满地说。"好！妈妈相信你！明天我就给你去报名！""谢谢妈妈！"

场景二：制订计划。女儿手拿计划表，来到妈妈跟前："妈妈，这是我的暑期计划，你看，每天下午3:00—5:00的时间读英语！"妈妈接过计划表，问："每天两小时？好像太长了吧？你能坚持吗？""老师说过，学英语就是要肯花时间，我一定得努力，争取通过三星级考试！"

场景三：抵制诱惑。康祺正在房间里认真地朗读英语，妈妈推门而入，"宝贝，你已经读了一个多小时了，休息一会儿吧。你最爱看的动画片《蜡笔小新》开始了。""不，妈妈！下星期就要考试了，我还有一些课文，我读得不熟练呢，这几天我不看《蜡笔小新》了！"说着，又埋头朗读英语了。

场景四：体验成功。康祺手里挥舞着三星级英语证书，欢呼雀跃，嘴里嚷着："爸爸妈妈，外公外婆，你们快来看呀，我通过三星级英语考试了！"全家人迅速围在她身边，个个笑逐颜开。外婆说："祝贺你，宝贝，你真行啊！"外公说："孩子，一分耕耘一分收获，继续努力！"妈妈高兴地翘起大拇指，也向她祝贺："孩子，好样的，妈妈为你骄傲！"全家人沉浸在欢乐的气氛中。

2. 师：看完了视频，同学们一定有许多感想，先看这张照片，谁能联系视频中的情节说一说照片上的内容？

生：这是一份康祺为了报考三星级英语而制订的暑期计划。

3. 师：对，为了实现目标，可以把计划、安排列成时间表，尤其在假期时间比较充裕的时候。时间表的制定一定要适合个人的情况，有两点要记住：第一，目标适合，学习的目标要明确、具体，不能太大。例如，读书最好具体到什么时间从第几页读到第几页。第

二，遵守承诺，承诺了就要做到，所以刚开始要降低起点。我们把这种方法归纳为“列时间表”。

板书：列时间表

4. 师：谁来说一说第二张照片上的内容？

生：康祺在房间里认真地朗读英语已经两个小时了，妈妈让她休息一会儿，看一会儿她平时最爱看的动画片《蜡笔小新》，康祺为了准备下星期的考试，拒绝了妈妈的好意。

5. 师：你看得真仔细，听得真认真。是的，康祺学会了说“不”。同学们，如果当你写作业时，有同学约你出去，你就要学会控制，此时你必须在心里对自己说“不”，在嘴上对同学说“不”。另外，平时你们要学会有选择地结交朋友，多和自制力强的人交往，拒绝和有不良行为习惯的人交往。

板书：练习说“不”

6. 师：请同学们看第三张照片，说说照片上的内容。

生：康祺拿到了三星级英语证书，非常高兴，她把这一喜讯告诉家人，全家人都很高兴，祝贺她取得成功。

7. 师：是呀，康祺体验了成功的快乐，全家人都兴奋无比呢。的确，自我控制虽然需要付出艰苦努力，但是，一旦能够做到是令人愉快的。例如，你完成了每天背5个单词的任务，你会欢呼“原来记单词这么容易”。当你通过自我控制取得了成功，就会感受到没有什么比这更快乐了。

板书：体验成功

8. 师：康祺是我们的小伙伴，是我们学习的榜样，其实，类似于这样的榜样很多，古今中外的名人，身边的老师、长辈、同学等都值得我们学习，我们可以把这种方法称为“榜样学习法”。

板书：榜样学习法

（四）锦囊妙计4——写学习病历卡

1. 师：最后让我们一起来看看第四条锦囊妙计。

点击4号锦囊：写学习病历卡。

学写“学习病历”就是学会开处方。写“学习病历”就是要写清楚疾病名称、发病时间、发病原因、治疗方法、几个疗程；还要学会每天统计“三闲”数字，如闲话句数、闲事件数、闲思次数等。

2. 师：请同学们根据自己的不足，按照锦囊妙计的指点方法，给自己写学习病历卡。

（学生自由写学习病历卡并交流。教师根据学生实际情况适时指导，提出修改建议）

生1：我写的病历卡是这样的：疾病名称是作业拖拉；发病时间是双休日，双休日的作业总要拖到周日晚上才完成；原因是总认为双休日有很多的时间，所以一会儿看看电视，一会儿玩玩电脑，不抓紧时间做作业；治疗方法是制订双休日完成作业的计划，要求自己必须在周六之前完成，同时我让父母在我偷懒时能及时提醒我、督促我；我准备花一个月的时间改掉这个坏习惯。

生2：我写的病历卡是这样的：疾病名称是不爱动脑筋；发病时间是遇到难题时；原因是解决难题需要动脑筋，花费时间又多，我总想着早点儿完成了，就可以去玩了；治疗方法是遇到难题时，要告诉自己，一定要自己动脑筋，只要我肯钻研，就一定能解答的，同时，我事先告诉父母和同学，当我向他们请教时，不要马上告诉我，让我先自己想一想，实在想不出来再告诉我；我准备花两个星期的时间改掉这个坏习惯。

3. 师：我们把学写“学习病历”的这种方法称为“自我反省”。

板书：自我反省

设计意图： 这一板块设计的内容是提高学生自制力的方法指导。针对小学生的心理特点，采用自主选择锦囊妙计解决学习中出现的问题。在进行方法指导的过程中，尽可能采用多种不同的方法，如做游戏、看视频短片、听录音故事、自己写学习病历卡等，让学生在轻松愉快的氛围中学到方法，激发学习兴趣，避免主题教育课纯粹说教的不足。

三、总结谈话，课后延伸

1. 师：这节课，同学们找到了自制力不够的表现，也收获了一些锦囊妙计。其实，锦囊妙计还有许多，希望同学们能充分发挥自己的聪明才智，征集更多的锦囊妙计，我们要以你的名字来命名，希望你把这些锦囊妙计告诉大家。让我们不断地去发现提高自制力的新方法，不断地完善自我。过段时间，老师请你们再来做那些测试题，看看大家在自制力方面有没有提高？

设计意图： 这一板块是总结延伸，引导学生从身边的点滴小事做起，养成良好的学习态度和学习习惯，在学习中充分发挥自己的主观能动性，努力克服学习上的各种困难，控制自己不被外界诱惑所干扰，以顽强的意志行动实现既定目标。

【板书设计】

学会自制，做学习的主人

虎头蛇尾	1. 游戏训练法
半途而废	2. 列时间表
三心二意	3. 练习说“不”
言行不一	4. 体验成功
……	5. 榜样示范法
	6. 他人监督
	7. 自我反省
	……

【点评】

一、立足学生实际

课堂上的活动内容源于学生的生活，从发现的问题出发，在问卷调查中引导学生寻找自控力不足的原因。“康祺”是学生熟悉的伙伴，无形中拉近了与学生的距离，在故事中自然以他为榜样，学会控制自己。锦囊妙计的设计，都贴近学生生活实际，可以在日常的学习生活中付诸行动。

二、版块设计巧妙

整堂课上，学生学习兴趣浓厚，注意力集中，全身心投入。教师设计了三个板块的内容：第一板块设计问卷调查题，让学生寻找自己在学习中自制力差的表现。第二板块是提高学生自制力的方法指导。教师针对小学生的心理特点，采用自主选择锦囊妙计来解决学习中出现的问题，形式多样，如做游戏、看电视短片、听录音故事、自己写学习病历卡等，让学生在轻松愉快的氛围中学到方法，激发学生的学习兴趣，避免主题教育课纯粹说教的形式。第三板块是总结延伸。教师设计的总结谈话，旨在帮助学生根据自身特点，找到适合自己的“锦囊妙计”，努力提高自制力，让学生产生积极向上的动力。

三、注重课堂生成

从课堂效果来看，教师在教学过程中注重课堂的生成性，根据学生的回答，适时地调整课堂环节，学生兴趣盎然。尤其在交流自己写的学习病历卡时，教师能适时点拨引导，让学生找到适合自己的方法，有效帮助学生改进自身的不足，学会控制自己，做学习的主人，培养良好的学习习惯，从而提高学习效率。

上海市浦东新区周浦第二小学班主任　方秋萍

第❽课　注意力，你hold住吗？

设计教师：上海市民办尚德实验学校　　李晓菊
指导教师：上海市浦东教育发展研究院　姚瑜洁

【活动背景】

数字时代是一个内容丰富而注意力稀缺的时代，大量的信息源使学生要同时面对多种不同来自外部的刺激，注意力要不断地平衡各种不同的活动。不同的事物同时争夺注意力的情况时有发生，导致学生在学习生活中出现因注意力不同产生的差异。

荀子说：“心不使焉，则黑白在前目不见，雷鼓在侧耳不闻。”我担任五（2）班班主任期间，发现学生在课堂学习中容易分神；完成作业时出现失误；在参加活动中出现拖沓现象等等。这些看起来都是小事情，却是学生注意力缺失的问题所在，导致学生做事不专注，学习效率低下。

【活动对象】

小学五年级学生

【活动目标】

1. 知识与技能

（1）了解脑电波波段特点，自己注意力的程度。

（2）知道影响注意力的因素。

2. 过程与方法

（1）在游戏中掌握调节注意力的方法。

（2）学会集中注意力的方法，如排除干扰、自我暗示、设定目标等。

3. 情感态度价值观

运用集中注意力的方法，提高学习、生活品质。

【活动重点】

在游戏的体验中，探究提高注意力的方法。

【活动难点】

在放松体验环节中，关注学生参与度和感受力的个性化、多样化的差异。

【活动准备】

注意力水平测试量表、舒尔特训练表、脑电波四段图形表。

【活动过程】

一、谜语激趣

（一）引出谜语

1. 师：同学们，你们喜欢猜谜语吗？

生：喜欢。

出示PPT谜语：此地有枪没子弹，此地有油不做饭，此地车子来吃饭，车的主人靠边站。打一公共场所——加油站。

2. 师：请同学们读读谜面，看看谁可以猜出谜底？

生1：此地有枪没子弹，此地有油不做饭，此地车子来吃饭，车的主人靠边站。打一公共场所——加油站。

生2：它的谜底是“加油站”。

出示“加油站”。

3. 师：是什么提示让你这么快就知道了谜底？

生：有枪没子弹，加油的枪就没有子弹。有油不做饭，车子来吃饭就是给车加油，所以我知道谜底是加油站。

4. 师：你的观察力很强啊，同时你的注意力水平也很高，在短时间内集中注意力找到了谜底。加油站是公共场所，你知道这个公共场所的用途是什么吗？

生：给车子加油。

5. 师：这些是我们在狭义上对“加油站”这个词的理解。广义上的加油站是指可以补充能量的设备或场所，比如说学习加油站。

（二）趣谈学习加油站

1. 师：在学习加油站里，油的型号比中石化和中石油的可要多多了，这里有培养自信的油，增强观察力的油，提高注意力的油等等，听了我的介绍之后，你想给自己加些什么油呢？

生1：自信的油。

生2：意志力的油。

生3：注意力的油。

2. 师：油型号可真不少，学习加油站里全都有。今天刚好从总部运来100吨提高“注意力”的油，咱们趁新鲜先加注意力的油。这节课的主题是——

生：注意力，你hold住吗？

设计意图：猜谜语是学生十分喜爱的活动，能激发学生的学习兴趣。通过谜语，引入课题，趣谈加油站，使学生在轻松的氛围中被带入学习情境，进入学习场景。

二、诠释课题

1. 师：注意力，你hold住吗？hold，汉语解释为抓住、掌控。作为中外交流的港湾，香港人创造了一大批中英混用词汇，“*hold住*”就是其中的一个。这节课被我们借用到这里，用于我们对注意力的探究。注意力是学习过程中很重要的能力。我们都知道上课时要全神贯注，写作业时要专心致志，考试时要聚精会神，这说起来容易，做起来难，这些困扰我们的话题，还是请同学们来说说吧，注意力，你hold住吗？

生1：我的注意力，我hold不住，总要别人提醒。

生2：我的注意力，我能hold住，老师总会表扬我。

生3：我的注意力有时hold住，有时hold不住。我也很苦恼。

2. 师：感谢同学们的分享，目前我们还不能很自信很肯定地说：“注意力，我们可以hold住。”但hold住注意力对我们来说却是意义重大。

设计意图：注意力是智力的五个基本因素之一，是记忆力、观察力、想象力、思维力的准备状态。大量实践证明，学习效率最明显的区别是注意力是否集中，注意力是确保学生学习质量的前提条件。在谈话中讨论学生是否能hold住注意力，使学生在放松的情况下，可以更准确地认知自己目前注意力的情况，为下面的测试做好心理上的准备。

三、注意力水平测试

（一）检测注意力水平

1. 师：法国生物学家乔治·居维叶说：“天才，首先是注意力。”同学们，我们每个人都有成为天才的潜质，就让我们从提高注意力水平开始。提高之前，我们先要了解目前自己的实际水平，请问你知道目前你的注意力水平吗？

生：不知道。

2. 师：接下来有个注意力水平测试，可以帮助我们测出目前我们的注意力水平，愿意尝试吗？需要声明的是，本次测试仅为这节课中你的注意力水平的一个参数，测试结果仅作参考。同时，这属于个人隐私，在你愿意的情况下，测试结束后可以和大家分享你的感受。

3. 师：注意力的检测一共有15道题，每道题有A、B、C三个选项，请选出最接近实际情况的选项，在测试卡上打“√”。请根据表格上相对应的分数来统计自己的实际分数。

出示PPT：15道注意力检测题

1. 做作业时，你喜欢开着电视吗？
2. 听别人讲话时，你会常常想着另外一件事吗？
3. 你在做作业的时候常常还能耳听八方吗？
4. 做暑假作业时，你花几天时间能将所有的作业做完？
5. 你每次看书的时间有多长？
6. 你经常在看完一页书后却不知书上讲的是什么吗？
7. 做试卷时，你会经常漏掉题目吗？
8. 上课时，你是否经常想起昨天发生的事情？

9. 妈妈叫你拿碗筷，你却常常拿一些其他的东西吗？
10. 你放的东西经常会找不着吗？
11. 上课时如果外面下雨，你会分心吗？
12. 心里一有事，你就会在上课时坐不住吗？
13. 班上来了新老师，你会将注意力放在老师的穿着上吗？
14. 当家里来了客人，你会取消做作业的计划吗？
15. 一旦身体不舒服，你会请假不上学吗？

（生进行注意力水平测试）

（二）了解注意力水平

1. 师：谁愿意来分享你的测试结果吗？

生：我的注意力得分在25分～34分之间，我平时比较容易走神，同桌也经常会提醒我。

生：我的注意力得分在39分，我平时比较容易控制自己的注意力，不受外界影响。

2. 师：你对自己测试的结果满意吗？

生1：满意。

生2：一般满意。

生3：不满意。

3. 师：这个测试结果跟你平时的学习或生活有关联性的影响吗？

生1：有影响，我的注意力得分不高，在学习或者生活中，如果需要我专心地做一件事，我觉得很困难。

生2：我注意力得分比较高，一直以来，老师都会安排一些注意力不集中或者容易走神的同学做我的同桌，希望我帮助他们，但我不会受他们的影响。

4. 师：我们通过小测试了解了自己注意力的水平，但注意力的水平不是一成不变的，随着学习内容的增加、学习训练的增多、学习习惯的好转，注意力的水平都会发生改变。如果有一些方法可以提高我们的注意力水平，愿不愿意去试一试？

生：愿意。

5. 师：在了解这些方法之前要排除私心杂念，就是将刚才的兴奋、难过、不安、紧张统统放下，就是要完全地彻底地放松心情，调整自己的情绪。

板书：放松心情

设计意图：在这一环节中，让每位同学都参与注意力的测试，有助于进一步了解自己的注意力集中程度对自己学习的影响，为下一环节的活动做好铺垫。

四、放松体验

1. 师：那就让我们一起来放松心情吧。请同学们把手自然地放在腿上，坐姿调整到一个舒服的程度，然后闭上眼睛，让你的注意力跟随我的声音一起来一次旅行。

（生随着音乐进行舒缓放松）

2. 师：此时你是否感觉内心很平静了，很放松了，注意力很容易控制了，请睁开眼睛，看着我笑一笑。同学们真不错，很容易就掌控了自己的注意力。能分享一下你现在的感受吗？

生1：我觉得很放松，感觉有一束光一直包围着自己，很温暖，很舒服。

生2：我好像睡了一觉，感觉轻松多了，心里特别开心。

生3：我感觉像在摇篮里，在妈妈的怀抱里，好像回到了小时候。

设计意图： 在舒缓的背景音乐中，学生开启了一段放松之旅，轻柔的声音仿佛一只无形的手，紧紧抓住了注意力，伴随着深长而缓慢的呼吸，对神经做了一次温柔的按摩，使学生的整个身心放松了下来，清空了思绪，沉浸在平静、愉悦的自我状态中。

五、了解脑电波图

1. 师：你看，大家从刚才的情绪到现在的平静，我们似乎都感觉是心理上的变化，其实是我们的脑电波发生了变化。我们的脑电波共有四个波段，分别是α（8～13Hz）、β（14～30Hz）、δ（1～3Hz）、θ（4～7Hz）。α波，是我们静息状态下的一个波段，频率为每秒8～13次，平均数为10次左右，它是正常人脑电波的基本节律，如果没有外加的刺激，其频率是相当恒定的。这时人的注意力是最容易调控的。β波的频率为每秒14～30次，当精神紧张和情绪激动或亢奋时出现此波，那这时就会影响到你的注意力。θ波的频率为每秒4～7次，是人在睡眠时的波段，或者是人受到挫折和抑郁时这种波极为显著。δ波的频率为每秒1～3次，人在极度疲劳和昏睡状态下，才有可能出现这种波段。

2. 师：了解了我们脑电波的特点，就明白了为什么有时环境可能很安静，在课堂上，周围的同学都坐得很好，但是自己内心却波涛汹涌，有一种干扰自己的情绪活动，有一种与学习不相关的兴奋。这时候，就要进行及时的调整。

板书：及时调整

3. 师：同学们，我们要将内心各种情绪的干扰随同身体的放松及时地调整。当我们能做到及时调整、放松心情的时候，就很容易集中注意力了。

设计意图： 我们的脑电波和我们对世界的感受是不可分割的。学生通过对脑电波波段知识的了解，可以更科学地了解自己。

六、游戏体验——提升感悟

（一）报数游戏

1. 师：下面我们做个游戏，来看看能不能找到提高注意力的方法。我们先请第一组同学进行第一个游戏，接下来的游戏将邀请第二组同学，敬请期待。

出示PPT《游戏规则》：全组起立围成一个圆圈，从第一个人开始依次向右报数1至60；如有说错要第一个人从“1”开始重报；另外一组可派出两名“干扰专员”，在语言和动作上对报数的同学进行不接触身体的干扰。全组完成1至60一轮报数并计时。

2. 师：谁愿意来报第一个数。从你开始，依次向右报数，如有错误，我会马上告诉你“1”，这时你一定要快速地从“1”开始重报。

3. 师：现在我要请两名同学扮演“智勇双全”的干扰专员了。对报数同学进行干扰。

（生开始报数游戏）

4. 师：你们太了不起了。这个游戏真是惊险刺激啊，就像一场没有硝烟的战争，跟自己的注意力作战，跟干扰专员作战，能坚持下来真不容易，游戏中有报错的同学请大胆地举手，谁能来说说玩这个游戏的感受是什么？

生1：由于声音干扰，受到了影响。

生2：由于动作干扰，受到了影响。

5. 师：一次都没有重复的同学请举手，你怎么做到没有受到干扰的？

生：我是在心里默默念自己该报的数字，不停地念，排除了干扰。

6. 师：这位同学排除干扰采用的方法是“自我暗示”。自我暗示除了语言上的暗示，还可以进行动作上的暗示。比如，早上起来可以照着镜子，双手用力上举告诉自己，我很棒，我真的很棒，我真的真的很棒。让自己充满力量。

板书：排除干扰

7. 师：除了自我暗示，在排除干扰时，同学们还有没有其他的方法？

生：我是紧紧盯着我前边三个同学报的数字来提醒自己该报的数字。

8. 师：这位同学排除干扰采用的是“设定目标”的方法。

设计意图：这一环节唤起的是学生对自己真实的内心体验，一方面可以审视自己在控制注意力方面的不足，另一方面可以总结抗干扰的好方法，帮助学生掌握注意力控制的方法和技能。

（二）舒尔特点数游戏

1. 师：集中精力，把所有精力集中于一件事情上，就像照相机对焦一样，只集中于一个焦点。接下去有请第二组同学参与游戏，我们期待他们在游戏中能集中精力找到一个焦点。请看游戏规则。我们在心里为他们加油。准备，开始。

出示PPT《游戏规则》：

（1）从最小的数字1开始，依次找到25个数字，并点击。

（2）点数时不能发出声音，只能用眼睛视读引导。

（3）用时少者获胜。

（两名学生开始游戏，其他同学为观察员）

2. 师：请两位同学谈谈做游戏时的方法。

生1：我看到“1”就迅速去找“2”，再去找“3”，依次找下去。

生2：我也是依次找数，但是我用眼睛的余光来控制鼠标的移动，这样速度会快一点儿。

3. 师：你们的学习能力很强。我们了解了排除干扰的方法，但还要不断地操练，不然就是纸上谈兵。排除了干扰，课堂上就掌握了集中注意力的方法，希望你们不断练习，加强能力。

板书：集中精力

设计意图： 这一环节的设计，是在学生总结了提高注意力的方法——放松心情、及时调整、排除干扰之后，再来集中注意力的训练，让学生在总结提高注意力方法的过程中能切实地感受到这些方法的有效性，并引导其运用到今后的学习中。

七、小结

师：俄罗斯教育家乌申斯基说过这样一句话："'注意'是我们心灵的唯一门户，意识中的一切，必然都要经过它才能进来。" 这节课我们了解了自己的注意力水平，也探索了提高注意力的方法，在学习加油站里给自己注入了新鲜的丰盈的注意力的油，今后我们还要继续探索学习加油站中其他型号的油的使用方法。最后，问同学们，通过这节课的学习，请告诉自己，告诉老师，注意力，你有信心hold住了吗？

生：注意力，我hold住。

【板书设计】

注意力，你*hold*住吗？

放松心情　　及时调整

排除干扰　　集中精力

……

【点评】

叶圣陶先生说过，教育就是培养习惯。好习惯受益一生，坏习惯贻害终生。习惯是学生在学习过程中经过反复练习并形成发展，成为学生自动化的学习方式。注意力集中是良好的习惯之一，良好的注意力有利于激发学生学习的积极性和主动性；有利于形成学习策略，提高学习效率；有利于培养学生的自主能力；有利于培养学生的创新精神和创造能力，使学生终身受益。本节主题教育课体现了以下特点。

一、主题具有教育性

俄罗斯教育家乌申斯基曾说过："'注意'是我们心灵的唯一门户，意识中的一切，必然都要经过它才能进来。”心理学教师曾为五年级同学做注意力测试，统计结果显示：15%的学生注意力非常强，学习效率高；25%的学生注意力比较强，学习效率比较高；28%的学生注意力一般，学习效率一般；32%的学生注意力不集中，学习效率低。这些数据表明，学生注意力问题的客观存在已不容忽视，问题在哪里，哪里就该有教育。

二、课堂具有生动性

主题教育课旨在引导学生改变一种观念，改善一种行为，改进一些方法，所以很容易上成“说教课”，也很容易让学生“身在曹营心在汉”。在这节课的活动环节中，采用了“动—静—动”的课堂节奏。先让学生进行自我测试，全体动起来，接着放松心情，收拢心情静起来，最后再做游戏动起来，在这样的课堂节奏中，学生动起来全身心投入，静下来时可以休息放松，再动起来更容易集中，更显生动。

三、教育具有科学性

在教育过程中引入了“注意力水平测试”“舒尔特注意力训练量表”“脑电波四段图形”等心理学专用量表，用游戏的形式实现了科学服务于教育、科学兴教的教育理念。

上海市民办尚德实验学校副校长　谷　苗

二、文明礼仪习惯篇

文明礼仪是全体社会成员必须遵守的行为准则，是社会文明和文化水准的标志，也是弘扬中华民族文化、展示传统美德和文化自信的重要形式。

中华自古就有“女子温文尔雅、知书达理”“男子文质彬彬、儒雅风范”之古训。正如孔子所说，“不学礼，无以立”，意指一个人不学规矩礼仪，就无法在社会上立身，也就是“有礼行遍天下”。

对于中小学生来说，良好的礼仪习惯主要表现在待客与做客礼仪、餐桌礼仪、文明交往礼仪、公共场合礼仪等方面。培养学生的文明礼仪习惯，使华夏文明之花于润物细无声中外化于行、内化于心，让文明礼仪的种子在孩子们的心中生根发芽，滋润每个家庭，浸润整个社会。

来吧，一起参加“小‘悦’手招聘会”；来吧，一起和“大雄”学礼仪；来吧，“微笑”着争做文明“用餐”小使者；来吧，走进“洗手间”，感受暖暖爱；来吧，徜徉“高空”世界，享受文明之旅……

第⑨课　小“悦”手招聘会

设计教师：上海市浦东新区南汇外国语小学　吴鸣琪
指导教师：上海市浦东教育发展研究院　　姚瑜洁

【活动背景】

新时代社会主义好少年，要学会礼貌表达、礼貌交往，成为“文明”“友善”之人，我们的社会才会更加“和谐”。如今的孩子大多是特殊的“独二代”，在父母和祖辈的关爱中，孩子们阳光快乐，无忧无虑。爱表达、爱交友是他们特有的优点，但以自我为中心的习性导致他们在交友中常常不考虑别人的感受，常为小事争吵，他们大多不会正确表达、礼貌表达自己的内心想法，人际交往成了大部分孩子的障碍。

我任教的一年级的孩子刚刚脱离家长的呵护，独立交往的能力弱。他们常常因一些小事起争执，如不小心踩到别人的脚却不懂得道歉、借东西不经别人同意直接拿、不服值日生管理等，争吵纠纷时有发生。这样的状况不利于班级的和谐发展。

【活动对象】

小学一年级学生

【活动目标】

1. 知识与技能

（1）知道礼貌沟通的重要性，正确辨别生活中的“有礼”和“无礼”。

（2）初步学会礼貌用语的应用，正确表达自己的意思。

2. 过程与方法

（1）通过观看、分析视频，提高辨析生活中“有礼”“无礼”的能力。

（2）通过模拟演练、交流讨论，增强解决生活中因“无礼”引发纠纷的能力。

3. 情感态度价值观

树立礼貌沟通的意识，学会理解他人的想法与感受。

【活动重点】

1. 知道礼貌沟通的重要性，正确辨别生活中的“有礼”和“无礼”。

2. 初步学会礼貌用语的应用，正确表达自己的想法。

【活动难点】

树立礼貌沟通的意识，学会理解他人的想法与感受。

【活动准备】

1. 多媒体资料：

（1）搜集“无礼”交往的音频

（2）制作“有礼”交往的示范短片

（3）多媒体课件

2. 准备小“悦”团徽章：肯定与激励做得好的学生。

【活动设计】

一、小“悦”团介绍

1. 师：小朋友，这是我们学校的吉祥物——小海鸥，它准备组建一个小太阳“悦”团，今天，它来我们班招募小“悦”手，来听听它的介绍吧。

播放音频：大家好，我是小海鸥，今天我来招募小太阳“悦”团的小“悦”手，我们的小“悦”手不是用乐器演奏的，而是用嘴巴演奏的哦。

2. 师：你认识这个“悦”字吗？

生：不是音乐的乐，而是喜悦的悦。

3. 师：你理解“音悦”吗？

生：让人喜悦的声音。

播放音频：如何让人喜悦呢？答案就在这个字里。竖心旁，表示心要诚。上面一点一撇像耳朵，表示耳要听。口，表示嘴要甜。儿，快乐地跳起舞来。

设计意图：用小“悦”手招聘会作为整堂课的主线，既能激发学生的学习兴趣，又能让整堂课的思路更清晰。此外，为了将本校的课程理念与主题教育课相结合，将学校吉祥物小海鸥设计为“悦”团领袖，让学生在学习过程中了解学校文化，用富有挑战性的欢乐情境激发低年级学生的兴趣。

二、小“悦”手海选

（一）入门小考验1：辨别“悦”声

播放音频：

“你干吗踩我脚！”“我又不是故意的咯！”

“对不起，我不是故意踩你脚的。”“没关系。”

“小乐，你去扫一下第一组好吗？”

“小桃，你去给我扫地！”

1. 师：你听到了怎样的话语？

生：有的很吵，有的很温柔……

2. 师：听到吵闹的、很凶的声音你会怎么样？

生：我会很难过，会不喜欢这个人。

3. 师：听到温柔的声音，你的感受如何？你喜欢哪一种呢？为什么？

生1：温柔的声音能让人开心，能交到更多的朋友。

生2：我喜欢温柔好听的声音，这样的声音能让我们的班级更团结，让我们的生活更快乐。

4. 师：是啊，这些就是我们今天要学着演奏的音“悦”声。看来你们都有小“悦”手的潜质哦，再加把劲，努力完成下面的考验，入选名额就是你的啦！

设计意图： 对于低年级的学生来说，直观的听觉感受比文字解说更易理解和接受。因此，本环节用事先录好的两种不同的声音作对比，学生们便能在对比中理解“悦”声的真正含义。

（二）入门小考验2：尝试演奏“悦”声

播放音频：“啪！”“你怎么这样子啊！你踩到我的脚了！”

1. 师：听了这个声音你有什么感受？

生：觉得这个声音很刺耳，觉得这个人好凶。

2. 师：你遇到过这样的情况吗？

生：遇到过，觉得这个人不能交朋友。

3. 师：这样的声音会导致怎样的结果呢？

生：这个小朋友会被别人讨厌的。

4. 师：你能改变这个结果吗？应该怎么做？

生：要温柔一些，就算生气也要有礼貌地说。

5. 师：是啊，我们在道歉时要温柔，语气要诚恳。

板书：对不起 没关系

6. 师：小朋友们都来当当小悦手，试着对你的同桌说说这句让人喜悦的话吧。

设计意图： 用一场因不礼貌争执引发的不愉快提醒学生们，学生从中感受“悦”声在日常交往中的重要性。并在此环节进行交流热身，为后续的“演出”作铺垫。

三、小“悦”手培训

（一）培训目标1：语气温柔，真诚有礼

1. 师：你们真棒！通过了小“悦”手的海选，下面就来接受小海鸥的培训吧！看看小海鸥的第一个培训目标。

出示PPT“培训要求”：语气温柔 真诚有礼。

板书：语气温柔　真诚有礼

2. 师：大家先来听听哪种声音是温柔的？

（教师弹吉他：（1）响、快；（2）慢、轻）

生：第一种是不温柔的，第二种是温柔的。

3. 师：小海鸥有个好朋友叫小畅，他也想加入小悦团。你们来当小评委，看看他符合小“悦”手的条件吗?

播放视频：《“无礼”借橡皮情景剧》。

小畅说：“咦，我的橡皮呢？好像忘带了。”边说边伸手去拿同桌的橡皮，说：“拿你的用用。”

同桌说：“我才不借给你呢，态度那么差。”

小畅说：“不借就不借。”

4. 师：你看到了什么?

生：小畅借橡皮时没礼貌，让同学不高兴了。

5. 师：你能帮助小畅吗？请根据小海鸥的招聘要求，同桌之间说一说。

（同桌模拟演练，展示）

6. 师：你们真棒，看，小畅在你们的帮助下借到了橡皮。他还做了一件让同学更高兴的事，用完橡皮以后他及时归还了。

播放视频：《礼貌地还橡皮片段》。

小畅说：“橡皮用好了，还给你，谢谢！”同桌说：“不用谢！”

7. 师：故事还没结束，中午午休时间……

播放视频：《小桃主动把橡皮借给了小畅》。

小桃：“你是不是要用橡皮？我有一块，借给你。”

8. 师：看到别人有困难要主动帮助。语气也要温柔、有礼。

板书：谢谢　不客气

9. 师：你们真棒，已经达到小海鸥的第一个要求了，听听它有什么话要告诉大家的吧。

播放音频：当我们用美妙的“悦”声去寻求帮助，自然就会收获他人的帮助，我们也会在接受帮助和提供帮助中收获快乐和喜悦。

设计意图：用“海选”这一活动激发学生的学习兴趣，并在课后作为延伸，设计小“悦”手评价表，以敲章的方式评价，表现好的再予以小“悦”手徽章。用吉他的快慢声对比引入“温柔”，再用视频引入，吸引学生的注意。在观察、分析、纠错、改正的培训中体会“语气温柔，真诚有礼”这一要求的真正含义，同时渗透“有借有还，再借不难”的诚信价值观。

（二）培训目标2：说清内容，表达完整

1. 师：第一个培训目标你们已经实现了，来看看小海鸥的第二个培训目标。

出示PPT“培训要求”：说清内容，表达完整。

板书：说清内容　表达完整

2. 师：小海鸥班里有这样两位班干部，看看他们和小朋友之间发生了什么？

播放视频：班干部在值日时粗鲁地指挥同学们："你们都给我去打扫！"

3. 师：你看到了什么？

生1：班干部语气不柔和，不礼貌，值日生很生气。

生2：班干部说话不完整，指令不清楚，值日生不知道要做什么。

4. 师：假如你是值日组长，你会怎么分配任务，你会怎么说？试着说一说。

生：组员们，今天轮到我们值日，请你去……请你去……

5. 师：你们真棒，你们已经达到了小海鸥的第二个要求，赶快听听小海鸥的话吧。

播放音频：当我们用美妙的悦声去管理、教育别人，就会得到别人的支持、配合，就能让别人改正缺点，还能收获更亲近的友谊。

板书：请　好吗

设计意图：这个视频侧重于表达的完整性，在提问时学生发现值日生生气的原因是班干部表达不清。扮演值日组长角色既能锻炼学生的表达能力，还能提高他们的管理素质。

四、小"悦"手面试

1. 师：小朋友们在刚才的培训中表现出了自己演奏"悦"声的才能，小海鸥要正式面试你们，考考你们的能力咯。同桌合作，从六题中任选一题进行模拟练习。

出示PPT：

（1）有一道难题不会做，询问同学或老师。

（2）同学摔倒了，马上向老师汇报。

（3）由于身体不适没有完成作业，向老师说明情况。

（4）同学下课乱跑，怎么教育他呢？

（5）今天我和同学一起画了一幅画，受到老师的表扬，跟爸爸妈妈分享这件快乐的事。

（6）不小心把别人的书撕破了，怎么道歉呢？

（同桌合作练习，上台表演）

2. 师：我们班的小太阳们真是了不起，个个都是让人快乐的小"悦"手。

设计意图："表演"小练习，由学生自主选择表演题，体现自主性。以小组合作的形式让一些会表达的学生带动那些不愿说话的学生，鼓励全员参与。在汇报过程中还应及时追问，让学生体会到"悦"声的作用。

五、总结

1. 师：带着你们快乐的心情、美好的声音和可爱的动作表演一下这首儿歌好吗？

出示PPT：

一条鱼，水里游，孤孤单单在发愁；

两条鱼，水里游，摇摇尾巴点点头；

三条鱼，水里游，快快乐乐做朋友！

2. 师：你有什么感受吗？

生：有朋友是一件非常快乐的事。

3. 师：是啊，交朋友是那样的重要。吴老师希望小太阳们再接再厉，每天演奏美妙的声音，让身边的人喜悦。让我们努力打造小太阳“悦”团，带上诚心、认真倾听、发出让人喜悦的声音与我们身边的朋友们快乐相处好吗？最后，让我们用温柔礼貌的话与听课老师道别。

设计意图： 用儿歌总结，意在告诉学生交往的重要性，并使这堂课的主题从说话上升到交往，表达这堂课衍生的教育意义。

【板书设计】

小“悦”手招聘会

设计意图： 将“悦”字拆分成心、耳、口，用形象的图案阐述交往需要用心感受，用耳倾听，用口表达。并附上具体的“悦”声要求及礼貌用语，学生能借助板书清晰地看到本堂课学会的本领和这堂课的重点。

【点评】

一、目标主题明确

这节主题教育课选题实在，关注到学生人际交往方面的困惑，以教会低年级学生学会交往为重点，符合学生的实际需求。此外，这节主题课的主题源于学生的日常生活，从学生在生活中遇到的问题入手，从交往这一大问题中选取了“会表达”这一小点，以小见大，具体而透彻。

二、教学形式多样

在教学过程中，吴老师精心创设了故事情境，通过听录音、参加面试等体验，分辨何为“悦”声，让学生们学会如何有礼、温柔、完整地表达，如何用“悦”声让别人快乐。通过看视频，分析故事的起因，让学生们了解应如何文明礼貌地交流，再以讨论的形式让学生们深入思考，还在多次巧妙的追问中，让学生学会表达。

三、板书设计精妙

吴老师的板书设计活泼、具体、精细，用形象的图案将“悦”字分拆成“心”“耳”“口”，让学生们从直观的图解上感受交往中“用心”“倾听”“会表达”的重要性。此外，将四个要求用不同的颜色显现，不但明显清晰，还体现了每个要求的内在含义。周边的礼貌用语也让学生直接地学会了表达。这份板书设计，就是一位无声而立体的老师！

上海市浦东教育发展研究院德育教研员　姚瑜洁

第10课　课间十分钟

设计教师：上海市浦东新区新世界实验小学　赵　宁
指导教师：上海市浦东教育发展研究院　　姚瑜洁

【活动背景】

教育家陶行知先生曾说过："在学校之中常常有正当的游戏活动，兴味很好，自然没功夫做别的坏事了。"充分利用课间休息时间，积极开展有益游戏，既能充分休息，又能娱乐去健体，还能在游戏过程中逐步学会如何与人相处交往。研究资料也表明，有意义的课间游戏活动是滋养学生正面品质的沃土，是促进个性发展、构建和谐校园不可缺少的一部分。

二年级的学生，经过一年的学习，对于课间活动已经有了一些初步认识，但仍然会出现一些问题。有些调皮的孩子喜欢在走廊上追逐打闹，不仅存在安全隐患，而且孩子神经系统过度兴奋，会影响后续学习；有些勤奋的学生喜欢利用课间看书或写作业，眼睛、大脑得不到适当休息；有些粗心的孩子在课间只顾着与同学嬉戏玩闹，没有及时上厕所，导致在下一节课时状况百出……诸如此类现象，屡见不鲜。因此，我借助主题教育课对学生的课间活动进行指导，促使学生养成课间文明休息的好习惯。

【活动对象】

小学二年级学生

【活动目标】

1. 知识与技能

（1）懂得养成课间文明习惯的重要性。

（2）正确判断课间休息的文明行为与不文明行为。

2. 过程与方法

尝试创设课间休息场景，制定文明游戏规则，纠正不文明行为。

3. 情感态度价值观

（1）养成课间文明休息的良好意识。

（2）明白好习惯助人成长、使人健康快乐的道理。

【活动重点】

1. 正确判断课间休息的各种行为是否文明。

2. 懂得养成课间文明休息好习惯的重要性。

【活动难点】

制定课间文明游戏规则，做到文明游戏、文明休息。

【活动准备】

调查并筛选课间有益游戏项目。

【活动过程】

一、动画导入，引出主题

1. 师：小朋友们大家好，今天这节课，老师要和大家讨论“课间十分钟”。

板书：课间十分钟

2. 师：老师还带了一位神秘小嘉宾跟我们一同学习，你们想知道他是谁吗？他藏在小视频里，睁大眼睛仔细找一找吧！

播放视频《王小枪》片段一：简单介绍王小枪的调皮、可爱。

3. 师：他是谁？大家给他起了一个什么绰号？

生1：他叫“王小枪”。

生2：大家叫他“捣蛋王”。

二、发现问题，活动实践

（一）走廊上

1. 师：下课铃响了，王小枪和他的同学们在干什么呢？让我们一起去看一看吧！

播放视频《王小枪》片段二：课间，王小枪和同学在走廊上奔跑打闹、踢足球、大声喧哗。

2. 师：说说他们都在做些什么，这些行为合适吗？为什么？

生1：他们在走廊上踢足球。

生2：足球踢到了一个小朋友身上。

生3：那个同学在大声喧哗。

3. 师：如果你看到同学有这些行为，你会怎么做？

生1：这样做不对。走廊太窄，踢球会踢到人，不安全。

生2：大声吵闹影响到了别人。

4. 师：还好小朋友们提醒了他们，现在走廊上终于安静下来了。

设计意图： 王小枪这一虚拟人物一出现，就引起了学生们的共鸣，哪个班级里面没有几个“王小枪”呢？这一形象的带入引起了学生极大的兴趣，良好的开端已然形成。王小枪使整堂课的主线清晰，虽然看似王小枪是主角，实则只是二年级学生的典型代表，学生们才是本节课的主体。

（二）教室里

1. 师：下课了，有的同学在外面玩，教室里的同学都在干些什么呢？

播放视频《王小枪》片段三：课间，王小枪的同学在教室里做作业、睡觉、呆坐。

2. 师：教室里的同学在干什么？

生1：班长在看书。

生2：有个小朋友在发呆。

生3：有个小朋友在睡觉。

3. 师：他们这样做对吗？为什么？

生1：不好。他坐着不动，没出去活动活动。

生2：课间十分钟很短，看书、睡觉会影响到下节课的学习。

4. 师：你们说得都很有道理！咦？教室里怎么没有看到王小枪？他去哪儿啦？

（三）操场上

1. 师：让我们去操场找找他。

播放视频《王小枪》片段四：操场上，王小枪和他的同学在做剧烈运动。接下来的历史课上，王小枪闹了笑话，借用历史老师的话，说明了课间做剧烈运动，会使大脑过于兴奋、很难集中精神上课的道理。

2. 师：这样做对不对？为什么？

生1：不对。他上课开小差。

生2：他的老师说，课间踢球运动太剧烈了，大脑过于兴奋，下节课会很难集中精神，很难认真上课。

3. 师：你们的建议太有用了！关于剧烈运动，我们赶紧来听听专家老师的专业建议吧！

播放录音《课间剧烈运动对学生的影响》：剧烈运动后心跳明显加快，由每分钟70次左右增至120～140次，需要5～10分钟才能完全恢复。而课间休息时间很短，不可能有足够时间来调整，心跳不平静很难集中起所有注意力，影响听课效果。

4. 师：这是真的吗？我请两位同学分别体验一下剧烈运动和慢走的感受。

（生参与）

5. 师：小耳朵听清楚要求。请你先用小手放在心脏位置感受心跳，接下来原地快速跑15秒，再用小手放在心脏上感受变化。另一个同学，请你在他快跑的时候慢走。

（师喊倒计时开始，生进行体验）

6. 师：让我来采访一下，现在你们有什么感受？

生1：我的心脏跳得很快。

生2：我一点儿也不累，没有感觉心跳加快。

7. 师：你们的感受差别好大啊！到底差别有多大呢？请小朋友们看这幅图，绿色柱状图表示正常心跳，红色柱状图表示运动后心跳。从图上可以看出，两种不同的活动后，一分钟心跳相差了70次。

出示图片：绿色柱状图为正常心跳，值为70；红色柱状图为运动后心跳，高一倍，为140。

设计意图： 通过设计体验活动，让学生有所感悟，进而树立行为意识，养成行为习惯。通过设计原地跳的活动，让他们亲身体验到运动给身体带来的变化。柱状图和科学家的专业指导意见，让学生从科学的角度直观地理解剧烈运动对后续课堂产生的不良影响，从而自觉养成文明休息的习惯。

（四）小结

1. 师：小朋友们，现在请回顾一下我们刚才的讨论，想一想，刚刚我们提到哪些课间行为是不对的？

生1：追逐打闹。

生2：大声吵闹。

生3：课间睡觉。

生4：做作业不休息。

生5：剧烈运动。

板书：追逐打闹、大声吵闹、课间睡觉、做作业不休息、剧烈运动

2. 师：看到了王小枪他们的课间活动，我只能送给他们一朵伤心哭泣的“花”。

板书：五种行为构成的“哭泣花”

三、游戏参与，制定规则

1. 师：那我们在课间十分钟可以做什么？

生1：捡垃圾。

生2：做好课前准备工作。

生3：上厕所大小便。

牛4：喝点儿水。

生5：休息一下。

生6：做文明的小游戏。

2. 师：这些都是非常好的课间安排。课间休息时间虽然很短，但同样可以过得精彩。看，他们在玩什么？

出示课间文明游戏图片

生1：他们在玩“石头剪刀布”。

生2：他们在玩“黑白配”。

生3：他们在玩“手指计算”。

生4：他们在玩“五子棋”。

生5：他们在玩“拍手游戏”。

随机板书

3. 师：现在我们来进行一个智力大比拼的游戏，看看你们能不能正确判断课间这么做对不对。请你用手势告诉老师是对还是错。

出示图片：两个小朋友在走廊上赛跑；一个小朋友拿着水杯在喝水，两个小朋友在教室里玩拍手游戏；一个小朋友拉着另一个小朋友的衣服。

（生判断并出示手势）

4. 师：看来小朋友们不仅知道课间该怎么做，而且还能正确地判断哪些行为是文明的，真了不起！表扬一下自己吧！

播放音频《下课音乐》。

5. 师：听，这是什么铃声？

生齐声：下课铃声！

6. 师：对呀！下课铃声响了，说明下课了，小朋友们就可以自由活动了。再听听，这又是什么铃声？

生齐声：上课铃声。

7. 师：没错，上课铃响了，小朋友们又该怎么做呢？让我们一起来试试吧！

交替播放上下课铃声，学生们进行不同情景的游戏。

8. 师：你们表现得太棒了，我要将这些“开心花”送给你们。

板书：五种正确行为构成的开心花

设计意图：正所谓“不破不立”。对课间行为活动的辨析判断，是破；引导学生课间文明休息，养成意识，是立。这一环节的重点就是让学生全面了解课间休息到底该做什么，不该做什么。

四、教师总结

1. 师：小朋友们刚才都玩得很开心。如果课间十分钟我们都这么做了，养成了文明休息的好习惯，老师相信，你们在学校里会过得更开心、更有意义的。其实，在我们的日常生活中，每个好习惯都能帮助我们成长，使我们生活得快乐、幸福。希望每个小朋友都能从小养成好习惯，从而健康快乐地成长。下课！

【板书设计】

课间十分钟

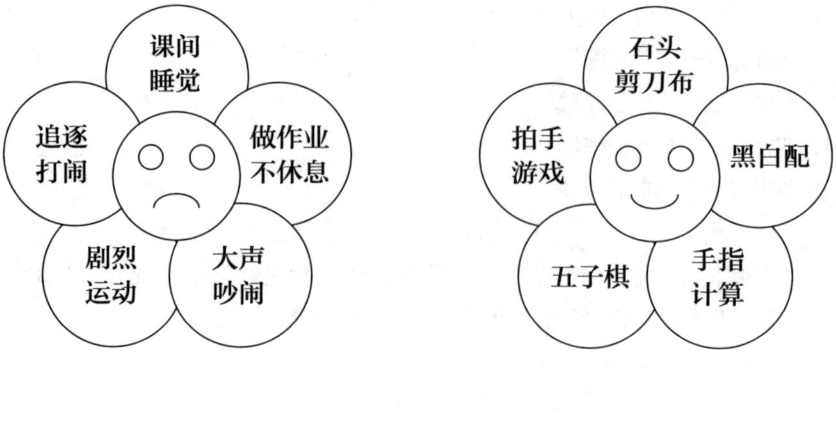

【点评】

一、主题选择可推广

伟大的教育家陶行知先生说，教育是给生活以教育，为生活向前向上而教育。低年级学生活泼好动，课间十分钟喜欢做一些剧烈运动，有的忘记把下节课的学习用品准备好，有的忘了上厕所，还有的因为追逐打闹伤了手脚。所以“课间十分钟”的选题，是源于学生中存在的一些较普遍性的问题。

二、反面典型生活化

在教学中，赵老师明智地塑造了“王小枪”这一动画形象。“王小枪”仿佛是学生中的一员，从而引发了学生对他的好奇心。由于“王小枪”的加入，整堂课紧密有序，首尾呼应。

三、教育引导有方略

活动过程贯彻了正面教育的原则。正面教育不等同于真善美教育，不是“无菌化”教育，也能消极回避问题。“王小枪”是以“捣蛋王”的形象出现的，赵老师引导学生发现了“捣蛋王”的一些问题，并深刻地进行了剖析，使同学们的认识得到了改变，从而引导学生掌握了正规的课间活动方式。对话形式贯穿教学始终，使课堂气氛融洽和谐，师生间好像是正在聊天的朋友，你一言，我一语。学生们从中学到了知识，明白了道理。

上海市浦东教育发展研究院德育教研员　姚瑜洁

第11课　我和大雄学礼仪

设计教师：上海市实验学校东校　　　傅　琳
指导教师：上海市浦东教育发展研究院　姚瑜洁

【活动背景】

孔子曰："不学礼，无以立。"中华民族素有"礼仪之邦"的美称，谦让有礼是传统美德之一。《中小学文明礼仪教育指导纲要》也明确指出："加强中小学文明礼仪教育，对于提高中小学生的思想道德修养，努力构建社会主义和谐社会，提升全民族的文明素质，增强国家的文化软实力具有重要意义。"

我校为了丰富学生的社会实践考察活动，以"博物馆实践"作为研究点，以文明参观为教育点，根据不同年级学生的年龄特征，将社会实践场馆有针对性地进行系列性和序列性的梳理，把社会实践场馆列入春、秋季社会考察的活动基地。三年级的学生性格活泼好动，我发现不少学生在参观过程中，常常有随意触摸展品，进餐时在馆内席地而坐，参观时大声喧哗等种种不文明的现象，可见加强小学生博物馆礼仪教育已迫在眉睫。

【活动对象】

小学三年级学生

【活动目标】

1. 知识与技能

知道参观博物馆时应具有的基本礼仪，学会辨别自身参观行为的正误。

2. 过程与方法

通过游戏通关、制作葵花宝典等新颖有趣的形式，学会正确运用参观博物馆的基本礼仪，争做文明小达人。

3. 情感态度价值观

养成良好的参观礼仪行为习惯，提高文明参观的素养。

【活动重点】

懂得参观博物馆时应具有的基本文明礼仪。

【活动难点】

运用参观博物馆时具有的基本礼仪，学会辨别自身参观行为的正误，争做文明小达人。

【活动准备】

1. 主题课件：使用多媒体软件制作PPT课件。

2. 游戏动画：以卡通人物大雄为主人公的情景故事以及六关游戏动画。

3. 葵花宝典：礼仪儿歌贴纸。

4. 耳机和电脑：课堂学生使用。

【活动过程】

一、大雄来了，邀请去观展

1. 师：小朋友，今天有位神秘小伙伴和我们一起学习，看看他是谁？

课件出示“大雄”图片。

生：大雄。

板书：大雄

2. 师：今天大雄邀请我们去参观他的梦幻博物馆，你们想去吗？

生：想。

播放录音：这是我的梦幻屋，里面藏着许多有意思的游戏。在我六层楼的梦幻博物馆里，有六个奇妙无比的小游戏。

3. 师：这六个游戏可有意思啦！但你们需要开动脑筋才能一一通关！如果没有通关，也不要伤心，还有哆啦A梦会给你加油哦！让我们开启梦幻之旅吧。

设计意图：在课堂的第一环节，使用耳熟能详的卡通人物“大雄”和他的梦幻博物馆引入课题，贴近学生的生活实际，符合学生的年龄特点，不仅激发了学生的学习兴趣，吸引了学生的注意力，而且为下一环节的衔接打下基础，使文明参观这一教育内容循序渐进，增强了教育的针对性和实效性。

二、老师出场，玩玩第一关

1. 师：游戏第一关，我带着大家一起玩。

（师示范，打开第一关）

2. 师：大雄和小伙伴们参观博物馆时，穿得太随意了。那应该穿什么呢？我喜欢第一排的花格子男装和粉红色女装，我来给他们换上吧！按下这个按钮，确定穿衣。你们觉得怎么样？

生：我们不同意，睡衣太随意了。

3. 师：很好，那你觉得可以穿什么呢？

生：我想给他们换上……

4. 师：请你到台上来点一点、试一试吧！

生上前操作。游戏过关了。

5. 师：你为什么能通关呢？能说一说参观博物馆时应该如何着装吗？

生：参观博物馆时，我们要穿正装，还要注意穿戴整洁。

6. 师：是啊，我们出去参加春、秋季社会实践考察时，通常穿的是什么呢？

生：校服。

7. 师：对，校服是最好的体现学生身份的服装，现在让老师看看谁的校服最整洁呢？给你10秒钟，请你整理一下。倒计时开始，10，9，8……

（生整理服装）

8. 师：小朋友都穿戴整洁了。第一关的通关秘籍也就揭晓啦！那就是穿戴整洁进展馆，我们一起来读一读。

（生齐读）

板书：穿戴整洁进展馆

设计意图： 通过教师示范说明第一关的游戏方法，用受学生欢迎的换装游戏的方式，寓教于乐，让学生参与游戏体验并得出“参观博物馆时，需要穿戴整洁”的结论，既思路简单清晰又趣味十足，引导学生在实践中不断感悟，为接下来了解文明礼仪是做人的基本要求埋下伏笔。

三、我来上阵，智取小游戏

1. 师：剩下的游戏想自己试试吗？

生：想。

2. 师：我们先看清楚游戏规则吧！

课件出示游戏规则：

（1）双击打开电脑桌面上的图标。要看清楚这个图标哦！

（2）游戏时间只有10分钟哦！要抓紧时间。

（3）每关游戏只有两次机会，如果两次都失败了，那就只能进入下一个游戏了。

（4）每关游戏过后，你要把自己通关情况记录下来，并思考通关秘籍，把它写下来！

3. 师：游戏规则都清楚了吗？友情提示，刚刚玩过的第一关，还有其他的穿衣方法，大家可以再试一试。注意，只有10分钟哦！游戏马上开始！

（生独立尝试游戏）

设计意图： 一关游戏的教师演示后，接下来让学生自己动手参与游戏，在游戏中不断体验和感悟文明礼仪的重要性，从而得出若干个文明礼仪小秘籍，实现最佳教育效果。

四、游戏达人，解密小秘籍

（一）情况反馈

1. 师：时间到！请所有同学拿下耳机，面向老师。

配音：叮咚。

2. 师：你们真守时！先来看一看有没有六关游戏都通过的呢？通过六关的同学请举手。

3. 师：真了不起，“游戏小达人”的称号送给你们。

4. 师：有没有通过五关的同学？请你举起小手。

5. 师：你能说说你被哪一关难倒了吗？

生：我被第*关难倒了。

（师根据回答，解密关卡）

（二）解密第二关

1. 师：你能上台试试吗？第二关究竟有什么难度呢？我们一起来看看。

（师请一位在此关卡上失败的同学上台操作）

2. 师：谁能说说他为什么没通关？

生：走得太快了。

3. 师：现在你知道这关的通关秘籍是什么吗？

生：参观博物馆时，我们要慢慢走。

4. 师：为什么要慢慢走呢？

生：只有慢慢走，才能认真参观。

5. 师：参观博物馆时，我们要慢步行走，细细欣赏用心感受所有展品，感受它们带给我们心灵上的触动与震撼。

板书：轻声慢步细欣赏

（二）解密第三关

第一幅图片

1. 师：我们走进了室内展览馆。看，第一幅图我们要点赞还是反对？

生：我们应该反对。

2. 师：为什么呢？我们应该怎么做？

生1：他们在说话。我们在参观博物馆时，不能大声说话。

生2：大声说话会影响旁边的人，而且也会显得没有教养。

板书：大声喧哗不文明

3. 师：说得真好！不仅在博物馆里，在平时的课堂里，我们也应该做文明小达人。

第二幅图片

1. 师：这一幅我们要点赞还是反对呢？

生：我们应该点赞。

2. 师：为什么呢？他们在干什么？

生1：他们在记笔记。

生2：他们在记知识点。

3. 师：不错，在考察中，我们也应该带着学习任务游览博物馆，认真探究最为重要了！

板书：认真探究最重要

第三幅图片

1. 师：这一幅图片我们应该选择什么呢？

生：选择反对。

2. 师：说说你们的理由。他们在干什么呢？

生1：他们在触碰展品。

生2：这样不好，他们会把展品打碎的！

3. 师：对呀，参观博物馆时，触碰展品这一行为不仅是对历史文物的不尊重，一不小心还会损害它们，我们可不能这样做！

板书：触碰展品要不得

第四幅图片

1. 师：这一幅图，我们应该选择什么呢？

生：选择反对。

2. 师：请问图中的小朋友在干什么呢？

生：大雄挡住了别人的视线。

3. 师：你们观察得真仔细，在参观博物馆时，挡住别人也是一种不文明的现象。

板书：挡住他人可不好

（三）解密第四关

播放录音：导游正在介绍展品。突然，大雄大喊道：“导游叔叔，那幅画是什么意思？那幅画里的人为什么会哭呀？”

1. 师：你会怎么做！你选择禁止大雄的哪一部位呢？

生：嘴巴。

2. 师：为什么呢？

生：参观博物馆时，不能喧哗，更不能打断别人说话。

3. 师：是啊，参观博物馆时，打断别人说话是非常不礼貌的行为哦！

板书：打断导游不礼貌

4. 师：平时在教室里，我们也不能大声喧哗，更不可以随意打断老师或同学。这样才是一个文明小达人呢！

（四）解密第五关

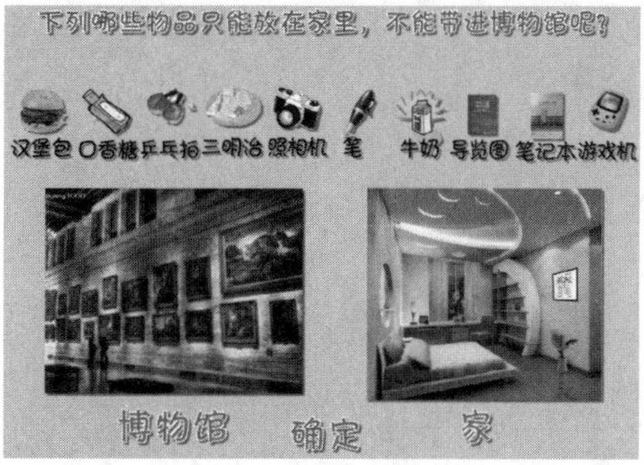

播放录音：到了室内放映厅，小伙伴们正在观看记录电影。此时，大雄的肚子突然“咕噜咕噜”叫了起来。大雄的小脑袋里出现了好多东西：面包、三明治、口香糖、瓜子、饮料、东校笔记本、游戏机、笔、地图、照相机、眼镜、乒乓球拍。

1. 师：下列哪些物品只能放在家里，不能带进博物馆呢？请你分分类。

生1：我把……放进背包。

生2：我把……放在家里。

2. 师：做得真好！我们在参观博物馆时，不能吃零食、喝饮料，否则会破坏博物馆干净整洁的环境。

板书：零食饮料需禁止

3. 师：老师发现有的同学在考察时把饮料或食物带进博物馆，参观时可千万不要拿出来，做一个文明的参观者。

4. 师：食物不能带，那么照相机到底能不能带呢？我们和大雄一起来阅读。

课件出示图片和文字：有很多极珍贵的文物，比如历史名画、古代彩色塑像等，都很“怕光”。在强光的照射下，它们会加速“衰老”。因此，有不少博物馆和展览馆都会在文物旁设置“请勿拍照”的提示牌。当然，有的展品也是可以拍照的，但是拍照时不能使用闪光灯。

5. 师：请你根据不同的标志选择场景中是否可以使用闪光灯。

① 选择：A.不能使用闪光灯　B.不能使用照相机

答案：A

② 选择：A.不能使用闪光灯　B.不能使用照相机

答案：B

设计意图：通过每一关游戏关卡的反馈和交流，运用说一说、听一听、辨一辨、选一选等方式，让学生知晓在参观博物馆时应该注意的基本礼仪，并在游戏中进行强化，在反馈交流中逐步内化成自觉行为和个人修养。

五、相互合作，制作葵花宝典

1. 师：你们学得真不错呀！大雄有话要说。

播放录音：刚才我们参观了一圈梦幻博物馆，博物馆里的摄像头记录下我们所有的行为。你们能用火眼金睛找出有问题的地方吗？并在“葵花宝典”上贴上理由。

2. 师：“葵花宝典”就是最有意思的第七关，请你和同桌合作来挑战。

出示要求：

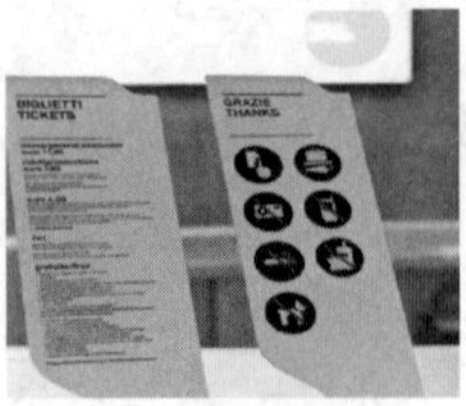

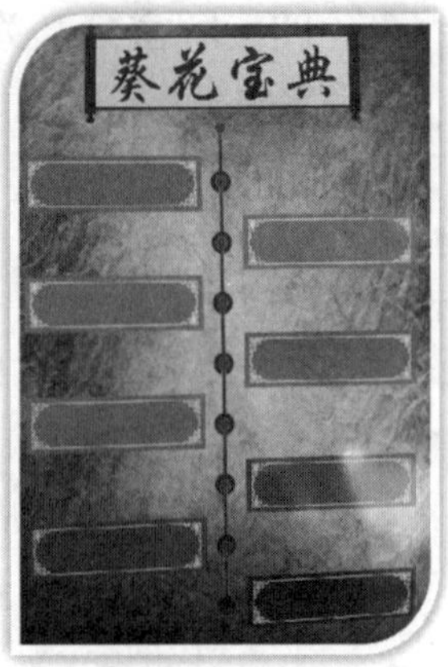

(1) 说一说：彼此交流自己的通关秘籍。

(2) 贴一贴：根据记录卡贴一贴“葵花宝典”。

(3) 读一读：限时5分钟。

3. 师：老师看到很多小组都完成了，完成的小组请和同桌击掌庆贺！

4. 师：看来我们小朋友都很厉害，都是礼仪小使者。上海自然博物馆开馆后，馆长发现了许多问题，他想请你们这些礼仪小达人来出谋划策，看！

播放视频：在博物馆内参观者有许多不文明行为。许多参观者对“禁止触摸”的标志视而不见，有的索性站到了展区内。由于客流较大，博物馆内禁止使用自拍杆，但仍然有人使用。由于是开放式展区，标本一碰到食物会出现霉变的情况，展厅内禁止饮食。许多人带着食物前来参观，有的人直接坐在地上饮食。这些不文明行为让博物馆很受伤。

（生讨论并指出问题，给出解决建议）

5. 师：感谢你们有用的建议。相信通过今天的学习，你们都会成为文明小达人，给博物馆参观带去文明礼仪新风尚。

设计意图： 通过同伴合作制作葵花宝典、吟唱文明礼仪儿歌，进一步巩固所习得的参观礼仪知识，学会在今后的参观活动中践行参观博物馆时应该讲究的基本礼仪。

六、宝典在手，礼仪在心

1. 师：今天我们在大雄的梦幻博物馆中学习了不少知识，大雄有话要说。

播放录音：小朋友，我的梦幻博物馆有趣吗？我想大家不仅玩了游戏，还学了礼仪。今后，我相信每位同学都会是文明小使者的。如果在博物馆里一下子忘记了，也没关系，可以随身带着我们的“葵花宝典”呀！

2. 师：谢谢大雄，参观了他的梦幻博物馆后，我们学到了不少礼仪知识。我们要向大雄学习，争做文明小达人。

板书：我和大雄学礼仪

3. 师：最后，我们再来练练功吧！还记得“葵花宝典”中的秘籍吗？来，让我们一起大声告诉你的小伙伴吧！

（生齐读课题）

设计意图： 教师再次复习巩固在博物馆参观时应该讲究的基本礼仪。我们坚持育人为本、德育为先，将文明礼仪教育贯穿整堂课，最后总结升华，鼓励学生争做文明小达人，提高了教育的实效性。

【板书设计】

我和大雄学礼仪

穿戴整洁进展馆；
轻声慢步细欣赏；
触碰展品要不得；
打断导游不礼貌；
挡住他人可不好；
认真探究最重要。

【点评】

《我和大雄学礼仪》这节博物馆礼仪教育主题课，利用新媒体技术，打开了小学生礼仪教育的新思路。

一、情景设计吸引人

本节课以卡通虚拟人物大雄为主人公贯穿始末，引人入胜。首先，教师创设神秘的情境引入主题，激发学生的学习兴趣。接着，教师又设计了六个小游戏，“门口——换装大变身”“走道——猫咪，我来也”“青铜馆——点赞需谨慎”“油画馆——洗耳恭听”“放映厅——你来分分类”“大家来找碴儿”，师示范生尝试，在游戏的浸润式体验中，学生自主归纳总结，逐步了解参观博物馆需要注意的文明礼仪。

二、评价反馈重细节

教师在课堂上对于学生的反馈非常注意细节，不是用简单笼统的“好”“你真棒”这一类评价语言，而是针对学生具体的行为表现，及时作出“你的观察真仔细”“你很有参观博物馆的经验”等具体、适当的评价。

把博物馆的礼仪教育纳入学校课程，使学生通过动手实践，回归生活实践，把礼仪教育与社会生活相联系，使学生在生活中感受、体验、认知礼仪行为，内化礼仪观念，学生的文明素养必定会得到进一步的提升。

上海市实验学校东校德育主任　凌洁敏

第12课　小小洗手间　处处显温馨

设计教师：上海市浦东新区三林镇中心小学　周　霞
指导教师：上海市浦东教育发展研究院　　　姚瑜洁

【活动背景】

1. 教育环境——外驱力。党的十九大报告明确指出“友善”是社会主义核心价值体系建设的现实着力点。作为中华民族千百年形成的基本传统美德之一，“友善”在校园生活、社会生活中发挥着不可估量的作用。如何让友善之花开满校园，是教师任重而道远的使命。

2. 校园掠影——内驱力。前段时间，我班的部分学生代表踊跃参加了“学校少代会提案金点子”活动。大家针对学校洗手间出现的玩水嬉戏、乱涂乱画、如厕不冲等不文明现象提出了大量实用的改进意见。代表们强烈呼吁全校师生都应将学校、班级看作自己的另一个家，并建议班主任在班级里开展一次“友善待物”的主题教育活动。

【活动对象】

小学三年级学生

【活动目标】

1. 知识与技能

（1）了解洗手间在生活中的用处，知道世界各地不同的洗手间文化。

（2）懂得友善待物也是友善的表现之一。

2. 过程与方法

制定不友善待物的解决方案，形成口袋诗。

3. 情感态度价值观

（1）感悟友善待物的重要性。

（2）提升爱护公共设施的意识和自我约束、规范言行的能力。

【活动重点】

1. 了解洗手间在生活中的用处，知道世界各地不同的洗手间文化。

2. 制订不友善待物的解决方案，形成口袋诗。

【活动难点】

1. 懂得友善待物也是友善的表现之一。

2. 感悟友善待物的重要性，增强爱护公共设施的意识和自我约束、规范言行的能力。

【活动准备】

1. 查找资料：国内外洗手间的照片、别称、浪费水资源的后果等。
2. 拍摄照片：洗手间安装门前后的变化、少代会提案稿等。
3. 拍摄视频：清洁工阿姨打扫洗手间。
4. 创编小水滴的故事、水龙头哥哥和镜子姐姐的对话并录音。
5. 制作课件。

【活动过程】

一、洗手间文化大冲浪

1. 师：小朋友，请闭上眼睛，听听这是什么声音？

播放音频《泉水声》。

生：水流的声音。

2. 师：是呀，这是我们的新朋友——小水滴。

播放音频《“小水滴”录音1》：同学们好，我是学校洗手池里的一滴小水滴，我叫“贝贝”。我这段时间去世界各地旅游了一回，带回来了好多美丽、有趣的照片，你们想不想和我一起去欣赏一番呢？

3. 师：是不是迫不及待了呢？老师提一个小小的要求，待会儿要请你们来说说印象最深的洗手间文化。

出示洗手间的照片，播放音频《“小水滴”录音2》：小朋友，你们看！世界各地的洗手间真是令我眼花缭乱。这是中国洛阳的洗手间，在洛阳，有些地方把洗手间称为“轻松花园”，是不是挺幽默的？看，这是日本的洗手间，在日本则把洗手间称作“化妆室”。这是洗手间里有趣的设计，你们看，这个夜光的马桶也十分特别吧！再看看这个二维洗手盆，是不是很有创意？哦，还有这扇洗手间的门，女孩子是不是很喜欢呢？

4. 师：哇，原来洗手间里还有那么多知识啊，真让我们大开眼界啊！小朋友，你印象最深刻的洗手间文化有哪些呢？

生1：我喜欢那扇凯蒂猫的洗手间门，好像是为我们女孩子量身定做的呢！

生2：我喜欢这个二维洗手盆，它特别有设计感，旁边还可以放东西，很实用。

生3：我喜欢夜光马桶，感觉很有趣，很特别！

……

设计意图： 创设一个虚拟的人物，赋予“小水滴”生命，通过录音的方式让它来到学生身边，让学生走进它的生活，激发学生参与活动的积极性。引入世界各地洗手间的知识，让学生对洗手间文化有初步了解，产生浓厚的学习兴趣。

二、校园生活广角镜

1. 师：小水滴的礼物真是太棒了，让我们一起来夸一夸它吧！哎呀，小水滴这是怎么了，刚才还开心地为我们介绍呢，怎么一下子哭得那么伤心？让我们去听听它遇到了什么麻烦吧！

播放音频《“小水滴”录音3》：当我旅游回来时，听到了水龙头哥哥和镜子姐姐的对话。我听后既着急又难过，不信，你们听——中午，水龙头对着镜子抱怨道：“镜子姐姐，最近我有一个烦恼，有些小朋友们在洗手间里泼水嬉戏，弄得这里水漫金山。昨天有个小朋友甚至忘了将我关好，让我流了一节课的水，我好难过！”听到这儿，镜子也忍不住哭诉起来：“哎，我又何尝不是呢！你知道我特别爱干净，但前几天有几个捣蛋鬼来到洗手间，用颜料在我身上乱涂乱画，我的眼睛都睁不开了，清洁工阿姨为我擦洗了好久，还是有残留的印子，丑死了，小朋友都不愿意看我了，怎么办呀？”

2. 师：哎，老师也真替水龙头哥哥和镜子姐姐感到难过，你们平时有没有发现洗手间里的不文明行为？

生1：有些小朋友在洗手间里泼水嬉戏，把洗手间弄得到处是水。

生2：有个小朋友忘关水龙头了，白白浪费了很多水。

生3：淘气的同学用颜料在洗手间里乱涂乱画，洗手间里一片狼藉。

板书：泼水嬉戏　忘关水龙头　乱涂乱画

3. 师：是呀，你们说的这些现象其实都是不友善待物的行为。

板书：友善待物

设计意图：“泼水嬉戏、忘关水龙头、乱涂乱画”都是洗手间里时常出现的现象。对此，学生最有发言权。借“被害者”水龙头哥哥和镜子姐姐的对话娓娓道来，让学生多角度思考，更有感染力和说服力。

三、群策群力觅初心

（一）七嘴八舌找问题

1. 师：除了这些行为，在洗手间里，你还看到过哪些不友善待物的现象呢？

生1：我看到有些调皮的男生会用脚踢洗手间的门。

生2：我看到纸篓外有很多厕纸。

生3：我看到有的同学上完洗手间不冲水。

板书：用脚踢门　厕纸扔纸篓外　用完厕不冲水

2. 师：这些对洗手间不友善的现象会导致什么后果呢？正确的做法应该是什么？以小组为单位讨论讨论。

（二）集思广益寻对策

1. 师：谁来说说这些行为会导致什么后果？

生：这样会浪费水资源。

2. 师：没错，忘关水龙头和泼水嬉戏都在浪费我们地球宝贵的水资源。

播放音频《“小水滴”录音4》：长期以来，人们普遍认为水是“取之不尽，用之不竭”的。事实上，水资源日益紧缺，我国很多省处于干旱状态，人们在严重缺水的边缘艰难度日。自来水来之不易，因为没有合理利用、水源污染等问题，使水资源更加缺乏。水是生命之源，珍惜水就是珍惜自己的生命！

3. 师：小水滴说得真好，水是有限的，我们一定要节约用水。想象一下，如果有糊涂虫忘记关水龙头，弄得洗手间内到处都是积水，清洁工阿姨又没有及时来打扫，这时你去上洗手间，会有什么感受？可能还会遇到什么情况？

生：洗手间处处是水渍，小朋友踩到容易滑倒、摔跤，甚至会骨折！

4. 师：不关水龙头不仅浪费水资源，而且造成了我们使用者的不方便。有一句话说“己所不欲，勿施于人”，意思是你不喜欢在自己身上发生的事情，也不要给别人增添这样的烦恼。当你友善对待水资源时，不仅与人方便了，也与己方便了，不是吗？

板书：与人方便=与己方便

设计意图：图片是最直观的视觉冲击，当学生看到浪费水资源的严重后果时，他们会深思，再循序渐进让孩子设身处地换位思考，从心出发，谈谈自己的想法，节约用水的想法会油然而生。

（三）提案征集献点子

1. 师：一开始，我们的洗手间可不是现在的样子呢！听听小水滴又有什么故事了。

播放音频《“小水滴”录音5》：我有一个好朋友，她是一个小女孩，她的金点子让我的家更受人喜欢了，让我们一起去看一看吧！这是一份少代会提案，提案中，她对学校洗手间的改建提出了一些意见，她希望学校可以为洗手间装上门，保护使用者的隐私。

出示照片：少代会提案金点子和小女孩。

少先队浦东新区三林镇中心小学 第十五次代表大会提案表	
提案人：杨好婕	所属中队：五（5）中队
关于女洗手间的隐蔽性设施完善 案由： 学校三号楼洗手间设置太少，女洗手间设计不隐蔽。因为三号楼一般都是五年级的同学，随着年龄的增长和身体的发育，女生上洗手间时需要隐蔽一些，否则不方便、不安全，也不雅观，没有隐私。 解决方法（建议与要求）： 建议学校增添洗手间的同时，考虑增加女生洗手间的隐蔽性设施，比如安装洗手间门，这样女生上洗手间比较安全，也有隐私的空间。	

2. 师：这扇门到底有什么作用呢？为什么不能用脚踢门，恶意去破坏它？

出示照片：洗手间门安装前后对比。

生：这样一扇小小的门作用确实挺大，不但使洗手间变得更雅观，而且还保护了我们的隐私，我们真该谢谢这个有心的小女孩。我们不能恶意破坏它，而应该爱护它，做到慢慢开、轻轻关。

3. 师：是啊，学校改建洗手间的环境，体现了对使用者的尊重，那么我们也要尊重它，友善地对待它，就像和自己的朋友一样友好相处。

板书：友好相处

设计意图：有对比才有发现，通过照片让学生目睹学校为他们改建的洗手间环境没有得到友善对待，让学生自我觉醒并思考应该如何改善这一现象。

（四）感悟明理出真知

1. 师：我们为什么不能破坏洗手间环境？

生1：这样会让洗手间的环境变得特别脏乱，我和同学们上洗手间会感到很难受。

生2：破坏洗手间环境还会加重清洁工阿姨的工作负担。

播放音频《“小水滴”录音6》：小朋友们，如果洗手间又脏又乱，你们怎么走得进来啊？我住在里面也很不舒服。你们看，阿姨为了给我们营造一个干净整洁的用厕环境，又忙碌了起来——

播放视频《打造干净用厕环境》：清洁工阿姨打扫洗手间。

2. 师：你们看，阿姨每天忙碌地工作，多么辛苦啊！如果我们破坏她的劳动成果，真是不应该！对阿姨友善，我们就应该尊重她们的劳动成果。

板书：尊重他人劳动成果

设计意图：从物过渡到人，通过视频真切地感受清洁工阿姨打扫洗手间的不易，让学生从心出发，学会尊重他人的劳动成果。

四、友善待物我先行

播放音频《“小水滴”录音7》：小朋友们，你们说得真棒！我现在特别着急，面对这些不友善的现象，我不知道该怎么办才好，聪明的你们能不能帮我出出主意呢？

1. 师：小水滴向我们发出了求助，我们可以怎么做呢？请每个组认领一个现象，并在组内商量解决的好方法。

小组派学生代表认领黑板上的“现象”板贴（泼水嬉戏、忘关水龙头、乱涂乱画、用脚踢门、厕纸扔纸篓外、上完厕不冲水）。组内交流商量解决方法。

生1：当我看到小朋友在洗手间里泼水嬉戏，我会上前提醒并阻止他们，告诉他们这样做是不文明的行为，同时也是在浪费水资源。

生2：如果我看到有人忘关水龙头，我会第一时间把水龙头关掉，然后及时求助清洁工阿姨清洁地面，以免后面上洗手间的同学滑倒。

生3：当洗手间里出现乱涂乱画的现象时，我们会采取贴温馨小标语的方法来提醒同学们。

生4：当我看到有人把厕纸扔到纸篓外时，我会主动捡起来扔进纸篓。

生5：如果有调皮的同学用脚踢门，我会立刻上前制止，如果他不听劝，我会告知老师，请老师教育他。

生6：有人上完洗手间忘记冲水了，我们也可以贴一些小标语来提醒他们。

PPT出示方法：榜样示范　友情劝阻　及时求助　温馨标语

播放音频《“小水滴”录音8》：小朋友们，你们的想法太好啦！通过你们的帮助，我们的家肯定会变得更加温馨！

2. 师：你们真是足智多谋，为小水滴想出了那么多金点子，除此之外，还有什么好点子呢？我们前不久是不是写过少代会提案，我们可以像前面的那个小女孩一样，将自己的金点子告诉学校，通过学校的力量来实现。学校的“红领巾电视台”还会针对可行的提案向全校学生宣传呢！那么我们是不是可以通过这个平台，撰写一份倡议书，号召大家行动起来，一起友善待物呢？

PPT出示方法：少代会提案金点子　红领巾电视台　撰写倡议

播放音频《“小水滴”录音9》：小朋友，真是太谢谢你们啦，我将你们的方法编成了一首口袋诗，让老师带着我们一起读一读吧！

出示《口袋诗》：讲文明，不插队，轻轻关门慢慢走，
不踢门，不涂画，恶意损坏不可取。
废手纸，不乱扔，准确扔进纸篓里，
用完厕，及时冲，方便自己和他人。
水龙头，记得关，节约资源不浪费，
友善待物牢记心，争当友善小标兵！

播放音频《“小水滴”录音10》：小朋友们把友善待物牢记心，真棒！时间不早了，我也要回家了，希望你们可以和我一起爱护我们的家，友善地待我们的家，让我们友好相处，让小小洗手间，处处显温馨。再见啦！

板书：小小洗手间　处处显温馨

3. 师：今天，我们相聚在一起，对如何友善待物出谋划策。看，这是我们一起建立的温馨小屋，友善待物就是对待事物像自己的朋友一样友好相处，就是尊重他人的劳动成果，也是希望与人方便、与己方便的表现，小小洗手间才会处处显温馨。希望我们的小水滴以后能带来更多开心的故事。让我们和小水滴告别吧！

生：小水滴，再见！

设计意图：旨在让学生在自身感悟和体会中将“友善待物”这一要求内化为具体行动，进而升华为心理需求。在产生共鸣后，让学生实实在在地投入到解决不友善行为的行列中去。学生在讨论如何改变他人的过程中，也潜移默化地改变着自己。板书布置成一个温馨的“小屋”，课题就像一副春联贴在“门”的左右两侧，让学生领会洗手间是学校这个“家”的一部分，需要友善对待、共同维护，激发学生的主人翁意识。

【板书设计】

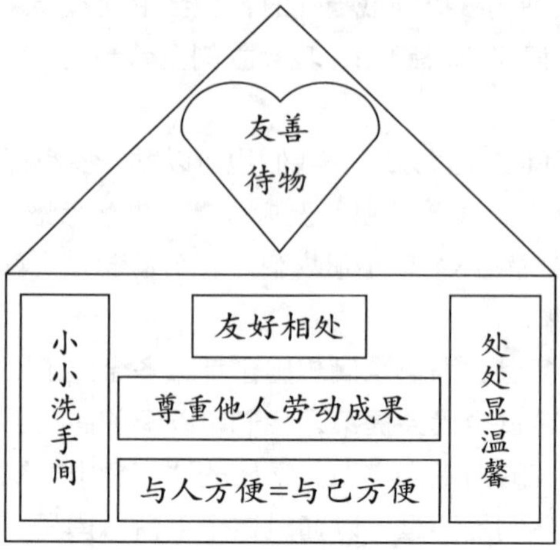

【点评】

纵观周霞老师的这堂主题教育课，顿感周老师将“‘温度’静静地落地开花”诠释得淋漓尽致，原因有以下几点。

一、有理想的温度

且看主题“小小洗手间，处处显温馨”，可见周老师对心中的理想教育状态所倾注的那份希冀与温度；再看课后所呈现的板书“一间温馨的小屋”，更将本节课的主题和立意跃然于眼前。“温馨”，又岂止是一份简单的情感寄托？不更应该是师生看得见、摸得着的一种充满“温度”的教育磁场吗？

二、有生命的温度

“友善待物”这个看似对三年级学生来说有点儿抽象的词眼，如何让它深深根植于学生内心，赋予有生命的善举？周老师始终站在人性的高度，如抽丝剥茧般化繁为简，直击核心，成就了本堂课的三根主线和灵魂，即“像和朋友一样友好相处”“尊重他人的劳动成果”和“与人方便，与己方便”，既连“天线”，又接“地气”。

三、有理性的温度

面对如今孩子普遍存在的“利己、个人主义”等共性，周老师没有高高在上地用“道德”的制高点去评价甚至是指责学生，而是由始至终通过环环相扣、富有童趣的教学设计，引领着学生实践一个自我发现、自我反思、自我促进的知情意行的理性升华过程。

上海市浦东新区三林镇中心小学副校长兼德育主任　徐巍炜

第13课　拉勾，文明用餐，从我做起

设计教师：上海市浦东新区福山证大外国语小学　王淑芬
指导教师：上海市浦东教育发展研究院　姚瑜洁

【活动背景】

英国教育家洛克说：“一切教育都可以归结于养成儿童的良好习惯。”叶圣陶先生也说过：“什么是教育，简单一句话，就是养成习惯。”学生进入三年级，自我意识逐步萌发，开始质疑外来的要求，从一年级、二年级的“大人要我怎么做我就怎么做”开始萌生“为什么我要这样做”的想法，因而有些习惯开始松懈，比如用餐文明、上课礼仪等。这个阶段适合引导学生深入了解“习惯”背后的故事，使其行为规范成为一种自愿、自发的行为，从而进一步巩固好习惯的养成。

本班学生在前期全校的行为规范评比中表现突出，但近阶段，学生们在午餐时，常出现取餐不排队、餐具不好好摆放、饭菜浪费严重等现象，经老师提醒，这些现象得到改正，说明孩子们具备文明用餐的能力，但缺乏自觉性。如何使文明用餐成为孩子们长期自觉的行为，是本节课需要重点解决的问题。

【活动对象】

小学三年级学生

【活动目标】

1. 知识：了解营养午餐来之不易，体会均衡饮食的重要。

2. 技能：针对班级午餐“乱”和“脏”的问题，探究问题产生的原因，体验文明用餐全过程，进一步明确用餐要求，规范文明用餐的行为。

3. 情感：理解爱惜粮食不仅是尊重他人的劳动成果，也是对自己的健康负责。

【活动重点】

了解午餐来之不易，体会均衡饮食的重要，理解爱惜粮食不仅是尊重他人的劳动成果，也是对自己的健康负责。

【活动难点】

针对班级午餐“乱”和“脏”的问题，探究原因，进一步明确用餐要求，规范文明用餐行为。

【活动准备】

1. 制作视频《喜羊羊和灰太狼的系列对话》。

2. 拍摄《学校食堂一日工作》视频，并制作成2分钟左右的短片。

3. 制作6枚光盘奖牌用于课堂颁发、10枚文明用餐奖牌用于一个月后颁发。

4. 准备一个汤桶、十套餐盘、湿纸巾两包和一个装满书的篮筐。

5. 将学校一周菜谱的菜名分纸牌写好，一个菜名一块牌，大荤用红色卡纸写，小荤用蓝色卡纸写，素菜用绿色卡纸写，汤用橘色卡纸写，米饭用白色卡纸写，水果和酸奶用黄色卡纸写，在反面贴上磁贴。

6. 将桌椅排成外圈四组座位，作为学生上课坐席；教室中央摆放十套桌椅，作为体验坐席，体验坐席的每张桌子上放一块湿纸巾；课前引导学生坐在上课坐席处。

【活动过程】

一、创设情境，引出问题

1. 师：小朋友们，今天老师有幸请到了动画明星喜羊羊来到我们的课堂，请看大屏幕。

播放视频《喜羊羊和灰太狼的对话1》：

喜羊羊：亲爱的小朋友们，每天早晨，你们准时到校，自觉地早读；下课时，你们有序地游戏、好好地休息；课前，你们早早地做好准备；十分钟劳动时，你们的小岗位的工作做得出色极了……我，喜羊羊要给你们一个超级超级超级大的“赞”！

灰太郎：我——反——对——，喜羊羊，他们哪有你说得那样好啊，你们看这些照片。

出示第一组照片：学生不排队取餐、挤在一起的照片；用餐时交头接耳的照片；餐具乱放的照片。

播放视频《喜羊羊和灰太狼的对话2》：

灰太郎：取餐不排队，用餐乱说话，餐具不理齐，真是——乱，乱，乱。

出示第二组照片：学生满手颜料就开始用餐；吃完饭脸上都是酱油渍；满地是餐余垃圾。

播放视频《喜羊羊和灰太狼的对话3》：

灰太郎：饭前不洗手、饭后不擦嘴，垃圾到处见，哟——脏死啦，脏死啦！更要命的是——每天一大桶美味的粮食，就这么白白地浪费了，你们也不想想我灰太郎已经多少年吃不到荤菜啦，你们倒好，浪费，浪费，天天浪费！

板书：乱、脏、浪费

2. 师：面对灰太郎提出的三大问题，我们该怎么办？

生：我们应该把这些问题全部解决！

3. 师：心动不如赶快行动，让我们和不文明的现象说“不”！

板书：文明用餐，从我做起

设计意图：为了落实重点，分散难点。我将整堂课分成四个环节。在第一个环节中，结合我们喜羊羊中队的特点，将孩子们喜闻乐见的动画明星“喜羊羊”和“灰太郎”引入课堂，从两位充满碰撞的对话中，既肯定孩子们开学以来取得的进步，又结合平时搜集的照片，直接提出问题，引发学生思考，并揭示本课的学习重点。

二、情境体验，直击“浪费”

（一）看视频，了解午餐来之不易

1. 师：小朋友们，说到“浪费”，我们实在太不应该了。前段时间，王老师特地深入食堂，体验了食堂人员的工作，拍了一组短片，请看大屏幕！

播放视频《学校食堂一日工作》：清晨7点，当大部分的学子还在家中熟睡，证大校园的一个角落已经升起袅袅的炊烟，择菜，杀鱼，切洗……一切的准备工作在紧锣密鼓地展开，只为一顿平常的午餐。

没过多久，大厨使劲地挥舞起大铲，由于菜量大，为了保持菜肴色泽，味道可口，每天要用力铲上数百次，蒸腾的热气不断迎面扑来，但他顾不上擦，一直努力工作着。

洗完了菜的阿姨们顾不上休息，整理好餐盘，排好篮筐，分好汤碗，摆好汤勺，待一个个菜准备就绪，他们便开始装盘，为了保持午餐的热度，阿姨们都争分夺秒，忙个不停。

时针悄无声息地走到了11点10分，送餐的时间到了，年迈的阿姨似乎忘记了自己已接近60岁的年龄，奋力奔跑起来。

给楼上的班级送餐最辛苦，没有电梯，大家只能靠人工来搬，两人一组搬饭，一人搬三桶汤，既要走得快，又要抬得稳，哪怕脚扭伤了，也不能让午餐有任何闪失。

用餐时间到了，看到同学们满意地享受午餐是最幸福的时刻。到了12点20分，阿姨来收拾餐具时，看到泔水桶中一桶又一桶被丢弃的剩食，阿姨叔叔的心显得格外沉重！

校园里，桂花开得正浓，操场上，无忧无虑的同学们玩得正欢，但有谁会去留意一群兢兢业业为大家服务的人，谁会珍惜餐盘中凝结着血汗的午餐？

2. 师：说一说，你看到了什么，感受到了什么？

生1：看到了我们的浪费和阿姨的辛苦，感受到阿姨做菜是很不容易的。

生2：7点，我们还没有醒来，他们就已经在努力地工作了，他们送饭时，宁可自己摔倒，也要把饭菜保护好。

3. 师：你不仅看得认真，听得也很仔细，连时间也记住了。看来你已经被他们的辛勤工作感动了。

生1：我看到阿姨把那么重的饭菜搬到四楼，很累。

生2：关键是我们倒得太多了，他们还要搬下去，看到那么多粮食被浪费，他们一定不好受。

4. 师：我从你的声音里听出了你对阿姨的关心，你能设身处地地为阿姨着想，很懂事。

（二）搬一搬，感受阿姨的辛苦

1. 师：大家看，老师这里有一筐书，与我们班的一筐午餐是一样重的，我请班级里的“大力士”来搬搬看。

生：实在太重了，我使出吃奶的力气也搬不动啊！

2. 师：小朋友，我们在视频里看到两个阿姨搬两筐午餐，一筐午餐重60斤左右，两筐就是120斤，我们早晨背的书包重约8斤，相当于两个人同时拎十五六个书包！阿姨一人搬三桶汤，三桶约50斤，想象一下，阿姨一下子拎5个书包的情景，你拎得动吗？我们证大校区食堂的工作人员一共有12位，他们每天要为全校1500多名师生准备午餐，洗1500多个盘子，1500多个碗，1500多个勺子，分6000多次餐，切洗各类食品80000多次……

3. 师：此时此刻，你们觉得，我们应该怎么做？

生1：我们应该节约粮食，不能浪费。

生2：尽量把食物吃完，这样阿姨回收餐具时，就不累了。

生3：我们可以把餐盘整理齐，这样他们洗碗时，不需费力整理了。

生4：如果我们每次把食物吃完，阿姨们会很高兴，这样他们的心情就会好起来。

4. 师：大家说得真对，你们已经学会了为别人着想，真好。的确，节约粮食是对阿姨劳动的一种尊重，“光盘行动”就是对阿姨工作的肯定。

（三）做游戏，体验均衡饮食对健康负责

1. 师：其实，爱惜粮食不仅仅是为别人着想，更是对我们自己的健康负责！今天，老师请大家吃自助餐，好不好？

（师将学校一周菜谱的菜名牌打乱顺序贴在黑板上）

2. 师：我请一位小朋友来选一选！

生1选了红烧鸡腿、番茄炒蛋、罗宋汤、香蕉。

3. 师：请所有小朋友当营养师，来判断小朋友吃得是否健康。

生1：他忘选米饭了。这样他没过多久就要饿肚子了。

生2：他没有选绿叶菜。

4. 师：青菜含有丰富的粗纤维，它不仅能净化血液中的垃圾，还可以促进肠胃蠕动。

5. 师：请你来调整。

（生调整自己的菜单）

5. 师：好，这样的搭配就作为周一的午餐吧！

板贴：周一

（小组学习，一位小朋友选菜，其他小朋友评价，一起调整）

6. 师：仔细看，老师要变魔术了，大家看好哦！这正是我们学校本周的菜谱。大家发现了什么？

生：每天都有大荤、小荤、素菜、汤、主食和点心。

7. 师：我们的午餐是由营养师专门研究，合理搭配的呢！你们看，红色牌上的都是大荤，蓝色牌的都是小荤，绿色牌的都是素菜，这是汤，这是小点心。如果你每样菜都吃，就能达到营养均衡了！所以《福山一日常规》中说：“不浪费，不挑食，细嚼慢咽才健康。”做到这三点，我们就学会了爱惜粮食。

板书：惜：不浪费，不挑食，细嚼慢咽才健康

8. 师：喜羊羊有话对大家说——

播放视频《喜羊羊和灰太狼的对话4》：

喜羊羊：小朋友们，你们真是太棒了，一下子就明白了爱惜粮食、营养均衡的重要性。在过去的两个月里，有一群小朋友经常吃完盘中餐，超过10次做到了“光盘”，我建议，授予他们“爱惜粮食奖牌”。希望大家向他们学习！

出示PPT《9—10月光盘行动大奖名单》：

谷方禹　光盘16次；　徐以欣　光盘16次；　袁印磊　光盘14次；

薄琬尧　光盘14次；　陆晟杰　光盘13次；　戎在川　光盘10次。

9. 师：授予6位同学光盘奖牌。

设计意图：在孩子们“浪费”“乱”“脏”的三大问题中，当务之急又最难解决的是浪费问题，而浪费行为的形成，更多来自意识问题。所以，我先深入食堂，体验了工作人员的工作情况，并拍摄成短片，让学生从视觉上了解他们的工作，然后我又称量教室门口的汤、饭菜等，让学生和自己背的书包的重量相比较，来感受食堂阿姨把午餐搬到四楼，送到教室门口的辛苦。如果仅仅从“谁知盘中餐、粒粒皆辛苦”的角度去告诉学生，这样依赖外部压力的教育是治标不治本的。之后我又结合当下“健康饮食”的话题，以“均衡营养”为切入口，创设吃自助餐的情境，让学生来选餐，其他学生当营养师来调整菜单。同时。揭示学校制定的每周菜单，是由专职营养师配餐的，每样都要吃才是对自己的健康负责。结合八字教育——“爱国、敬业、诚信、友善”中的“敬业”和“友善”教育，引导学生为自己的健康负责，为他人着想，尊重他人的劳动成果。

二、边做边学，矫正“脏”“乱”

1. 师：小伙伴们，你们太棒了，连喜羊羊也表扬你们了呢！可是现在还有两大难题在等着我们呢！大家说说，遇到这些情况，我们该怎么做？

出示PPT：

乱：取餐不排队，用餐乱说话，餐具不理齐。

脏：饭前不洗手，饭后不擦嘴，垃圾到处见。

（师根据学生交流进行板书）

板书：

序：排好队，静静吃，轻拿轻放摆整齐

净：前洗手，后擦嘴，桌面地面保整洁

2. 师：小朋友们说得真好，可是做得怎么样呢？听，午餐铃声响了。

（一）现场排队、洗手

1. 师：请第一组小朋友来洗手领餐，请小朋友自己评一评。

生1：小谷插队了，这样争抢，水会溅出来。

生2：也会发生矛盾。

生3：有人单手拿碗。汤那么烫，会打翻的。

生4：有人一边端汤，一边在喝，这样不仅走路慢，堵塞了路，也容易摔倒。

（二）安静用餐

1. 师：请第二组小朋友来安静用餐，请小朋友来评一评。

生1：大家吃饭，勺子敲盘子的声音太响了，可以轻一点儿。

生2：大家都狼吞虎咽。

2. 师：可以细嚼慢咽。如果汤特别好喝，能喝很多碗吗？

生：如果汤喝得多，饭就吃不下了，也会造成浪费。

（三）归还餐具

1. 师：吃完饭了，请第三组来归还餐具，请根据板书来评一评吧！

生：他们都倒得很干净。

2. 师：老师发现了一个问题，我来演示一下。

（师演示：一手端餐盘，眼睛看别处，汤洒了也不知道）

生：倒餐的时候注意力要集中在自己的盘子上。

3. 师：有没有窍门避免把饭菜倒到桶外面去？谁来演示？

（生边演示边说：把餐盘整个儿伸到桶里再倒，再按餐盘的纹路放好餐盘）

（四）餐后保洁

1. 师：最后，请第四组来进行餐后保洁，请围绕板书来评一评吧！

生1：他们好几个都没有擦嘴，要变大花猫了。

生2：要把桌子上的米粒先扔进湿垃圾桶，再擦干净桌子，否则米粒掉地上就会把地面弄脏。

2. 师：你们考虑得很周到。现在，我们来听听灰太狼是怎么说的。

播放视频《喜羊羊和灰太狼的对话5》：

灰太郎：不错不错，你们确实针对问题，提出了行动目标，但是一时做好容易，天天做到就难啦！嘿嘿，我已经做好了11月份的争章表格，羊族们，你们敢来挑战自己吗？

设计意图：相对于“浪费”问题来说，“乱”和“脏”更多指向学生的行为。所以这个环节，与其不断地说教，不如现场演练，让学生在做中学、学中评，让学生一组一组到教室中间来演示，让他们像照镜子似的，寻找问题，明确要求，让孩子们在自我教育中纠正自己的行为。

三、签名许诺，争章促成

1. 师：大家有信心来挑战吗？拿出你的诚意，许下你的诺言，让我们拉勾，文明用餐，从我做起。

板书：拉勾

2. 师：请敢于接受挑战的小朋友来签名吧！

播放音频《左手右手》。

（生签字行动）

“文明用餐”争章评比

		序	惜	净
具体要求		排好队，静静吃，轻拿轻放弯弯腰。	不挑食，不浪费，细嚼慢咽才健康。	前洗手，后擦脸，桌面地面保整洁。
学号	姓名			

播放视频《喜羊羊和灰太狼的对话6》：

喜羊羊：小朋友们，你们太棒了，敢于挑战自己的人是最了不起的！成功一定是我们的！一个月后，我要来给成功者颁发“文明用餐”奖牌哦！

灰太郎：哼哼，别高兴得太早啦！我还会回来的！

3. 师：小伙伴们，尊重他人的劳动成果，对自己的健康负责，文明用餐，从我做起，从今天做起，牢记我们的约定哦！

设计意图：做好一时容易，天天做到就难了，所以我再次借助灰太郎，用激将法，让学生许下承诺，以一个阶段的争章活动来规范学生的行为，用同伴间的提醒和互助，督促好习惯养成，让活动目标进一步内化为学生的自觉行为。

【板书设计】

拉勾，文明用餐，从我做起

浪费 ⟶ 惜　不浪费，不挑食，细嚼慢咽才健康。

乱 ⟶ 序　排好队，静静吃，轻拿轻放摆整齐。

脏 ⟶ 净　前洗手，后擦脸，桌面地面保整洁。

【点评】

叶圣陶先生诠释教育的本质时说：“教育就是养成良好的习惯。”有道是“积一千，累一万，不如养个好习惯”。文明用餐作为行为规范训练的重点内容之一，要让学生将规范变成习惯却并不容易。本课中，王老师针对有些学生午餐取饭不排队，餐具不放好饭菜浪费严重等现象，以及规范执行不长久等，精心设计教学过程，取得了良好的效果。

一、情境创设激兴趣

王老师借助学生喜闻乐见的动画明星喜羊羊和灰太狼来创设情境，一正一邪，幽默诙谐，一下子点燃了学生的学习热情。他在肯定孩子们近阶段行为习惯的同时，指出了在午餐时存在的“浪费”“乱”和“脏”现象。在此基础上，王老师又请小朋友观看食堂阿姨辛苦工作的视频，配上王老师深情的讲述，让学生体会到午餐来之不易，不少孩子为之动容，深刻地认识到自己的问题。

二、游戏体验增理解

在文明用餐的教育中，我们经常会教育孩子“谁知盘中餐，粒粒皆辛苦”。但是，从食物由来的角度切入，对城市中的孩子来说比较陌生，很难内化。在本课中，王老师创造性地通过自助餐的体验游戏，让学生站在对自己健康负责的角度，学习营养均衡的重要性，从而理解学校营养午餐搭配的意义，从“根源处”解决浪费问题。在体验中，学生各抒己见，学得开心，当教师调整菜谱，把学校一周菜谱在黑板上排列出来时，教室传来恍然大悟的声音，从学生的惊讶、学生的发言中，可以看出他们理解了学校菜谱这样安排的原因，也理解了营养均衡的重要。

三、做中评改有实效

美国教育家杜威认为，所有的学习都是行动的副产品，所以教师要通过让学生做一做，促使学生思考，从而学到知识。本课中，王老师通过让四组学生轮流体验用餐的四个阶段，让其他学生用照镜子的方式寻找问题，找到用餐过程中的注意点，将用餐中的细节一一进行训练，强化了文明用餐全过程，从而成功解决“乱”和“脏”的问题。

四、签名争章促达成

习惯的养成，贵在持久。孩子们做好一时容易，持久地做好却很难。王老师将课堂内容与下阶段的争章活动相结合，关注到学生后续的发展。如果能坚持执行，定期点评，持续关注，就一定能取得良好的效果。

上海市浦东教育发展研究院德育教研员　姚瑜洁

第14课　绿色出行，种下属于自己的树

设计教师：上海市嘉定区古猗小学　毛　莹
指导教师：上海市嘉定区古猗小学　龚志萍

【活动背景】

2017年，习近平总书记在党的十九大报告中明确指出：中国要引导应对气候变化国际合作，成为全球生态文明建设的重要参与者、贡献者、引领者。国务院发布的“十三五”规划也明确指出：政府将继续强化生态文明教育，将生态文明理念融入教育全过程，并鼓励学校开发生态文明相关课程，加强资源环境方面的国情与世情教育，普及生态文明法律法规和科学知识。可见，党中央和国务院都高度重视生态文明教育。学校是生态文明教育的主阵地，作为一线班主任，我们必须深入贯彻执行党的方针政策，进一步落实生态文明教育，为孩子们保留住未来的一方蓝天。

我们班学生兴趣广泛，思路开阔，乐于接受新事物，在生活和学习中，对生态文明有了初步的认识，通过书本、网络、新闻等多种渠道对“绿色出行”有一定的了解。

【活动对象】

小学三年级学生

【活动目标】

1. 知识与技能

了解绿色出行的标准，学会制订绿色出行方案。

2. 过程与方法

（1）认识蚂蚁森林，了解绿色出行的定义。

（2）制订绿色出行方案，积攒绿色能量。

（3）讨论并完善绿色出行方案，深化对绿色出行的认识，了解绿色出行对于生态文明建设的重要性。

3. 情感态度与价值观

认识绿色出行的必要性，在生活中践行绿色出行的理念。

【活动准备】

佩奇一家人录音、蚂蚁森林简介视频、蚂蚁森林成效视频、绿色出行任务单、磁性白板、交通工具图片、大树板贴、绿叶板贴。

【活动过程】

一、卡通激趣，引入话题

1. 师：同学们，你们看，这是谁？

出示PPT：小猪佩奇、弟弟乔治、爸爸和妈妈一家人站在南翔东社区新城公馆的小区门口。

生：小猪佩奇！还有她的弟弟和爸爸妈妈。

2. 师：大家再瞧一瞧，小猪佩奇一家搬到了南翔的——

生：新城公馆。

3. 师：这天，佩奇一家刚吃完晚饭。佩奇在玩手机，突然，收到一条消息。你们听——

播放录音《晚餐后的对话》：

佩　奇：爸爸，你在家庭微信群里发了什么？

猪爸爸：佩奇，这是我在蚂蚁森林里领取的家庭树树苗，咱们一起种树吧！

乔　治：好呀，种树！不过，蚂蚁森林是什么呀！

猪爸爸：看了这个小动画，你们就明白啦！

播放视频《蚂蚁森林简介》：

今天，你会收到一棵树苗。你可以把它种在支付宝里，这树苗成长需要的不是水和空气，而是绿色能量，得到它可一点儿也不难。举个例子，如果你不开车，而是坐地铁，低碳出行，获得绿色能量71克。如果你走路上班，零排放，每公里获得绿色能量113克。你还可以帮助朋友采集绿色能量，你还可以邀请朋友一起来蚂蚁森林。当你在支付宝里养大一棵树，我们也会在地球上种下一棵属于你的树。

4. 师：看来，佩奇家打算——

生：种树！

5. 师：他们打算种下属于自己的树。

板书：种下属于自己的树

设计意图： 美国教育家杜威曾倡导“儿童本位论”，即建立适合儿童身心发展的课堂。对于小学生来说，动漫人物是他们最感兴趣的，因而教师在课堂活动开始就引入了卡通人物——佩奇一家人，并以学生熟悉的真实生活环境创设情境，拉近课堂与学生的距离，增加生活体验感，激发学生的学习兴趣，进一步提升学生的课堂参与度。

二、蚂蚁森林，合种树苗

1. 师：佩奇可想种树了，你们听！

播放录音《想种树的佩奇》：

佩　奇：爸爸，要积攒绿色能量，树苗才会长大哦？

猪爸爸：那我们就用绿色出行来获得绿色能量吧！

佩　奇：什么是绿色出行呢？

猪爸爸：百度百科上说，绿色出行就是采用对环境影响最小的出行方式，既节约能源、提高能效、减少污染，又有益于健康、兼顾效率。

佩　奇：哦！我懂了！绿色出行不仅要低碳，还要便捷！

猪爸爸：真聪明！不过，很多时候，我们还要根据实际情况作出合理的安排。

猪妈妈：佩奇，明天我们就有各自的出行计划，妈妈要去家乐福购买大量日用品，爸爸要带你和乔治回南京老家探望爷爷奶奶，外公外婆打算去东方明珠逛一逛。你帮我们设计一下绿色出行的方案，好吗？

佩　奇：天呐！这么多出行计划，既要低碳、便捷，还要合理，这真的太难了！谁来帮帮我？

2. 师：同学们，小猪佩奇遇到了好大的难题呀！她要帮全家人设计怎样的绿色出行方案呢？

生：要设计一个合理的方案。

生：要很便捷，不麻烦。

生：这个方案要低碳环保！

3. 师：你们听得很仔细，这个方案的要求可不低呀！它既要低碳，又要便捷，还要合理！

板书：低碳、便捷、合理

4. 师：设计这样一个绿色出行方案，真不是一件容易的事！我们一起来帮帮他们吧！帮他们赚取绿色能量，种上一棵家庭树！

板书：绿色出行

设计意图：“绿色出行”“低碳生活”这些理念对于小学生来说仍然是较为抽象的概念知识，因而在教学中，将抽象概念进行具象化表达，是小学德育教育的重要途径。在学习了直观且有趣的视频简介和清晰明了的网络资料后，学生对“绿色出行”已经有了初步的了解，但这仅仅停留在理论层面。因此，需要设置“种树”这样一个具体的场景，引导学生制订方案，积攒绿色能量，完成绿色出行的任务。

三、领取任务，制订计划

1. 师：请小队长领取任务包，并带领队员分析任务单。

（各小队队长上台，随机领取任务包：磁性小白板、交通工具磁贴、出行任务单、白板笔）

2. 师：拿到任务包，先不要打开哦！咱们先看看地图，细致地了解一下佩奇的家人和他们的住宅环境吧！

出示PPT：地图内容

3. 师：你们看，小猪佩奇今年9岁了，而她的弟弟乔治只有5岁。佩奇的外公外婆都是65岁，身体健康，腿脚便利，并且外公还有驾照，会开小汽车呢！仔细看地图，你们会发现，在佩奇家——新城公馆的门口，就有公交车站和共享单车停靠点，离她家最近的新能源汽车充电站，分别在咱们古猗小学和南翔太茂广场，而离佩奇家最近的地铁站，大家都知道，就是南翔地铁站，距离佩奇家1.5公里。

4. 师：了解了这些信息，请组长打开任务包，拿出任务单，和小组员们一起阅读，初步了解任务内容。

出示PPT《任务单》

任务一： 出行日期：2018年6月2日 出行人员：猪妈妈 天气：晴，18℃-28℃ 路程：新城公馆→家乐福，全程大约1km	任务二： 出行日期：2018年6月2日 出行人员：佩奇的外公、外婆 天气：晴，18℃-28℃ 路程：新城公馆→东方明珠，全程大约24km	任务三： 出行日期：2018年6月2日 出行人员：猪爸爸、佩奇、乔治 天气：晴，18℃-28℃ 路程：新城公馆→南京老家，全程大约290km 南京南站→佩奇老家7km

5. 师：做任务前，请关注任务的要求哦！

播放录音《任务解读》：

做任务时，请将选择的交通工具贴在白板上，并用箭头标明顺序；完成任务后，请各组组长上台交流，赚取绿色能量。

6. 师：了解了任务要求，让我们开始讨论吧！别忘了，讨论时间为5分钟，倒计时开始！

（学生以小队为单位展开讨论，制订方案，教师巡视，并适时指导。）

设计意图： 教师在布置任务时，关键信息的解读是非常重要的，例如出行距离、出行人员、天气等，教师需要将这些信息明确化，从而避免学生在设计和评价出行方案时出现疑惑与争议。

四、交流方案，共同完善

（一）同台竞技——家乐福小队

1. 师：5分钟讨论时间结束，请大家上台展示方案吧。首先请家乐福两支小队的代表上台。

家乐福A小队：大家好，我们是家乐福A小队。去家乐福需要走1.2公里，所以我们建议骑电动自行车。因为电动自行车不用汽油，比较环保，而且家乐福附近就有电动自行车停靠点。除此之外，我们还关注到了一个细节，因为猪妈妈要买许多东西，电动车有篮子，这样方便猪妈妈放置物品。此外，我们今后也打算让家人多使用电动车。

家乐福B小队：我们是家乐福B小队。我们准备先让猪妈妈步行去家乐福，因为家乐福很近，这样很方便，而且还能锻炼身体。回来的时候，我们想让猪妈妈骑电动自行车回家，因为电动自行车的篮子可以装东西。

2. 师：听完了两个方案，你们感受如何？有什么建议吗？

生：我觉得两支小队的方案都很好，非常环保。

生：我觉得A小队的方案可以改进一下，多走走路也可以锻炼身体。

生：我有一个疑惑，在B小队的方案中，猪妈妈步行去了家乐福，没有带电动自行车，那回来的时候就没法骑了呀！我觉得可以换成回来的时候，骑一辆有篮子的共享单车。

3. 师：是呀，你真是火眼金睛，发现了一处小缺憾，B小队的成员们，你们愿意听取这个建议吗？

家乐福B小队代表：你的建议很好，我们会采纳的。

4. 师：两支小队第一次上台，表现都很出色，让我们根据评价标准，奖励他们绿色能量吧！请大家举手示意，看看要奖励他们几片绿色能量？

5. 师：祝贺家乐福A队的方案通过了3条标准的考验，获得了3片绿色能量，而B队方案通过了低碳、便捷两项标准，获得了2片绿色能量！

（二）同台竞技——东方明珠小队

1. 师：接下来，有请东方明珠的两支小队上台展示方案，看看他们打算让佩奇的外公、外婆怎么出行呢？

东方明珠A小队：我们是东方明珠A小队。我们设计的出行方案是先从家开新能源汽车去地铁站，因为外公有驾照，而且家离地铁站还是有一点儿距离的。接着，我们就乘坐地铁到陆家嘴地铁站，因为地铁速度很快，而且也很方便。最后，可以让外公外婆步行去东方明珠电视塔，锻炼一下身体。

东方明珠B小队：大家好，我们是东方明珠B小队。我们打算让外公外婆步行去地铁站，这样可以锻炼身体。接下来，他们要坐地铁去东方明珠附近的地铁站，因为这样很方便也很环保。然后，他们可以乘坐公交车到达东方明珠，这样比较节省时间。最后，从公交站到东方明珠走一段路就能到了。

2. 师：你们刚介绍完，就有人高高地举起了手，听听他们的意见吧。

生：我觉得B小队的方案中，可以省去坐公交车的环节，因为我去过东方明珠，从地铁站出来，走走就到了，不需要再坐公交车了。

3. 师：你的回答很精彩！因为你结合了生活经验，用自己的生活经历告诉大家该怎样出行，实践出真知，果然让方案更合理了！

生：我想表扬A小队，他们的出行方案中，三个环节都很环保。但是，我发现了一点儿问题，离佩奇家最近的新能源汽车停靠点就在古猗小学或者太茂广场，这里离地铁站很近了。我觉得，第一环节中，改成摩拜单车或者电动车比较合理。

4. 师：你也是个观察细致、考虑周到的孩子！两位同学不仅积极评价，还懂得用欣赏的眼光去看待别人的成果，值得鼓励！让我们看看他们分别能获得多少绿色能量。

5. 师：祝贺东方明珠的两支小队表现优异，他们的方案全部达标，赢得了大家的认可，都获得了3片绿色能量！

（三）同台竞技——南京小队

1. 师：最后，让我们有请南京两支小队上台交流，他们抽到的任务最复杂，路程最长，人员也最多。看看他们会设计出什么样的绿色出行方案呢？

南京A小队：我们是南京A小队，我们打算让他们先骑摩拜单车去古猗小学新能源汽车停靠点，接着，让爸爸开新能源汽车到高铁站。然后，他们一行人可以坐高铁到南京，再坐公交车到南京老家附近，最后步行回家。

南京B小队：我们是南京B小队。我们是这样打算的，先让他们步行去公交车站，因为这样可以锻炼身体。接着，坐公交车到地铁站，再坐地铁到南京，因为地铁速度很快。最后，到达南京后，再让猪爸爸滴滴打车叫一辆车，带上佩奇和乔治坐车回老家。

2. 师：哎呀，你们交流得很顺畅，可是，好几位同学着急地举起了手，听听他们怎么说？

生：A小队那个骑摩拜的计划，我觉得不好。因为12岁以下的小朋友不可以骑共享单车，而佩奇今年9岁，乔治只有5岁。

3. 师：是呀，看来制订出行方案时，还要关注法律法规呢！南京A小队的同学们，你们听了有什么感想吗？

南京A小队队长：老师，我们南京A小队想说，谢谢他的提醒，我们也接纳他的建议，决定修改方案，让佩奇爸爸带着她和乔治步行去新能源汽车停靠点。

生：我发现了一个问题，在B小队的方案中，他们选择的是乘坐地铁到南京，可是，坐地铁是去不了南京的。

南京B小队队长：我们也决定修改方案，让佩奇爸爸带上她和乔治坐地铁去火车站，然后坐高铁回南京。

4. 师：两支小队的队员们都很虚心好学呀，勇于接纳别人的建议，让方案变得更完善了！

生：老师，我还想提醒大家，在安排出行方案时，不要太复杂，这样可以避免出错。

5. 师：你的建议很中肯，给了大家新的启示。同学们，人多力量大，咱们集思广益，让这些出行方案更加完善了！让我们根据标准，奖励他们绿色能量吧！

6. 师：看来，虽然南京的小队们抽到的任务最复杂，但大家都认为他们通过自己的努力拿出了非常棒的出行方案。祝贺南京A小队和B小队的方案通过了便捷、低碳两条标准的考核，各获得了2片绿色能量！不过，老师觉得，他们抽到的任务最复杂，方案不够完美是在所难免的，你们看，在刚才的讨论中，两支小队的队员们也受益匪浅，立马修改了方案，我忍不住要给他们点个赞！咱们为他们的谦虚好学再加1片绿色能量，你们同意吗？

生：同意！

设计意图： 在布鲁姆的评价理论中，形成性评价是指通过一次或多次的反馈评价来检测学生的目标实现情况，并对没有实现目标的学生给予指引和辅导。在课堂活动中，多元化的评价方式也有助于学生形成更加客观的认识。因此，自我评价、学生互评和教师点评贯穿于方案的制订和交流中，大部分学生也能在形成性评价的指引下，进一步完善方案，深化对绿色出行的认识。

五、绿水青山，我在行动

1. 师：在大家的努力下，佩奇一家积攒了足够的绿色能量，家庭树才变得枝繁叶茂起来。与此同时，他们已经在地球上种下了一棵真正属于自己的树，为蚂蚁森林贡献了自己的力量，让我们去看看吧。

播放视频《蚂蚁森林的种植成效》：

在中国北方，较大规模的种植集中在春季，在条件适宜的地方也可以进行秋种。截至

2017年8月底，蚂蚁森林在内蒙古阿拉善、库布其、甘肃武威等地区种植了1025万棵树。这个秋天，蚂蚁森林将进行种植核验、补种和秋种。蚂蚁森林小队和公益机构一起走访蚂蚁森林，看看你们种下的树。我们看见了正在种植的梭梭树地块，也看见了你们的努力给地球带来的改变。蚂蚁森林48号林位于我国库布齐沙漠，这里种植了大量的沙柳。库布齐沙漠是中国第七大沙漠，位于鄂尔多斯高原脊线的北部，总面积约1.86万平方公里，流动沙丘约占61%，年降雨量150～250mm。在这片沙漠里，沙柳柔韧安静地生长在每个沙丘的背面。当它们越长越大，沙丘将被固定住，慢慢变绿。当一棵沙柳长大，可以砍下它们的部分枝条，插在沙地里萌芽，它将继续努力生长。蚂蚁森林1号林和42号林位于雅布赖山脚下，这里种植了12200亩梭梭树。雅布赖山位于巴丹吉林沙漠和腾格里沙漠中间，在山的那一侧，沙子已经爬了上来，如果两个沙漠“握手”，生态将会变坏。蚂蚁森林和雅布赖山一起，成为阻止沙漠“握手”的屏障。这里年降水量仅42mm，每一棵梭梭树活下来，都要面对异常艰难的生存挑战。但是，61万棵梭梭树站在这里，它们将和我们一起守护地球。

2. 师：就这样，蚂蚁森林用大家积累的绿色能量种下了一棵棵树，它们是地球的卫士，一步步改善了生态环境，相信在不远的将来，一定能还我们一片绿水青山。学到这里，对于绿色出行，你有没有什么话想对大家说？

生1：我打算今后也帮爸爸妈妈设计绿色出行方案。

生2：以后，我想把蚂蚁森林这个平台推荐给身边的人，让大家也一起来绿色出行，共同种树。

生3：我以后制订出行方案时，也要注意低碳、便捷、合理这三点要求。

3. 师：同学们，习爷爷说过，绿水青山，就是金山银山。让我们积极行动起来吧，牢记绿色出行，也种下一棵属于自己的树，让地球的生态环境变得更加美好！

设计意图：通过观看视频资料，学生可以直观地了解“绿色出行”的成效与意义，从而引导学生认识到“绿色出行”的重要性和必要性，以此激发学生将绿色出行的交通方式落实到生活实践中，提升民族自豪感和爱护地球、环保卫家国的崇高情怀。

【板书设计】

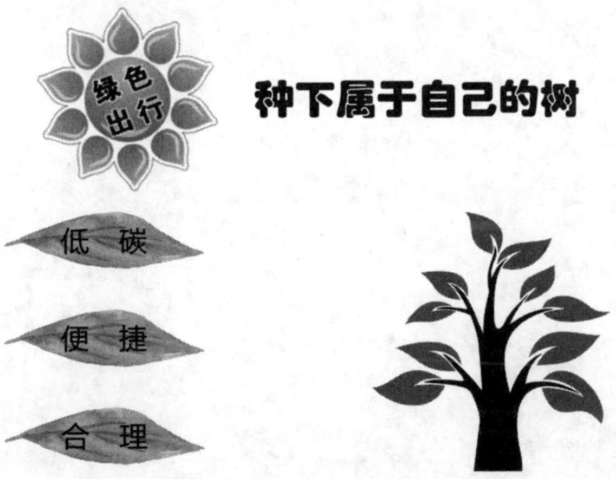

【点评】

现代小学生最感兴趣的话题有游戏、动漫、网络、追星、电影、时尚……其特点就是有趣、新鲜、具有时代感……毛老师这堂课选择了一个经典话题“绿色出行”，但是却用了“蚂蚁森林”这样一个有趣的网络公益平台来推动，一下子就抓住了学生的兴趣点。《绿色出行，种下属于自己的树》这堂主题教育课很精彩。

一、课题选材有新意

绿色出行是一个经典的话题，而毛老师将“绿色出行”与互联网的时代特色相联结，与当下社会倡导的低碳出行相结合，用“蚂蚁森林”作为载体，以“积攒能量，合种树苗”为目标，引导学生了解绿色出行的含义，既新颖，又有意义。在这堂课中，学生学会的不仅仅是出行方式的改变，更是对地球、对生态有了新的认识，一颗保护环境的种子就此在心中萌芽。

二、课堂组织有创意

毛老师借助卡通人物——佩奇一家人串联起课堂的每个环节，妙趣横生的同时，拉近了与学生的距离。在活动执行环节，她相信学生的能动性，采用了任务驱动的方式组织教学，给予学生自由发挥的空间。各组学生任务目标不同，既有区别，又有竞争，每一位学生都愿意积极参与活动，与小组成员热烈讨论、商议出行方案。

三、课堂互动有爱意

在展示方案的环节，各小组汇集团队的智慧，将小组方案一一陈述，与其他团队交流、讨论，展示了一种互助合作的生生关系。值得关注的是，学生们能在教师的引导下，礼貌、谦和地点评他人的出行方案，主动地发现他人的闪光点，及时肯定对方的可取之处。这样的课堂，就是一场爱的教育。

上海市浦东教育发展研究院德育教研员　姚瑜洁

第15课　文明从微笑开始

设计教师：上海市宣桥学校　　　　　　祝永华
指导教师：上海市浦东教育发展研究院　姚瑜洁

【活动背景】

中华文明源远流长，绵延五千年，是世界上唯一没有中断的文明。文明是社会进步的重要标志，也是社会主义现代化国家建设的重要特征。它是面向现代化、面向世界、面向未来的社会主义文化的概括，是实现中华民族伟大复兴的重要支撑。社会是由个人组成的，只有个人讲文明、有素养，社会才会更进步，国家才会更文明。

我所任教的五（2）班，学生多为独生子女，他们习惯于接受表扬，自我意识强烈，很少考虑他人的感受，自我约束和自我控制能力较弱，主动交往和关心他人的意识薄弱。如何让社会主义核心价值观中的“文明”走进学生心里？如何让学生更加主动地去与人交往，体现友好与文明？这便是我设计本课的初衷。我借助“微笑”这一贴近学生生活的有效载体，结合相关教育活动，引导学生了解微笑是文明的标志，在待人接物中主动微笑，友善待人，将文明与友善传递给周围的人，成为一个讲文明的好学生。

【活动对象】

小学五年级学生

【活动目标】

1. 知识与技能

（1）知道微笑是人与生俱来的能力。

（2）了解微笑能使人愉悦，能拉近人与人之间的距离，是社会文明进步的标志之一。

2. 过程与方法

学会在言谈举止中多微笑，将文明与友善传递给周围的人。

3. 情感态度与价值观

体会微笑在文明素养中的重要性，努力成为一个讲文明的好学生。

【活动重点】

学会在待人接物中多微笑，将文明与友善传递给周围的人。

【活动难点】

体会微笑在文明素养中的重要性。

【活动准备】

1. 图片：《头脑特工队》剧照、多种笑容、多种微笑、胎儿和婴儿的微笑、米饭实验过程图。

2. 视频：《水知道答案》。

【活动过程】

一、找微笑

1. 师：同学们好！让我们先来做个脸部识别游戏吧！这些是《头脑特工队》中控制小女孩莱利的五个情绪娃娃，你能通过他们的脸部表情猜出名字吗？

出示《头脑特工队》剧照

生1：一头蓝发、面带微笑，很自信的，应该是“乐乐”；火冒三丈的是“怒怒”。

生2：双手摇摆、吐舌头、满脸嫌弃的是“厌厌”；倒在地上、神情很忧伤的是“忧忧”；中间一个面露恐惧的肯定是“怕怕”。

2. 师：说得对！如果让你们选其中一个打招呼——

生：选“乐乐”！

3. 师：那么多的同学选择“乐乐”，为什么呀？

生1：她满面笑容，自信。

生2：“乐乐”给人一种很阳光的感觉，和她打招呼，我的心情也变得很愉快！

4. 师：老师也喜欢“乐乐”，她的笑容多迷人啊！瞧，这儿有多种笑容，你能说出几种？

出示照片《多种笑容》

生1：大笑、傻笑、抿嘴一笑、哈哈大笑。

生2：微笑、咧嘴一笑、眉开眼笑、笑不露齿。

5. 师：同学们了解的笑容还真不少！有一种笑容最普通，却又最意味深长，那就是——微笑。

板书：微笑

设计意图： 德育是有目的地培养学生品德的教育活动。通过自选人物向其打招呼的情景设置，遵从内心感知，选择喜爱的人物，让学生快速进入角色，将内心深处的想法有感而发地进行表述，进一步表明自己喜爱“乐乐”的根本原因，让学生感受到微笑让人有亲切感，初步体会到微笑在生活中的魅力。

二、说微笑

（一）微笑拉近“你”我距离

1. 师：微笑在我们的生活中无处不在，让我们感受身边的微笑，说说这些笑容传递给你的感觉吧！

出示照片《多种微笑》

生1：看到她们向我微笑，我会很开心，觉得很甜蜜。

生2：她们对着我微笑，感觉像是朋友，我也会对她们微笑。

2. 师：是的，微笑不仅让人觉得心情愉悦，还能拉近人与自然的距离，你信吗？

生：不信。

3. 师：不信？来试试呗！当我站在山顶，微笑着和周围的大山打招呼：“你好！”大山也会回应我。下面我们一起来和大山打招呼。

生：你好！

4. 师：大山愿意和你做朋友。下山的时候，你愿意与大山进行怎样的一次亲密接触？

生：摸摸大树，看看小草。

5. 师：当你看到下山行人的不文明行为时，你又会怎么做？

生1：看到有行人踩坏山脚边的植物，我会微笑着进行劝说。

生2：看到有人乱扔纸屑，我会微笑着劝他拾起。

生3：看到有人准备吐痰，我会微笑着递给他一张纸巾。

6. 师：一路微笑，一路劝说，微笑进一步拉近了你和大山的距离，而这所有的文明表现都是从微笑开始的。

板书：文明　从……开始

设计意图： 设置“微笑”能否拉近人与自然距离的提问环节，旨在引发学生的质疑，激发探究兴趣。启发式引导、共同创设情境等方式可以让学生尽快融入角色，在老师的启发下根据个人想法，做出适当的行为选择。

（二）微笑展现神奇魅力

1. 师：刚才，我们和大山亲密接触，如果我们微笑着向水表示感谢，猜猜会是什么结果？先来看一段视频，再说说你的想法。

播放视频《水知道答案》：

研究员在实验水两边放上音箱，让水“听”音乐。听了贝多芬《田园交响曲》的水结晶美丽工整，而听了莫扎特《第40号交响曲》的水结晶则展现出一种华丽的美。听了作者不喜欢的摇滚乐时，结晶就显得丑陋。研究员进而在装水的瓶壁上贴上不同的字或照片让水“看”，结果不管是哪种语言，看到“谢谢”的水结晶非常清晰地呈现出美丽的六角形；看到“混蛋”或者“烦死了”的水结晶破碎而零散。研究员认为，只要水感受到了美好与善良的情感时，水结晶就充满喜悦，像盛开的鲜花那般美丽；当感受到丑恶与负面的情感时，水结晶就显得不规则且丑陋。

生1：我没想到水也能感应到我们的信息。

生2：美好的情感会让水结晶变得美丽，我们应该多一些“爱与感谢”。

生3：人与自然的相处，如果充满爱，世界会变得更美好！

2. 师：水能感受情感，并以自己独特的方式作出回应，给我们一个意想不到的大惊喜！下面继续做实验，看看还有什么神奇的变化！

出示米饭实验画面：

三个杯子，分别装三份米饭，用保鲜膜封好，放在同一搁架上，分别用赞美、辱骂和置之不理来处理。第三天，杯口保鲜膜上仍凝结着均匀的露珠，到了晚上，置之不理的米饭最先开始发霉，长出深色的霉斑；第五天，置之不理的米饭封口保鲜膜凝结的水珠已消失，贴有辱骂语言的米饭长出了白毛；第七天，贴有赞美语言的米饭仍然洁白如初，还可以闻到米香；第十一天，被赞美的米饭杯口保鲜膜上的露珠排列整齐、大小均匀；第十六天，置之不理的米饭严重腐败，被辱骂的米饭长满白毛，杯子上凝结的水珠杂乱、细小；第三十天，被赞美的米饭变成粉红色发酵的样子，散发出米酒的味道，被辱骂的米饭彻底腐烂发臭。

3. 师：这回说说水得到了什么信息？又给出了什么回应呢？

生1：水得到了美好的信息，它就展现美丽的变化。

生2：水得到厌恶的情感，它就不高兴了，米饭也就腐败了。

生3：水没有得到信息，感觉被抛弃，心情糟透了，所以反应最强烈。

4. 师：看，万物皆有情，山水都能有所感受，更何况是人类！让我们用微笑传递幸福的能量，使人与人、人与自然更亲密！

设计意图： 学生在提高认识、启发自觉、调动积极性之后，才会将道理和规则进行内化，因此通过身边常见事物——米饭的保存实验来证实水能感知情感这一事实，学生在了解实验过程的同时，也明白了万物都能感知情感，从而在实践中通过微笑传递给他人更多的正能量。

三、练微笑

（一）巧用技巧，练习微笑

1. 师：既然微笑这么有魅力，那就让我们来练练吧！

出示“微笑训练营”及要求：放松嘴角肌肉，发“一”“七”“茄子”“七喜”“你”等音。

2. 师：发这些字的读音时，你的表情有什么变化？

生1：我的嘴角上扬了。

生2：眼睛变弯了，像月牙儿一样！

3. 师：还有哪些字或者词语也可以这样读呢？

生1：欢喜、肯德基。

生2：嗨——嘿——

生3：CHEESE（奶酪）。

4. 师：同学们很有方法呀！来，用上这些小技巧，和小伙伴们一起练习吧！

出示微笑技巧：嘴角上扬，眼睛微眯，正视对方

（学生练习）

5. 师：其实，微笑是我们人类与生俱来的本领，是一种本能。只要你心中有幸福，就能展现迷人微笑。

出示图片《胎儿、婴儿微笑图片》

设计意图：结合学生年龄特点，设计游戏类练习，学生在富有趣味的练习中发特定汉字或词语的读音，从而了解微笑表情，习得微笑动作。

（二）创设情境，考验微笑

1. 师：微笑大考验，等你来挑战！拉上小伙伴，一起来试试！

出示考验题：请你开心地呼唤对方的名字；请你生气地叫他（她）的名字；请你微笑地祝福他（她）；请你严厉地指责他（她）。

老师随机采访被呼唤的同学，分享感受。

生1：同学开心地和我打招呼，我能很自然地微笑。

生2：同学很生气地叫我，虽然我心里不愉快，但是脸上还得微笑。我觉得也没有那么不愉快了。

生3：当我听到好朋友微笑地祝福我时，我也挺高兴的。

生4：我被组长批评了，心里有些难受。不过脸上保持着微笑，我突然觉得我可以做得更好！

2. 师：微笑有魔力，见证了我们诸多喜怒哀乐，希望同学们以后不管遇到什么，都能微笑着面对一切！来，一起笑一笑！

（全体同学练习微笑）

设计意图：微笑的练习动作对于学生来说并无难度，难的是面对质疑和批评依然能淡然处之，面露微笑。独生子女的学习和生活因为有了长辈的呵护，所以一直处于顺境中，然而生活并不总是一帆风顺的，苦恼、痛苦、悲伤等不良情绪，对于学生来说也是成长必须经历的，教师应帮助、指导学生应对各种不良情绪。设置“微笑大考验”的情境，可以让学生练习用微笑应对，从而提升抗挫折能力，为以后面对类似状况提供支持和帮助。

四、晒微笑

1. 师：同学们的微笑是那样的迷人，赶紧来晒晒吧！

（生上前，向伙伴展示微笑）

2. 师：让老师拍下这最美的瞬间，记录这最有意义的时刻！

（师走到学生中间用手机拍摄学生的笑脸，回到讲台边面向全体学生拍摄微笑全家福）

设计意图： 习得了微笑的动作，经历了用微笑应对顺境和逆境，学生对微笑的认识也得以提升，现场拍摄微笑照片，让每位学生感受微笑的魅力。

五、送微笑

1. 师：刚才大家都展示了自己最甜美的微笑，你们想把这微笑送给谁？

生1：我想送给妈妈，因为妈妈非常疼爱我。

生2：我想送给同桌，因为她刚刚对我微笑了。

生3：我想送给老师，因为老师总是鼓励我。

生4：我想送给老家的爷爷，因为我很想他。

生5：我想送给我家的咪咪，它给我带来欢乐。

生6：我想送给我种的喇叭花种子，希望它能早点开花。

2. 师：父母、师长、同学、邻居，甚至宠物，这些都是我们身边的人、熟悉的物。那么对于陌生人呢？你是否也愿意与他们分享呢？

生1：我想把微笑送给食堂的阿姨，因为是她们的辛苦付出，我们每天才有可口的饭菜。

生2：我想把微笑送给保安叔叔，他每天微笑着欢迎我们走入学校，每天微笑着目送我们离校。

生3：我想把微笑送给快递师傅，他们风里来雨里去，每天工作很辛苦！

生4：我想把微笑送给消防战士，他们用生命维护国家及人民财产安全！

3. 师：同学们讲得真好！只要人人都献出甜美的微笑，人与人之间的相处会更轻松、更和谐，离文明社会也会更近一步！让我们把刚才的微笑画下来，写上祝福语，做成微笑卡，送给你的好朋友吧！

（播放背景音乐，生制作“微笑卡”）

4. 师：这堂课，我们一起学习了微笑的技巧，了解了微笑的作用，感受了微笑的魅力，让我们带着最美的微笑开启文明之旅吧！

板书：（画笑脸）

设计意图： 关心是一种以情感为核心的知情行的整合结构，设置“送微笑”这一环节旨在引导学生从原始的、自发的“关心”感情，变得更理性、更自觉，为形成出自责任的“关心”品质打下基础。学生对于微笑的认识较课前已有了进一步的提高，借助于背景音乐的渲染，在制作“微笑卡”的过程中通过笔触表达对微笑的新知。

【板书设计】

文明　从　微笑　开始

【点评】

1. 小切口　大主题

这节课的大主题是“文明”，这是一个比较抽象的范畴，选择一个适当的突破口是有难度的。祝老师能大中选小，抓住“微笑”这个微小的表情动作并将它作为本堂主题教育课的核心内容，聚焦“文明”这一主题，既提高了学生对微笑的认识，又让学生对“文明”一词有了更切身的体会，很有现实意义。

2. 趣内容　活运用

主题教育课面对的是喜爱新鲜事物的小学生，因此形式要新颖。祝老师借助于电影中的五个情绪娃娃引出微笑主题，设计了人物中找微笑、情境里说微笑、实验里了解微笑、游戏时练习微笑、创情境考验微笑、现场分享微笑、生活中送微笑以及音乐中画微笑等环节，将这一细微的表情一一延伸出来，并有序、清晰、连贯地串联在一起。

3. 重参与　乐体验

课堂教学的有效性是以学生的收获为标准去衡量的，因而教师在上课的过程中应尽可能地让学生参与进来，学生因为参与其中而自发领悟，因此自发自觉而自愿地改进。好教师应该是能调动学生的参与感，让学生参与教学过程的人。祝老师结合学生年龄特点设计了多种活动，引导学生积极参与。学生不仅习得微笑动作，感受微笑魅力，更能体验到微笑传递正能量，可以使人与人之间相处更为融洽和友善，让生活变得更加美好！

上海市宣桥学校德育主任　潘佩红

第16课　高空抛物，STOP！

设计教师：上海市浦东新区祝桥小学　　刘　飒
指导教师：上海市浦东教育发展研究院　姚瑜洁

【活动背景】

浦东，曾多次被评为“全国文明城区”，但高空抛物的不文明现象仍屡见不鲜，成为城市上空的“炸弹”。据调查本班学生90%居住在学校周边的小区内。各小区内高空抛物现象时有发生，但对于高空抛物的危害性，学生的认识还不够充分。

【活动对象】

小学五年级学生

【活动目标】

1. 知识与技能

（1）知道高空抛物是一种极不文明的行为。

（2）了解高空抛物带来的危害性。

2. 过程与方法

（1）查找高空抛物案例，操作抛物实验，领悟高空抛物这一陋习对生活的影响。

（2）学习相关法律知识，面对高空抛物，学会用法律武器保护自己的合法权益。

（3）制作“拒绝高空抛物”宣传语，抵制高空抛物的行为。

3. 情感态度与价值观

形成自觉抵制高空抛物的观念。

【活动重点】

1. 知道高空抛物是一种极不文明的行为，形成自觉抵制高空抛物的观念。
2. 了解高空抛物所带来的危害性。

【活动难点】

1. 在查找高空抛物案例、操作抛物实验的过程中，了解高空抛物所带来的危害性。
2. 面对高空抛物，学会用法律的武器保护自己的合法权益。

【活动准备】

一个苹果、“龙逗逗”图、普通报纸、250ml装满水的饮料瓶、高空抛物实验记录单、宣传卡、彩笔。

【活动过程】

一、导入：飞来横祸

1. 师：同学们，你们看刘老师手里拿的是什么？

出示实物：一只苹果。

生：苹果。

2. 师：三百多年前，有一个人被树上掉落的苹果砸中了头，他是牛顿，之后他发现了万有引力，他可真幸运！可是，还有一个人就没那么幸运了，它就是“龙逗逗”。龙逗逗是浦东新区卡通文明形象大使。前两天，它走在楼下也被一个苹果砸中了头，结果却被送到了医院进行包扎，龙逗逗气愤地呐喊：高空抛物，害惨了我！

板书：高空抛物

3. 师：龙逗逗实在想不通，难道只有我一个人遇到过高空抛物这样的糗事吗？同学们，你是否遇到或是看到过高空抛物的现象呢？

生1：我也碰到过这种情况。那天我刚走到楼下，身上就被楼上洒下的一杯茶水淋湿了，只好回去换衣服。

生2：我家的汽车停在小区里，早上起来开车的时候，发现不知道是谁从楼上扔下了玉米棒，将我家的汽车砸了一个坑。

生3：前两天，我妈妈去扔垃圾，刚走到楼下，就有一袋垃圾从天而降，还好砸在垃圾桶上，要不然就砸到我妈妈了。

4. 师：原来，有这么多的受害“人”啊！

板书：受害“人”

5. 师：龙逗逗也上网查新闻，找到了一些受害人。请几位同学帮龙逗逗读一读。

出示PPT：

1. 2019年6月13日，深圳市福田区一小区内，一名5岁男童被一扇从高空坠落的玻璃窗砸伤头部，由于伤情过重，抢救无效不幸离世。

——搜狐网

2. 2019年6月19日下午，在南京市东宝路8号时代天地广场，一名放学回家的10岁女孩被高空抛物砸中头部。

——CCTV新闻

3. 2019年8月1日，上海一名男子将水果刀、手机、平板电脑等物从父母家的14层高楼窗口丢出，停在附近的三辆轿车也因此受到不同程度的损坏，物损达人民币4000余元。11月7日，蒋某因涉嫌以危险方法危害公共安全罪被起诉至闵行区人民法院。

——新浪·上海网

（生读）

6. 师：看来，龙逗逗被苹果砸到，并不是偶然，“高空抛物”已被称为“悬在城市上空的痛”。

设计意图：“高空抛物”这一现象近年来越来越多地受到了人们的关注，通过浦东文明城区建设中卡通文明形象大使遭受飞来横祸的引入，激发了学生了解事情经过的兴趣，并以此为主线，探索解决问题的方法。再通过新闻材料的佐证，让学生深入了解高空抛物现象并不少见，且后果十分严重，从而引导学生知道高空抛物是一种极不文明的行为。

二、验证：高空抛物的危害

（一）现场抛物实验一：平地抛物

1. 师：让我们回忆一下，刚才几位同学都提到了高空抛物的现象。那么，从高空抛下过哪些东西呢？

生1：水果刀、手机、平板电脑。

生2：玻璃窗。

生3：苹果。

生4：垃圾。

生5：玉米棒。

生6：茶水。

2. 师：有些东西看起来并不大，这些小东西真的有那么大的危害吗？

板书：危害

3. 师：我们来帮龙逗逗做一个现场的抛物实验，请三名同学来协助。

出示实验规则：两名学生站立，和腰部持平悬空拉开一张普通报纸，另一名学生站立，手拿250ml装满水的饮料瓶，瓶过头顶，向下投饮料瓶。

三位学生做平地抛物实验。

4. 师：我们观察到，报纸没有被打破。请大家说说，这是什么原因？

生1：我觉得是抛物不够重。

生2：我认为测试高度不够。

生3：我想是因为报纸太结实了。

（二）现场抛物实验二：两米高抛物

1. 师：既然如此，我们再进行一次实验，依然用这个饮料瓶和报纸，看看结果会如何？

出示实验规则：两名学生站立，贴近地面悬空拉开一张普通报纸，另一名学生手拿250ml装满水的饮料瓶，站立于凳子上，水瓶过头顶，向下投饮料瓶。

三位学生做两米高抛物实验。

2. 师：大家看，这次报纸破了！同样的饮料瓶和报纸，刚才报纸没有被砸破，这次为什么被砸破了？

生1：实验的高度增加了。

生2：抛水瓶的人踩在凳子上，饮料瓶下降更快。

3. 师：很好，那你们得出什么结论？

生：高度越高，速度越快，破坏力就越大。

4. 师：看来，重物从高空抛下的破坏力很大。那么，如果掉下来的是一个烟头，或是一块嚼过的口香糖，会是什么结果呢？

生1：燃烧。

生2：恶心。

5. 师：是啊，即使是抛撒小物品，也会给我们带来很多烦恼。

板书：小物品，惹烦恼

设计意图：通过对两次砸报纸的不同结果的比较，让学生知道同一物体，高度越高，其冲击力和伤害性就越大。这个过程，有助于学生更直观、形象地了解高空抛物的危害性。

（三）高空抛物实验：15层产生的危害

1. 师：那现实中的高空抛物又会造成怎样的结果呢？龙逗逗邀请上海消防培训基地的人员，对高空抛物进行实地测试，测试楼层的高度分别是5层、10层、15层；抛物分别是西瓜、酒瓶和装水的球；被击打物是一块钢化玻璃，厚五毫米，抗冲击性是普通玻璃的5～6倍。请同学们拿出实验记录单，猜一猜这些东西能否打碎钢化玻璃？并在相应的预测栏内打勾。

出示高空抛物实验记录单：

高空抛物实验记录单

抛点	抛物					
	抛物西瓜		酒瓶		装水的球	
	预测	实际	预测	实际	预测	实际
15层						
10层						
5层						
无法打碎						

（生在预测栏打勾）

2. 师：让我们来看一段视频，并将实际观察到的结果在相应的实际栏内打勾。

观看视频：

西瓜，5楼扔下，玻璃未碎；10楼扔下，玻璃砸碎；15楼扔下，玻璃砸碎。

酒瓶，5楼扔下，玻璃砸碎；10楼扔下，玻璃砸碎；15楼扔下，玻璃砸碎。

装水的球，5楼扔下，玻璃未碎；10楼扔下，玻璃未碎；15楼扔下，玻璃砸碎。

（生在实际情况栏打勾）

3. 师：看过真实的实验，龙逗逗吃惊不已。看了预测结果和实际结果，你们有什么想法？

生1：高空抛物太危险了。

生2：实验结果让我很震惊，高空抛物不可取。

生3：一个装了水的球竟有如此大的破坏力，实在是令人难以想象，我很惊讶！

生4：看了这次实验，我觉得害怕，我希望大家都不要高空抛物。

4. 师：是啊，一个不经意的动作会给别人带来无法想象的伤害，龙逗逗搜寻了一下，一个鸡蛋从4楼扔下就能让人头顶起肿包，从25楼扔下就可让人当场死亡。

板书：高空抛，更可怕

设计意图： 通过将高空抛物的实验结果和自己的猜测进行对比，切身感受高空抛物产生的可怕后果，从而坚定抵制高空抛物的决心。

三、维权：寻找法律援助

1. 师：看着自己头上的伤，龙逗逗突然很害怕，它会害怕什么？

生1：如果当时砸在自己头上的苹果，扔的楼层再高一些——

生2：那就太可怕了，头都“开花了”。

2. 师：它决定通过法律途径保护自己，有请段律师——

板书：法律援助

播放视频：现在的高层建筑越来越多，高空抛物的事件也时有发生，这种情况应该怎么处理？

我们可以把高空抛物分为三个类型：第一类，如果是有人故意把物品从高层建筑上往下扔，并砸中路人，这时谁扔的，谁将承担侵权责任和赔偿责任；第二类，如果楼上的一个花盆或其他物品坠落，但物品的归属是可以确定的，谁家的花盆掉下来，谁将承担侵权责任和赔偿责任；第三类，如果楼上的一个花盆或其他物品坠落，但物品的归属无法确定，那么整个高层建筑中，可能坠落花盆的建筑使用人共同给予适当补偿。

3. 师：听了段律师的解说，你们知道龙逗逗可以怎么做吗？

生1：可以起诉那个人，维护自己的合法权益。

生2：如果查不到是谁扔的苹果，可以直接起诉整幢楼里的居民。

4. 师：同学们说得很全面，如果遇到高空抛物事件，我们要确定责任人，正确维权。如果是有人故意抛物，还将被量刑处理。

板书：确定责任人

设计意图： 高空抛物带来的不仅仅是危害，更有后续的“麻烦”，通过观看法律援助视频，引导学生拿起法律武器对于已产生的不良后果正确维权，强化学生的文明意识和法律意识。

四、宣传：口号微视频

1. 师：没过多久，龙逗逗头上的伤好了，可是它心里还很痛，因为经过它仔细观察，发现高空抛物的现象还时有发生，作为浦东的文明大使，它实在着急得很。我们可以帮帮它吗？

生：我们可以帮它宣传，做一张拒绝高空抛物的宣传卡。

2. 师：真是英雄所见略同！老师也想到了这个办法，这是我做的一张宣传卡。

出示老师制作的宣传卡：

3. 师：现在请你们每个小组也来试试吧，可以用彩笔美化宣传卡，并写上宣传语，也可以小组编排队形喊出你们的宣传口号。

（生美化宣传卡、写宣传语、编排宣传队形）

4. 师：现在，让我们说说自己小组编写的宣传口号吧！刘老师帮你们用照相机记录下来。

组1：高空抛物，害人害己！

组2：当您想高空抛物的时候，请注意：楼下路过的可能是您的家人和您家人的家人！

组3：拒绝高空抛物，您行动了吗？

组4：高空抛物，它的杀伤力超乎想象！

组5：天女散花，礼难收！

5. 师：说得真好！龙逗逗发现你们的宣传口号都很有新意，委托我课后把你们编写的宣传口号制作成微视频，投放到小区的大屏幕上做宣传，让更多的人加入拒绝高空抛物的队伍中去！

6. 师：同学们，只有杜绝高空抛物行为，才能让我们的生活充满阳光。龙逗逗也十分感谢同学们协助制作的微视频，希望在我们祝桥小学五（2）班同学的带动下，周围的人都能够拒绝高空抛物，争做文明市民！让我们一起说——高空抛物，STOP！

补全课题：STOP！

设计意图：让学生明白仅仅使用法律手段保护自己是不够的，通过动手实践制作宣传卡这一环节，引领学生用自己的力量去影响其他人，呼吁更多的人共同抵制高空抛物。

【板书设计】

高空抛物，STOP！

受害“人”	危害	法律援助
	小物品，惹烦恼	确定责任人
	高空抛，更可怕	

【点评】

一、主题契合社会实际，具有现实性

在当前社会经济发展和城镇化快速建设的过程中，高空抛物现象是高层居民区暴露出的一个普遍问题，由于其伤害性大，影响面广，舆论关注度高，成为社会中聚焦的热点话题之一。它显示了社会物质文明与精神文明发展的不协调，这是当前我国社会建设发展进程中的一个痛点，揭示了亟须加强法制建设和精神文明建设，提高市民社会道德观念与自律意识的急迫性。让学生了解高空抛物的危害，探讨解决的办法，反映了教育的现实性和针对性，也能引发同学的情感共鸣和价值认同。

二、形式符合学生实际，富有直观性

直观而形式丰富的教学形式，有利于吸引小学生的注意力，激发学习积极性，本课通过图片展示、动手制作、观看录像、实验操作等不同的教学形式，把难以理解的高空抛物的危害性解释得很清晰，也给学生留下了难以磨灭的印象。例如，两次砸报纸的实验，就揭示了高度越高，危害性就越大；判别西瓜、酒瓶、装水的气球能否砸破钢化玻璃的对比，让学生真切感受到高空抛物对居民的伤害有多大，很具震撼力。借助龙逗逗这一文明大使的童话形象，更具趣味性，引起学生的共鸣，学习积极性也更高了。

三、道理揭示由浅入深，颇具启示性

主题教育课的目的在于明理导行。课前，学生对于高空抛物往往停留于感性认知，知道这是不文明的现象，但对它的危害性及其对社会文明建设、法治建设产生的影响却认知不深，通过本次主题教育课，让学生深刻感受到高空抛物是必须严厉禁止和谴责的陋习，知道高空抛物对于公民人身安全具有很大威胁性，也明白了我们该如何利用法律武器来维护自身的权益，不但增强了学生自我保护的意识，且学会了自我维权的方法；为学生融入家庭生活、社会生活习到了美德，做一个知法守法的好公民。

上海市浦东新区祝桥小学副校长　倪伟平

三、孝亲敬老习惯篇

孝亲敬老是中华民族的传统美德，是每一个中华儿女应尽的义务，也是促进家庭幸福美满、保障社会和谐稳定的重要举措。

中国有句古语：“百善孝为先。”“孝”是中国传统文化最基本、最重要、影响最深远的伦理观念。在《孝经》中，“孝”被开宗明义地肯定为“德之本”和“教之所由生者”，并被儒家视为“仁之内核”。

对于中小学生来说，用正确的道德观念塑造学生美好的心灵，引导学生自觉恪守和传承中华孝道、不忘父母养育之恩、感念师长关爱之情的良好品质。弘扬中华民族传统美德，用良好家教家风涵育道德品行，为家庭谋幸福，为他人送温暖，为社会作贡献，努力提高精神境界，培育道德文明新风尚。

从另一个视角看待长辈的“碎碎念”，为父母、师长的付出点赞，从小事做起，从自己做起，成为相亲相爱的一家人，希望每个人都能将孝亲敬老化为实际行动。

第17课　奶奶的“碎碎念”

设计教师：上海市民办尚德实验学校　王晓静
指导教师：上海市民办尚德实验学校　杨　路

【活动背景】

《新时代公民道德建设实施纲要》指出：“用良好的家教家风涵育道德品行，用正确的道德观念塑造孩子美好的心灵，让孩子自觉传承中华孝道、养成尊敬长辈的良好品质。”《中小学生守则（2015年修订）》第五条规定：“孝亲尊师善待人。”尊敬祖辈、孝敬老人是我们中华民族的传统美德，是每一个中华儿女应尽的义务。

对我班学生来说，大部分家庭都是祖辈在照顾孙辈的日常起居，但对于祖辈们的关心，有的孩子却不以为然，有时还会嫌弃长辈们唠叨。此次主题教育课以奶奶的“碎碎念”这一很小的教育点为切入口，引导学生理解并关爱身边的长辈。

【活动对象】

小学二年级学生

【活动目标】

1. 知识与技能

（1）理解长辈们“唠叨”的背后有着浓浓的关爱，源于深深的孤独，又是逐渐变老的痕迹。

（2）懂得关爱老人，需要安心接受、给予回应，更要耐心包容、寻找乐趣，还要贴心陪伴、关心照顾。

2. 过程与方法

运用讨论、小组合作表演、弹幕创编送祝福等学生喜闻乐见的形式，调动学生的积极性，触及学生的心灵。

3. 情感态度价值观

懂得孝亲敬老是中华民族的传统美德，激发学生关爱身边长辈的美好情感。

【活动准备】

收集相关媒体视频资料、制作课件、准备教具、教学板贴，准备老人发套、拐杖等道具。

【活动过程】

一、奶奶的“碎碎念”是浓浓的关爱

（一）“碎碎念”引埋怨

1. 师：同学们，课前，我们对三年级全体学生进行了一个小调查，调查内容是：谁主要负责家庭的日常家务？根据小调查的统计结果，你有什么发现？

出示PPT：负责家庭日常起居小调查

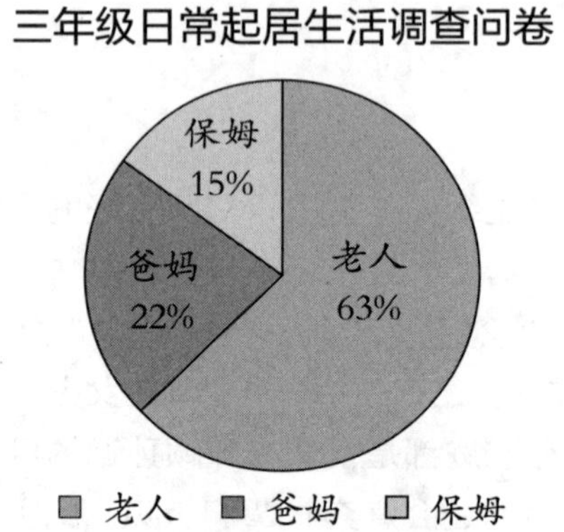

生：我发现，63%的家庭是由老人来负责日常家务的，22%的家庭是由爸爸妈妈负责的，还有15%的家庭是由保姆负责的，所以老人照顾家庭的情况最多。

3. 师：尚尚也是我们学校三年级的学生，他家就是这63%中的一分子，最近他有一些苦恼。

播放视频《尚尚的苦恼》：大家好，我是尚尚。今天，我想和你们说说我的奶奶。最近奶奶越来越唠叨，天天在我耳边“碎碎念”，管的事情也越来越多，我好苦恼啊！不信，我带你们去看看。

情景一：早上起床

奶奶：尚尚，快起床了。

尚尚：我知道了。

情景二：早餐时间

奶奶：乖孙子，快吃个鸡蛋，快喝牛奶，多吃点儿，才能长高个儿。

尚尚：我知道了。

情景三：送尚尚上学

奶奶：乖孙子啊，上课你要认真听讲，别开小差，在学校要听老师话哦！

尚尚：我知道了。

情景四：接尚尚放学

奶奶：乖孙子，今天学了什么？上课表现好吗？学校里好好吃饭了吗？有没有和同学好好相处啊？

尚尚：我知道了，我知道了，我知道了……

尚尚：你们看看，我说的没错吧，奶奶可真是个多事的奶奶啊，管的多，又唠叨，我的耳朵都快起茧子了。

4. 师：尚尚的苦恼和谁有关呢？

生：和他的奶奶有关。

板贴：小男孩和奶奶

5. 师：他的苦恼是什么呢？

生：奶奶的唠叨。

6. 师：什么是唠叨？

生：没完没了地说。

7. 师：对呀，就是没完没了的碎碎念。

播放音频《碎碎念》：碎碎念，碎碎念，念孙饭都吃不饱；碎碎念，碎碎念，念孙衣服穿得少；碎碎念，碎碎念，念孙学习不主动。

8. 师：原来尚尚的烦恼就是奶奶的“碎碎念”。

板贴：奶奶的“碎碎念”

（二）“碎碎念”是关爱

1. 师：同学们，你们的长辈在你耳边天天“碎碎念”吗？

生1：我奶奶很唠叨，不停地让我吃菜，我吃饱了她还劝我吃。

生2：我爷爷总是催我起床，让我早睡。

生3：我们家也是，奶奶总是提醒我多穿点儿，不能冷着。

2. 师：当长辈们碎碎念时，你们是怎么做的呢？

生：我觉得很烦。

3. 师：那这个时候你们是什么样的态度呢？

生1：我不想听，会捂着耳朵走开。

生2：有时候，奶奶让我做，我就偏偏不做。

4. 师：你们和尚尚一样，面对长辈们的碎碎念都很不耐烦，那长辈们为什么还说个不停呢？

生：我觉得他们是在担心我们，怕我们吃不好、穿不暖，所以不停地通过碎碎念来提醒我们。

5. 师：没错，这是担忧、提醒。

板贴：担忧　提醒

生：我觉得长辈们的碎碎念里还有期盼。盼望着我们好好学习，考上好的大学，成为优秀的人。

板贴：期盼

6. 师：你们说得太好了，长辈们的碎碎念里有着对你们生活方面的担忧，还有着对你们学习方面的期盼，就像尚尚奶奶一样，听听她是怎么说的。

播放音频《尚尚奶奶的独白》：

我孙子叫尚尚，我们希望他崇尚道德，健康成长，所以取名尚尚。他特别喜欢打冰球，一看到他把身体锻炼得结结实实的，我就特别开心。小时候啊，他经常生病，只要一生病，我就在他身边整晚整晚地照顾他，直到他恢复健康我才放心。他最喜欢吃我做的水煮肉片了，我每周都会做给他吃，只要他吃得香，身体棒棒的，我就开心了！

7. 师：听了尚尚奶奶的知心话，再看看自己身边的长辈们，是不是也和尚尚奶奶一样，把所有精力都给了我们。

播放视频《班级里长辈们的关爱瞬间》：

黄书瀚的奶奶：书瀚早点儿睡，休息好才行，晚上睡觉别蹬被子啊，听话赶紧睡啊。

奚羽昕的外婆：小羽，写作业时可不能走神啊，抓紧时间完成，外婆相信我们小羽是最棒的。

夏俊恒的爷爷陪着俊恒一起走路到学校，一边走一边说：到了学校，可要好好听讲哦，不懂就要问。

邱禹涵的外婆耐心教包饺子，一遍遍重复包饺子的程序……

8. 师：看到了与长辈们相处的点滴，你们是什么感觉？

生1：很感动。

生2：我也很感动，因为我的外婆也和尚尚的奶奶一样，天天接送我上下学，对我很关爱。

9. 师：在长辈们的“碎碎念”中，无论是担忧、提醒还是期盼，都饱含着长辈们对我们浓浓的关爱！

板贴：浓浓的关爱

（三）“碎碎念”化行动

师：我们已经理解了长辈们“碎碎念”的背后代表着一种关爱，如果再面对长辈们的碎碎念时，应该怎么做？

生1：我会认真、耐心地听长辈讲话。

生2：我们要真诚地接受他们的关爱。

板贴：乐于接受

生3：我们也要关爱他们，积极地回应他们。比如说，奶奶让我们添加一件衣服的时候，我也应该问下奶奶冷不冷。

板贴：给予回应

设计意图：通过创设情境、音频、视频等形式，引导学生联系生活实际，发现长辈碎碎念的背后有担忧、提醒和期盼，更有对晚辈们浓浓的关爱。

二、奶奶的“碎碎念”是源于深深的孤独

（一）“碎碎念”是孤独的呈现

1. 师：长辈们对家庭的关爱是无微不至的，当儿孙围绕在身边时，他们总有说不完的话，但当儿女上班、孙子（女）上学时，他们的生活又是怎样的呢？我们一起看一看。

播放视频《孤单的老人》：一位孤独的老奶奶坐在椅子上看书，但思绪却被莫名地牵引，任凭书页被微风吹拂，却一点儿没有心思进行阅读。她抬头望向窗外，听着钟表滴答的声音，用手轻轻抚触一家人温馨的照片，回想着辅导孙女写作业，回想着儿孙环绕在身旁的幸福情景，此时的她是那样的孤独，多么盼望着孩子们能够回来身边。

2. 师：看完视频，你们有什么感受？

生：我觉得奶奶很孤单。

3. 师：这是中国老人生活中最常见的一种状态，与我们印象中经常“碎碎念”的形象截然不同，这是什么原因呢？

生：因为家人们都不在身边，老人感觉很孤单。

4. 师：所以当家人回来时，他们会怎么样？

生：他们会抓紧时间聊天，围着家人不断地倾诉，又开始了“碎碎念”。

5. 师：所以我们说，长辈们的“碎碎念”不仅仅是浓浓的爱，更源于深深的孤独。

板贴：深深的孤独

（二）“碎碎念”需要贴心和陪伴

1. 师：在他们感到孤独时，我们该做些什么呢？

生1：多多交流，多些陪伴。

生2：无论有多唠叨，我都会不嫌烦，默默地聆听。

2. 师：说得真好，耐心倾听，多多交流，做到贴心陪伴。

板贴：贴心陪伴

3. 师：怎样做才是贴心陪伴？

生：陪长辈们散步、旅游、聊天，锻炼身体。

4. 师：这些行为都能让长辈们感觉到家庭的温暖，但当家人忙碌、没人陪伴时，我们该如何帮助长辈们，怎么解决这种孤独？

生：我们可以鼓励长辈们走出去，与朋友聊聊天，找找自己的兴趣爱好。

5. 师：有道理，老人有了兴趣之后，生活就不孤独了。

出示PPT：退休的爷爷奶奶们演出。

6. 师：有这样一群退休的爷爷奶奶，他们利用休息时间组建了一支古典乐队，到处巡回表演，前不久还来我们学校演出，他们的平均年龄已经超过75岁了！是什么原因让他们看起来这么年轻？

生1：因为他们心情好。

生2：因为他们有自己的兴趣爱好。

7. 师：所以我们一定要鼓励长辈们寻找兴趣，追求精神生活。

板贴：找到兴趣

设计意图： 通过观看视频，体会老人孤独的感受，理解他们盼望和家人交流的情感需求，感悟长辈们“碎碎念”还源于深深的孤独。

三、奶奶的“碎碎念”是逐渐变老的痕迹

（一）“碎碎念”是衰老的信号

1. 师：不知道尚尚现在是否能理解奶奶的“碎碎念”了呢？

播放音频《尚尚的不解》：

我知道了，奶奶是因为爱我，才那么唠叨的，也是因为家人都很忙碌，没有时间陪她聊天，她很孤独，只能在短暂的时间里不停地与我们交流，所以我能理解奶奶的“碎碎念”了，可是有时候奶奶一件事情要对我说两三遍，我还是觉得有点儿不理解。

2. 师：王老师也发现很多老人上了年纪，对于一些说过的事情会反复说几遍，有时还自言自语，这是什么原因呢？

生：是因为奶奶老了，记性差了，他们忘记了自己说过这句话。

板贴：记忆衰退

3. 师：你们家里的爷爷奶奶有没有记忆力衰退的情况，都体现在哪些方面呢？

生：丢手机、丢钥匙，重复说话。

4. 师：是啊，人一旦上了年纪，人体细胞慢慢减少，从而导致记忆力衰退，所以一件事情、一句话就会反复说几遍。这对于老人来说，更是一件痛苦的事情，但是谁也无法阻挡衰老。

播放视频《人衰老的过程》：

视频用一分钟播放人从幼儿到儿童、少年、成人及中老年逐渐衰老的过程，这是一种不可抗拒的自然规律。

5. 师：观看完视频，你们有什么感受？

生1：我觉得有点儿伤感，想想我的爷爷奶奶，他们太不容易了，我理解了长辈们有时的唠叨是因为记忆力不好了。

生2：将来有一天，我也会变成这样，所以我能理解他们的唠叨就是年纪大了，记忆力变差了。

（二）“碎碎念”需要包容和关爱

1. 师：面对长辈们因记忆力衰退而导致“碎碎念”时，我们又能做些什么呢？

生1：要耐心倾听。

生2：多多包容。

板贴：耐心包容

2. 师：有没有什么方法能够预防或者减缓他们的衰老，让身体更健康一些呢？

生1：锻炼身体。

生2：保持好的心情。

生3：我们要关心他们的健康，让他们更加长寿。

3. 师：小结板书“多关心他们的身心健康”。

板贴：关心健康

4. 师：同学们讲得好。虽然衰老是不可逆转的，但是我们可以利用科学的方法来预防或者减缓他们身体机能上的衰老，要给予他们足够的支持与陪伴、耐心与宽容，让他们感受到浓浓的关爱，在家庭的温暖中保持好的心情。只要有一个年轻的心态，就能够让他们延缓衰老，健康长寿，这是我们做晚辈的现在最需要做的。

设计意图： 在活动中，引导学生们理解衰老会导致老人的记忆力衰退，一步步寻求好的方法，做到陪伴交流、耐心包容、关心身心健康，让长辈们在家庭的温暖中保持好的心情，延年益寿。

四、“碎碎念”中送祝福

（一）“碎碎念”中见行动

1. 师：我们已经充分地理解了长辈们“碎碎念”里的含义，当再次面对长辈们的碎碎念时，你又会怎么做呢？

出示PPT：

请大家根据任务单在小组内讨论，并创设一个场景，分配角色，可以借助于道具来演一演。
要求：小组合作，分配角色；
选择生活中一个场景；
借助道具进行情境表演。

2. 师：大家讨论得热火朝天，表演得有声有色，哪一个小组愿意来展示一下。

第一组：晚餐时的温馨一刻

旁白：结束了一天的忙碌生活，一家人终于轻轻松松地围坐在一起，准备吃晚饭了。

奶奶：乖宝，吃一点儿排骨，这个好吃。

孙女：谢谢奶奶。

奶奶：再吃一点儿青菜，长身体时可不能挑食啊！

孙女：奶奶，我知道了，您别光顾着我，您都没吃多少，我去帮您盛碗汤。

奶奶：我家乖宝真懂事。

旁白：听到儿孙的关心，老人的心里比喝了蜜还甜。

第二组：幸福时刻

旁白：周六早上，天天和同学约好了去法制公园踢球。他换好球衣，兴冲冲地往外跑。

奶奶：天天，你干什么去啊？

天天：奶奶，我去踢球。

奶奶：回来回来，外面太冷了，加件外套。

天天：奶奶，打球会很热的，不用穿外套。

奶奶：那你和谁一起打球啊？去哪儿打啊？

天天：我和同学丁丁一起，就在法制公园里踢球。

奶奶：那你踢球时要小心啊，不要磕着碰着，要不你就在家里安安心心地看看电视吧！出去有什么好的呢？又不安全。

天天：奶奶放心，我肯定会注意安全的！奶奶，我先出去啦！

旁白：门砰的一声关上，只听见楼道上一串急促的脚步声……

（奶奶落寞地转身。）

旁白：突然，一阵急促的敲门声响起了！

天天：奶奶，我想了又想，您一个人在家里没事儿也无聊，要不您和我一起去法制公园吧！您可以给我当啦啦队，也可以去散散步，和人谈谈心，周末时公园里的人可多啦！再说了，多走走，对您身体也有好处！

奶奶：乖孙子，好，奶奶陪你一起。

天天：奶奶，您外套呢？您加件外套再出去，您保温杯呢？再带壶水！

奶奶：好，好，那再把布袋子也带上，一会儿回来，你再陪我去菜市场买点儿菜。

旁白：这一天，祖孙俩一起去了法制公园，明明踢球撒下一片欢声笑语，奶奶看着直乐呵，奶奶还和邻居家的奶奶约好了晚上一起跳广场舞呢！别提多开心了！

2. 师：同学们，这两组表演得好不好？我相信表演的过程表达了他们的真情实感。在生活中，当长辈们开启“碎碎念”时，同学们都能够做到耐心接受，最好能够给予回应，就像情境表演中的那样，做到好好珍惜和陪伴！

（二）创编弹幕送祝福

1. 师：尚尚，现在你能理解奶奶的碎碎念了吗？

播放音频《尚尚的领悟》：

小时候我很亲近奶奶，她总是牵着我的手给我买好吃的，拍着我的背哄我睡觉。如今我长大了，却越来越忽视奶奶，还嫌弃她唠叨，现在我明白了，应该换我来陪伴和照顾她了。

2. 师：让我们把掌声送给尚尚。同学们，你们又想对自己的爷爷奶奶说什么呢？敞开心扉，把对长辈们的祝福在弹幕上写下来吧！

弹幕1：我要祝福我的爷爷，因为他刚刚做好腰椎手术，我祝他身体健康、长命百岁。

弹幕2：我祝福我的外婆，希望她越来越年轻，越来越美丽。

弹幕3：我祝福我的爷爷奶奶，祝福他们笑口常开、幸福好运。

弹幕4：我祝愿我的外公外婆身体健康、万事如意。

弹幕5：我将祝福送给爷爷奶奶，感谢他们对我的关心。

3. 师：你们的祝福深深地打动了我，我也有一首诗歌与大家分享，让我们饱含深情，一起诵读这首写给奶奶的赞歌吧！

配乐诗朗诵《最美的声音》：

最美的声音是奶奶的“碎碎念”，

她是一场春雨，轻轻流入我的心田。

最美的声音是奶奶的“碎碎念”，

她是一阵清风，悄悄拂走我的烦恼。

最美的声音是奶奶的“碎碎念”，

她是一首歌谣，让我绽放甜甜的欢笑。

4. 师：同学们，最美的声音，不是那婉婉动听的百灵鸟啼，也不是那清脆悦耳的潺潺流水，最美的声音，是环绕在我们耳边的长辈们的“碎碎念”。就让我们在长辈们的“碎碎念”中感受幸福并健康成长，同时，希望同学们能够好好珍惜和长辈们在一起的时间，让他们在我们温暖的陪伴下安度晚年！

设计意图： 通过前面几个环节的铺垫，学生已经对长辈们平常的“碎碎念”有了一定的理解。因此，在情境表演中，再次体会奶奶的唠叨时，能够更贴心、更关心奶奶。最后的弹幕送祝福，进一步感悟与长辈们相处的点滴，感恩于心，付诸行动，做到真正意义上的孝亲敬老。

【板书设计】

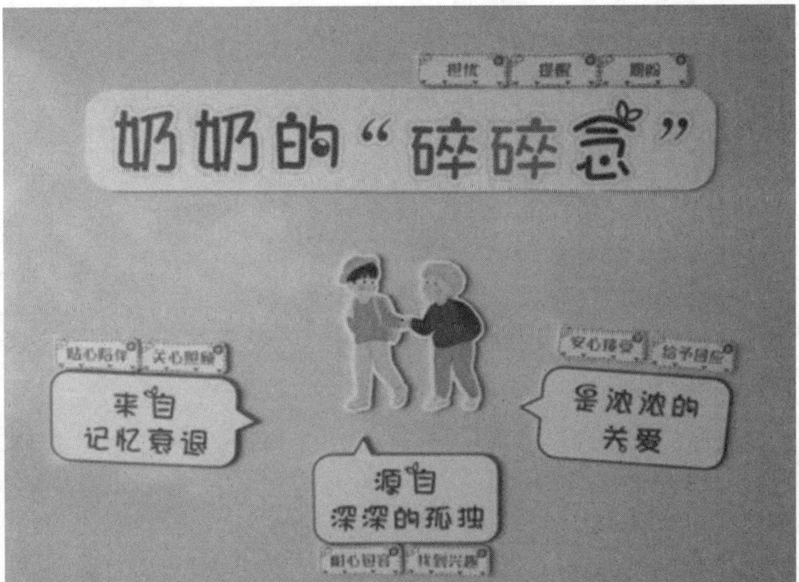

【点评】

这节主题教育课由小见大，以“奶奶的碎碎念”为切入点，引导学生孝敬关爱老人。整节课从学生的生活实际出发，将常见的、生活化十足的“唠叨”作为主线，引导学生理解长辈们“碎碎念”的背后原因，寻找应对“碎碎念”的方法并积极践行。这节课形式多样，感悟深刻，激发学生孝亲敬老的美好情感，其优点呈现为如下几个方面。

1. 课前小调查，贴近实际

课前对三年级全体学生进行家庭日常生活小调查，调查结果以数据形式展现，孩子能明晰地了解到大部分家庭都是由老人照顾日常起居，这样的真实情况给学生们带来深思。

2. 音频加视频，体会深刻

本节主题教育课通过音频和视频的综合运用，既能调动学生的兴趣，又层层递进地突出主题，带着学生沉入情境、产生共鸣，能真正地理解老人“碎碎念”背后的原因，体会长辈们的关爱。

3. 小组齐表演，触及心灵

本节课结尾，以小组为单位进行积极讨论，设想生活中与长辈相处时的情景，创设多种情境表演，使情感融入情境中，在编剧本、设计台词动作的过程中思考如何孝亲敬老，孩子们呈现出的表演也十分打动人心。

4. 弹幕送祝福，产生共鸣

弹幕创编送祝福，形式新颖，极大地调动了学生的积极性，带给学生强烈的、多方面的感官刺激，感悟深刻，使学生产生了共鸣。

上海市民办尚德实验学校副校长　杨　路

第18课　给爸爸妈妈点赞

设计教师：上海市浦东新区金桥中心小学　　宝琼华
指导教师：上海市浦东新区教育发展研究院　姚瑜洁

【活动背景】

感恩教育是小学生品德教育的重要内容。儿童教育专家郭建国教授曾说过：“感恩之心是一种美好的感情，没有一颗感恩的心，孩子们将永远不会真正懂得孝敬父母、理解帮助其他人，更不会主动地帮助别人。”而据一份“有关敬仰的人”的问卷调查显示，选择敬仰父母的人数最少，不到百分之二十。这些都是不懂得感恩的表现。希望我们的孩子要学会感恩，成为更健康、更完整的人。

三年级是学生成长的关键时期，我们三（1）班的不少孩子自我意识正在萌芽，他们与父母的沟通变得少了，反而更愿意向同伴倾诉。作为辅导员，我认为应该利用这一关键时期，对学生进行感恩父母的主题教育，唤醒他们对父母的敬仰，这样才有利于建立亲子关系，促进学生的健康成长。

【活动对象】

小学三年级学生

【活动目标】

1. 知识与技能

（1）知道孝敬父母是中华民族的传统美德。

（2）初步了解感恩和崇拜的区别。

2. 过程与方法

（1）运用哼唱歌曲的方法，体会父母在自己成长过程中所付出的爱。

（2）运用分享成长故事的形式，加深对父母的了解，学会与父母进行交流沟通，提高与父母相处的能力。

（3）通过参与游戏，学会以不同的方式向父母表达自己的爱。

3. 情感态度价值观

（1）激发对父母的感恩之情，理解和尊重父母，感激父母的养育之恩。

（2）树立责任意识和奉献精神，把感恩意识融入自己的日常生活，以实际行动报答父母，做一个孝顺的孩子。

【活动重点】

鼓励学生以多种方式，向父母表达感恩和爱。

【活动难点】

1. 了解感恩及崇拜的含义。

2. 能以不同的方式向父母表达感恩和爱。

【活动准备】

收集相关媒体资料、制作课件、设计板书、邀请学生家长。

【活动过程】

一、歌曲导入，感受父母之爱

（一）歌曲引入

1. 师：湖南卫视有个热播的综艺节目《爸爸去哪儿》，节目里的小萌娃们还吸了不少粉呢，老师也很爱看。它的主题曲传唱率也很高。现在就让我们一起把节目的主题曲来哼唱一遍吧！

播放视频《爸爸去哪儿》主题曲：

我的家里有个人很酷，三头六臂，刀枪不入。他的手掌有一点粗，牵着我学会了走路。谢谢你光顾，我的小怪物，你是我写过最美的情书，钮扣住一个家的幸福。爱着你呀风雨无阻。老爸，老爸，我们去哪里呀？有我在就天不怕地不怕。宝贝，宝贝，我是你的大树，一生陪你看日出。这是第一次，当你的老爸，我们的心情都有点复杂。你拼命发芽，我白了头发，一起写下一撇一捺。

2. 师：同学们唱得棒棒哒。相信已经唱了不少遍了吧，谁来告诉老师，你最喜欢哪句歌词吗？

生1：他的手掌有一点粗，牵着我学会了走路。

生2：你拼命发芽，我白了头发，一起写下一撇一捺。

3. 师：从刚刚几位同学分享的歌词里，大家有没有发现什么共同点呢？

生：都在讲爸爸们教会我们的本领。

4. 师：其实我们成长的每一步，学走路、学吃饭、学写字都离不开我们的爸爸妈妈。让我们一起来为我们的爸爸妈妈点个赞吧！

板书：给爸爸妈妈点赞

（二）分享交流

1. 师：同学们都说得很好，尽管这首歌的主角是爸爸，但其实在我们的成长过程中，除了爸爸妈妈，还有其他长辈的一路陪伴，那么谁能用一个词来归纳一下刚刚同学们分享的这些歌词？

生1：奉献。

生2：付出。

3. 师：父母给了我们生命，抚育我们长大成人，为我们构筑舒适温暖的家，这点点滴滴的奉献与付出，都是父母对我们的关爱。

板书：关爱

设计意图： 由《爸爸去哪儿》这首大火的歌导入，形象、生动的歌词，在活跃课堂气氛的同时引发学生讨论。让学生知道本堂课的主题和父母有关，让学生初步意识到父母对自己无私的爱，最后经由老师的小结引导出“关爱”这个关键词。

二、亲子互动，体会父母之恩

（一）学生分享

1. 师：刚刚有同学提到，很喜欢“一起写下一撇一捺”这句歌词，那么现在请你打开回忆的钥匙，想想你还记得爸爸妈妈教你写的第一个字是什么吗？能和我们一起分享这个故事吗？

生1：妈妈教我的第一个字是“人”，因为爸爸妈妈希望我做一个堂堂正正的人。

生2：是我的姓，这样我就能更好地向别人介绍自己。

生3：“大”，妈妈说我长大了，要会写字了。

2. 师：我们的父母用辛勤汗水，哺育了我们成长；他们用一笔一画，教会了我们做人。

（二）父母分享

1. 师：今天老师还请来了为我们默默付出的家长们，来听他们讲一讲关于你们的成长故事吧！

家长1：我孩子小时候体弱多病，每次孩子生病时，我整夜都睡不好，后来听说小儿推拿可以改善孩子体质，我就自学中医推拿，在家时不时地帮孩子捏手指、捏脊，学煮各种营养粥，帮她调理身体。

家长2：由于家庭原因，我和女儿独自在上海生活。我工作很忙，再加上爸爸本来就不如妈妈细腻，所以和女儿沟通时间不多，有时只能通过一张张小便条来交流。但我知道，女儿其实很有主见，也有很多的想法。爸爸现在的辛苦是为了让我们这个家在上海生活得更好，希望得到女儿的理解。

家长3：我家孩子是个小迷糊，经常会落下很多东西，但是我却从不会帮她送，孩子为此还生过气，说我不关心她。其实妈妈不是懒，妈妈是希望她能自己养成良好的学习习惯。

2. 师：从刚才大家分享的故事中，我们可以体会到，在我们的成长过程中，父母除了在生活上关心照顾我们，更在思想上教导我们。我们今天的第二个关键词就是“教导”。

板书：教导

设计意图：让学生来回忆父母教会自己的第一个字，以及听父母讲述孩子的故事，是为了让学生从两个不同的角度去感受父母对自己的关爱及教导。

（三）漫画诠释

1. 师：下面让我们来看一组漫画，从漫画中来看看自己的成长轨迹吧！

出示PPT：孩子慢慢长大，父母却在慢慢变老，孩子从襁褓时期对父母的依恋，孩童时期父母对孩子的养育，到逐渐成长却与父母产生了隔阂，厌烦父母的唠叨，长大后，老去的父母望着孩子渐行渐远的背影。

2. 师：从刚刚的漫画中，你感悟到了什么？

生：父母无私的关爱陪伴了我们成长的每一个阶段，可当我们真的长了翅膀，飞离父母身边以后，却渐渐淡化了父母的恩情，这样真是太不应该了。

3. 师：一点儿不错。从嗷嗷待哺到蹒跚学步，从玩耍学习到为人处事，我们健康成长的每一步都凝聚着父母无穷无尽的爱。可因时间的飞逝，当我们长大了，我们的父母却不再年轻。滴水之恩当涌泉相报，可父母之恩，何以为报呢？

（四）游戏体验

1. 师：看了刚才那组漫画，相信同学们也有很多的感触，接下去让我们来做几个小游戏，第一个游戏“我给爸爸妈妈穿鞋子”。

出示PPT：

“我给爸爸妈妈穿鞋子”游戏规则：

（1）每组由一名家长和一名学生参加，首先让学生认识家长的鞋子。

（2）让家长将鞋子脱下后放入圆圈内。

（3）老师将鞋子打乱，游戏开始。

（4）学生从圆圈内找出自己爸爸（妈妈）的鞋子，并帮家长穿好，先穿好的为胜利者。

（家长与学生进行游戏）

2. 师：玩了刚刚的游戏，你有什么体会？

生1：简直太不容易了，我明明是这样指挥，怎么他们还找不对呀。想想，我平时不听话时，爸爸妈妈一定很生气。

生2：原来帮别人穿鞋和自己穿鞋是完全不同的，既不顺手，还弯着腰。现在想想妈妈小时候每天帮我穿鞋的场景，妈妈太厉害了！

3. 师：我们再来做第二个游戏 “贴鼻子”。

出示PPT：

“贴鼻子”游戏规则：（1）将家长的眼睛蒙上，原地转三圈；（2）请小朋友用语言指挥家长将动物的鼻子贴到动物面部的准确位置即获成功。

（家长与学生进行游戏）

4. 师：在刚才的游戏中，你又体会到了什么呢？

生：原来做爸爸妈妈也不是那么“开心”。

设计意图：每个游戏过后，让学生分享感悟，经过角色互换，学生也意识到原来一些平时自己忽略的小事，并不是那么容易。学生在游戏中、行动中体会爸爸妈妈的“辛苦”。

（五）谈话交流

1. 师：我们的爸爸妈妈真的很伟大。现在呀，就请你用语言来表达自己的感激之情吧。

生1：爸爸妈妈，谢谢你们。你们为我付出的，我将十倍、百倍地感谢和回报你们，让你们的付出有价值。

生2：爸爸妈妈，谢谢你们用博大的胸怀和深沉的爱包容了我的一切优点与缺点，我爱你们。

生3：感谢你们生下我这个小生命，为我付出了那么多心血，你们辛苦了。多谢你们这十年来对我的抚养和培育。

2. 师：我看到不少学生的眼眶已经湿润。其实能懂得向自己的父母说声“谢谢”，就是一种感恩的表现。

板书：感恩

3. 师：用一颗感恩的心去对待父母，用一颗真诚的心与父母交流，不要再认为父母帮我们做任何事情都是理所当然的，他们把我们带到这美好的世界，还将我们养育成人，不求回报已经是非常伟大了。

三、学会感恩，为父母点赞

（一）崇拜父母表感恩

1. 师：“我的老爸是个神话，搞定老妈绝代风华”，这两句歌词，如果要用一个关键词来归纳，你会用什么呢？

生：崇拜。

2. 师：一点儿不错。那谁能来说说你眼中的“崇拜”呢？

生1：我认为崇拜就是敬仰一个人，喜欢一个人。

生2：崇拜就是以他为榜样，想成为和他一样的人。

3. 师：那么你崇拜的是谁呢？

生1：姚明，我想像他一样，打篮球，为国争光。

生2：好像还没有吧。

4. 师：刚刚两位同学都归纳到点上了，其实崇拜说简单了就是一种尊敬和佩服。那么你崇拜自己的父母吗？老师倒觉得，我们最该崇拜的人，其实是我们的父母。

设计意图：在教师的引导下，帮助学生理解感恩及崇拜的含义，告诉孩子，不需要华丽的语言，感恩就是懂得感谢，我们每个人都能做到。同时，也引导孩子去发现自己父母的能干之处，从而学会崇拜自己的爸爸妈妈。

（二）赡养父母表感恩

出示课件：就算有天你掉光牙，我也可以带你去火辣辣。

1. 师：这句歌词太酷了。我们的爸爸妈妈都有变老的那一天，等到他们白发苍苍的那一天，你想为他们做些什么呢?

生1：我要带他们环游世界。

生2：我帮爸爸妈妈去买菜，给他们做饭。

生3：等到爸爸妈妈眼睛老花了，我会为他们读书读报。

（三）点赞父母表感恩

1. 师：你们的回答都很精彩，爸爸妈妈可都记住了。不过呀，现在的我们还小，很多事儿仍然需要爸爸妈妈照顾，我们现在能做的就是要懂得感恩，听父母的话，自己的事自己做，减轻父母的负担，用不同的方式向爸爸妈妈表达爱。

2. 师：现在请同学们拿起手中的粘纸，在星星棒上为你的爸爸妈妈点上赞。（ ），然后将你们的星星棒（ ）张贴在黑板上，让爸爸妈妈更直接地感受到你们对他们的爱吧。

四、合唱歌曲，升华主题

1. 师：请将左手交给爸爸，将右手交给妈妈，让我们在“爸爸去哪儿”这首歌中，再一次回到蹒跚学步时的记忆，握紧他们的手，因为有他们，我们更勇敢。

【板书设计】

给爸爸妈妈点赞

【点评】

感恩教育是一个永远不过时的话题，感恩教育是一种以人为本，具人情化的教育，是一种以德报德的传承。现在的孩子大多数是独生子女，娇生惯养，认为父母为自己所做的一切都是理所应当的，对亲情较为麻木，不懂得去珍爱。

本课紧扣“点赞”这个主题，选择了一首脍炙人口的流行歌曲《爸爸去哪儿》为教学题材，听来给人以亲切感，唤起了学生积极参与的兴趣。

整节课以《爸爸去哪儿》的歌词为线，唤起了学生感恩父母对自己的爱心，活动环节能让学生去体验，感受亲情的温暖，触动他们的心灵，达到了预期的效果。

表现内容丰富，通过游戏活动，孩子、家长分别分享等形式，启发孩子们去发现父母身上的闪光点，体会到了他们的艰辛，懂得了自己的成长，全靠父母的悉心关怀和辛勤付出。

通过点赞、牵手、说说心里话等，使学生学会了平时要多与父母交流表达，勇于向他们表达爱意。

主题教育课特别注重情感熏陶，有一点要指出的是，如果教师能够更多地关注学生们的情感需求，挖掘更多的亲子故事，凸显煽情元素，收到的效果将更佳。

上海市浦东教育发展研究院德育教研员　姚瑜洁

第⑲课　亲亲父母心

设计教师：上海市秋萍学校　　　　　张晓怡
指导教师：上海市浦东教育发展研究院　姚瑜洁

【活动背景】

《小学德育纲要》指出，要对小学生进行“爱祖国，爱人民，爱劳动，爱科学，爱社会主义”的社会公德教育和有关的社会常识教育。苏联著名教育家苏霍姆林斯基曾经说过：只有爱妈妈，才能爱祖国。可见亲情是一切情感的基石。

三年级和四年级的学生，大都是独生子女，其中很多学生已经习惯了被人宠爱。父母的溺爱使他们习以为常，甚至麻木，凡事以自我为中心，把父母的爱看成理所当然，缺乏感恩意识。

【活动对象】

小学三年级学生

【活动时长】

2+35分钟（2分钟预备时间）

【活动目标】

1. 体会父母付出的爱，感受父母之情，懂得珍惜和感恩。

2. 知道从现在做起，从点滴做起，以实际的行动来回报父母。

【活动准备】

1. 收集素材，设计方案，制作多媒体课件。

2. 事先布置学生写一篇周记，题目为“幸福的瞬间”，要求记叙一件发生在自己和父母之间的事。

【活动过程】

一、课始谈话，融洽气氛

1. 师：老师家里，有一个和你们一样岁数的可爱的女儿，我们每天相亲相爱，只嫌时间不够。来，看看我们在一起的美好时光吧！

播放视频《我和女儿的日常点滴》：早晨，母女俩一起准备早餐，妈妈给女儿剥鸡蛋，女儿给妈妈倒牛奶；上学了，妈妈为女儿背上书包，叮嘱女儿“乖”，女儿拥抱妈妈，道“再见”。晚上，母女一起做游戏，女儿唱歌跳舞取悦妈妈，妈妈在一旁微笑观看。母女一起阅读学习，妈妈和女儿一起朗诵古诗词。

2. 师：老师和女儿相处得怎么样？亲不亲啊？

生1：肯定是亲妈亲闺女！

生2：妈妈太有爱心了，女儿太乖了！

生3：老师，能把这个视频给我妈妈看看吗？她对我太凶了，让她向你学习。

生4：老师和我的妈妈一样，我妈妈也是这样和我相处的。我和妈妈也相亲相爱。

3. 师：同学们说得太对了，每一个妈妈对儿女的爱都是一样的，只不过方式有点儿不一样。

设计意图： 用自己与女儿平时相处的视频，给学生直观的事例与画面，学生感同身受，联想起自己与父母相处的情景，自然进入“亲亲父母心”的主题。

二、创设情境，引出主题

1. 师：你们看，老师和女儿之间是那么和谐相爱，可是前几天，我和她之间却发生了一件事——

出示PPT：

2. 师：降温了，我要女儿不要穿短袖衣服，女儿却觉得不冷，说自己也不能那么娇弱，不要我多管，于是我们之间就产生了冲突，我和她谁都不让谁，吵得不可开交。你们来评评看，妈妈和女儿谁更有理呢？

生1：我认为妈妈是对的，天寒了就要加衣，女儿要理解妈妈。

生2：我觉得谁都有理，不过后来估计是女儿服软了。

生3：我觉得女儿也没错，没那么娇贵，穿太多缺乏锻炼也不好，是妈妈啰嗦了。我会说服妈妈。

3. 师：同学们的想法其实都不错，同学们和爸爸妈妈平常相处，总会有一些小小的冲突，大人有大人的理，孩子有孩子的想法，关键是我们如何正确处理。其实老师小时候和妈妈之间也有过那么一件事情。那是一次“早饭风波”，我觉得上学要迟到了，不吃早饭就想跑。妈妈却一定要我吃完早饭，宁可让我迟到，母女俩也这么僵着，后来也是我妥协，抹着泪吃完早饭。在父母眼里儿女的冷暖、饥饱，时时牵动着他们的心啊！有时，儿女都嫌父母啰唆，但是这操心操肺的啰唆，正是“父母的爱”啊！

板书：亲亲父母心 冷暖 饥饱

设计意图： 用两对母女之间看似冲突、实则隐含深深母爱的情境，从“冷暖”“饥饱”的角度引发学生对父母的爱的思考，由此展开主题。

三、学生活动，深入认识

（一）调查讨论，认识辛苦

1. 师：我们来做个小小的调查。你父母做什么工作？父母平常上下班分别是什么时候？你觉得父母的工作是辛苦还是轻松？

出示PPT：你父母做什么工作的？父母上下班的时间是几点钟？父母的工作辛苦吗？

生1：我的爸爸妈妈是养殖户，每天一早4点钟就得出门，晚上八九点回家，实在很辛苦。

生2：我的爸爸是工厂职工，平时7点多上班，下午6点下班，但工厂经常加班，我的爸爸很辛苦。

生3：我爸爸妈妈是经营杂货店的，我觉得他们一直待在店里，自然很辛苦。

2. 师：父母在外工作如此辛苦，每天回家，还要做很多家务活儿，还要照顾我们，我们来算一算，父母在家，还要为家庭付出多少时间？

板书：辛苦

出示PPT：算一算，除了工作时间，父母每一天还要为家庭做多少事，付出多少时间？

生1：妈妈下班回家，还要做饭、洗衣，还要辅导我完成作业。妈妈简直没有自己的休息时间。

生2：我家是我爸做饭，爸爸下班回家就忙碌开了，一早还得为我准备早餐，爸爸很辛苦，为家庭付出太多了。

生3：我爸我妈忙得简直没有停下来的时间，回家还得算账、整理，有时连做饭都来不及，他们没有好好休息的时间。

3. 师：如果有一个天平，一头是父母为家庭的付出，一头是你为家庭做的事，想一想，是否倾斜得太厉害了？

（二）交流周记，感悟幸福

1. 师：父母如此辛苦，但却时刻牵挂着自己的儿女，那么你有没有分担父母的艰辛？你与父母相处时，是不是考虑到了父母的心？是不是体验到了那种幸福感？拿出周记本，来讲述一下你和父母之间的“幸福的瞬间”吧。下面请文涛同学交流一下他的周记吧。

出示PPT：

父爱的瞬间

幸福也许是一句不经意的话或是一个细微的动作，也许只是一瞬间发生的事，然而很多幸福的瞬间却不被我们发现。

我还记得小时候发生的一次意外事故，但受伤的不是我。

小学一年级时，我和爸爸骑着摩托车去“兜风”。

马路上人来人往使我目不暇接。爸爸骑车的技术十分高超，他带着我在马路上平稳行动，突然，前面横向路口一辆汽车冲了出来，爸爸一个急刹车，虽然没有被汽车撞倒，但由于惯性，摩托车却“飞”了出去，当我要摔下来时，爸爸立马将我抱住。我被爸爸的身手惊住了，因为只有在电视里我才看到过这种动作。我高兴地叫了起来“爸爸真……”话没说完，我们父子俩连人带车摔在了地上。我还没来得及叫出声来，爸爸便把我一把推开。随着一声大叫，泪眼模糊了我的双眼，我看见爸爸的小腿正对着摩托车上炽热的排气管，而那根排气管原来是对着我的。

一下子，我愣住了，只有剧烈的心跳和如潮的眼泪。虽然那时我还小，但我明白爸爸推开我是为了我的安全。在高速行驶后，排气管的温度是很高的。如果没有爸爸的遮挡，排气管的高温肯定已经灼伤了我稚嫩的皮肤。我站起身来，看到爸爸小腿上一块烧焦的皮肤，我急切地问爸爸疼不疼，坚强的爸爸站了起来对我说：“没啥，孩子，以后要勇敢。”

现在，每当看到爸爸小腿上的印子，我就会想到爸爸保护我的那个瞬间，爸爸为了保护我，自己却受伤了。

是那个瞬间，让我明白了幸福的内涵：幸福就在平时的点点滴滴中，幸福有时就是一瞬间的事。与其说那是个幸福的瞬间，还不如说是父爱的伟大。

所有的爸爸都会做那个动作，但不是每个孩子都会看到。而我，幸运地成为那个看见了这一幸福瞬间的孩子。

2. 师：针对文涛的这篇周记，同学们想说些什么呢？

生1：在危险的时候，爸爸妈妈都会挺身而出的。

生2：没有危险的时候，爸爸妈妈也是时刻关心着我们，给予我们很多幸福的瞬间，只是平时我们没注意。

3. 师：想一想，在你与父母相处时，你有没有那么一些难忘的“父爱母爱的瞬间”？会让你想过分担父母的艰辛呢？

生1：我晚上做作业时，妈妈为我送来牛奶的那一刻是我最幸福的瞬间。我应该好好学习来为父母分担艰辛，别让他们太担心。

生2：下雨时妈妈迎面而来，给我撑起雨伞的那一刻是我最幸福的瞬间。

生3：我生病时，爸爸妈妈担心我的那一刻是我最幸福的时刻。我应该在平时多为爸爸妈妈做一些家务，分担他们的艰辛。

生4：我和妈妈之间经常会因为一些小事发生冲突，比如昨天晚上，我放学回家晚一点儿，妈妈就问个不停。我知道，这是她关心我。

4. 师：同学们说得都很好，我也希望我们每个同学都能够去发现父母给予我们的那一个个“幸福的瞬间”，即使有冲突，也能够理解。

（三）讨论交流，解决“冲突”

1. 师：父母给予我们那么多“幸福的瞬间”，但有时也会产生一些“小冲突”，就比如我和女儿之间的那场“穿衣风波”，刚才有的同学也说到了自己与父母的一些“小冲突”，我们应该怎么来解决这些“冲突”呢？

生1：有时我和妈妈吵架了，我不记仇，过个十分钟我就会去“讨好”妈妈。

生2：我和爸爸有矛盾时，妈妈就会把我们各打五十大板，说笑间就和好了。

生3：以前我比较任性，今天听了老师和同学们说的话，我决定以后不再任性。如果和爸爸妈妈意见产生分歧时，多想想自己有没有错。

生4：我解决冲突的方法是事后给爸爸妈妈一个拥抱！

生5：我觉得不要光想着自己，要想想爸爸妈妈的感受，才能解决“冲突”。

2. 师：同学们说得真好！解决冲突最好的方式是“将心比心”，站在父母的角度，我们就能体会到父母对儿女的拳拳之心了。站在对方的角度，体会对方的想法，这就是换位思考。如果你能换位思考了，那么解决冲突就简单了，其实有时候只要一声祝福、一句问候、一朵鲜花、一个拥抱，甚至只要一个微笑，冲突就化解了。

板书：解决冲突　将心比心　换位思考　祝福　问候　鲜花　拥抱　微笑

设计意图：本环节用三个阶段。第一阶段是调查和讨论，目的是认识父母的辛苦。第二阶段是通过课前交流同学所写的周记，让学生设身处地地体会到父母之爱，体验父母的辛苦，感悟彼此理解的幸福。第三阶段是讨论如何解决与父母之间产生的一些“冲突”，解决冲突的方式可以有多种。通过讨论，学生能站在对方的角度去理解，在换位思考中更真切地感悟父母之爱。

四、走近父母，感恩父母

1. 师：父母对我们的爱就蕴藏在平时生活的点点滴滴中，其实父母的爱就是那一顿可口的饭菜。你们觉得呢？你也来用一句话说一说父母的爱。

生1：父母的爱是一声不变的叮咛。

生2：父母的爱是一次静静的等待。

生3：父母的爱是一次无言的责打。

生4：父母的爱是一把遮风挡雨的伞。

2. 师：让我们闭上眼睛，想象一下：今天回家，你想为父母做什么？怎么做？

生1：我要给爸爸妈妈做一顿饭。

生2：我想帮爸爸捶捶背，帮妈妈压压腿。他们实在太辛苦了。

生3：今天回家吃饭后，洗碗刷锅的事我去做。

3. 师：同学们说得真好，希望回去以后从点滴做起，以实际行动来回报父母。下面，我们来欣赏一个视频，看看从中能有什么感悟？

播放视频《小男孩和苹果树的故事》：

有一个小男孩每天都喜欢来跟苹果树玩。他上树摘苹果吃，在树荫下打盹，他爱这棵苹果树，苹果树也爱他。时光飞快地过去。小男孩变成了大男孩。他不再跟苹果树玩了。

一天，男孩回到苹果树身旁，他看起来很难过。小男孩说："我不是小孩子了，我不会爬树了，我需要玩具，我需要钱买玩具。"苹果树回答他："对不起，我没有钱。不过你可以把我所有的苹果摘下来拿去卖钱。"小男孩打起精神来，他把所有的苹果摘光了，然后快乐地离去。摘了苹果后，小男孩再没有来看过苹果树，直到他长成一个大人。

一天，他又来到苹果树这里。苹果树对他说："来跟我玩一会吧。"

男人说："我没有时间玩，我要工作来养活我的家庭。我们需要一所房子安身，你能帮助我吗？"

苹果树回答说："对不起，我没有房子。不过你可以砍掉我所有的树枝拿去盖房子。"

男人打起精神来，他砍掉了所有的树枝，然后快乐地离去。看到男人快乐，苹果树也非常快乐，不过男人砍了树枝以后再也没有来看。苹果树又孤零零了，它很伤心。

一个炎热的夏日，男人回到苹果树这里。苹果树高兴极了。苹果树对他说："来跟我玩一会吧。"

男人问："我年纪一天比一天大了，我想去航海，让自己放松下来。你能给我一条船吗？"

"用我的树干去做条船吧。你就可以航行到很远的地方，你会快乐的。"

于是男人砍了树干做了条船，他真的去航海了，并且很长时间没有回来。

很多年以后，男人终于回来了。

"对不起，孩子，"苹果树说，"我没有什么可以给你的了，没有苹果给你吃。"

男人说："没关系，我牙齿都掉光了，不能咬苹果了。"

苹果树说："也没有树干给你爬。"

男人说："没关系。我太老了，爬不动树了。"

苹果树流着眼泪说："我真的没有什么可以给你，只有我快要枯死的树根。"

男人回答："我并不需要什么，只要有个地方能坐下来休息一下，经过这么多年，我太累了。"

"那好，老树根是最适合歇息的地方了，过来跟我坐一会儿吧。"苹果树高兴地说着，它的眼里含着眼泪对男人微笑着。

这个故事送给每个孩子，也包括曾经是孩子的成年人。

苹果树就像我们的父母。

当我们年幼的时候，我们喜欢跟爸爸妈妈一起玩。等我们长大后，我们就离开了父母。

生1：它告诉我们，爸爸妈妈就是一棵苹果树，他们把苹果、树枝、树干都给了自己的孩子，自己孤零零的。

生2：这个故事告诉我们，爸爸妈妈这棵大树能为我们做一切，也能给我们他们拥有的一切。

生3：苹果树就像爸爸妈妈，虽然不富有，但他们把所有的爱都倾注给了孩子，自己却渐渐地老了。

生4：看完这个故事，我一定要对爸爸妈妈好，不让他们伤心。

4. 师：是啊，苹果树就是我们的父母，他们对孩子的爱是最坚固、最柔情、最无价，也是最无私的。那么作为子女就要对他们多一分理解，尽一份孝心，感谢天下父母给了我们这苹果树一般无私的爱！让我们从这一刻开始，去关心我们的父母，去“亲亲父母心”！

设计意图： 父母的爱就蕴藏在平时的点滴生活中，让学生用一句话说说生活中最普遍的有关爱的场景，同时设想本课之后该如何对待父母，回报父母。用具体的行动进一步促进情感的升华。最后以“小男孩和苹果树”的视频故事，让学生通过交流更深切地体会到父母无私的爱，从而触发情感，学会感恩。

【板书设计】

—亲亲 父母心—

冷暖 饥饱 辛苦

解决冲突：

- 学会：将心比心
- 学会：换位思考
- 祝福 问候 鲜花 拥抱 微笑

【点评】

本课作为感恩教育的一个内容，有以下几点值得肯定。

1. 从真实事件入手，利用冲突情节，引发学生思考

教师从自己与女儿的“穿衣事件”，又回顾自己当年与妈妈之间发生的“早饭风波”，以“冷暖”“饥饱”两个关键词引发学生思考：大家似乎都有切身体会，以此思考怎么解决生活中的这些小矛盾？并自然地引出主题。

2. 从生活实际入手，调查讨论，促学生感悟

教师让学生调查了解爸爸妈妈的工作，从他们的工种、劳作的时间等方面让学生谈谈父母的辛苦不易。还让学生了解父母工作之余还要为这个家庭付出多少。教师事先布置了写周记的任务，记录与父母的那些“幸福瞬间”，在课堂上进行交流。通过这些环节的讨论，学生自然地体会到了父母为家庭付出的辛劳，加深了对父母的敬仰之情。

3. 从解决问题入手，深入交流，导学生感恩

教师又从学生与父母产生的矛盾冲突中，找到了启发学生感恩父母的契机，该如何解决这些“冲突”，让学生进行讨论，说说处理的方法，从而使学生学会与父母相处之道，亲亲父母情，常存感恩心！

上海市浦东教育发展研究院德育教研员　姚瑜洁

第20课　父母的爱=无价

设计教师：上海市浦东新区康桥小学　　朱翠萍
指导教师：上海市浦东教育发展研究院　姚瑜洁

【活动背景】

感恩是中华民族的优良传统，是一种人生态度、一种优良品德，是每个人应有的基本道德准则，感恩教育要从学生抓起。《上海市中小学生守则》中明确提出“孝父母敬师长”，旨在教育学生学会感恩。每个人都应该学会“感恩”，对于自己的父母，更应该心怀感恩之情，懂得孝敬父母，尊敬长辈。

孩子都是父母的心肝宝贝，深得父母宠爱。我任教的四年级学生中有一些孩子不懂得感恩，不会感恩，甚至认为接受父母的爱是理所当然的，衣来伸手，饭来张口，因而有必要给他们创造一个学习的机会，让他们知道为何要感恩，并学会如何感恩。

【活动对象】

小学四年级学生

【活动目标】

1. 知识与技能

（1）知道父母为孩子的成长付出了多少，而且父母的爱是无价的。

（2）学会做些力所能及的事情来感恩父母。

2. 过程与方法

（1）聆听故事，通过比较感受父母的爱是无私的。

（2）在“议一议”“算一算”“讲一讲”“写一写”等环节中感受父母之爱，明白为什么要感谢父母。

3. 情感态度价值观

（1）体会父母的爱与付出。

（2）懂得珍惜父母的爱。

（3）激发感恩之情，培养感恩之行。

【活动重点】

通过“议一议”“算一算”“讲一讲”“写一写”等环节，体会父母的爱与付出，感受到父母的爱是无私的、伟大的。

【活动难点】

将“感恩清单”上准备为父母做的事化为实际行动，以此感恩父母，报答父母的养育之恩。

【活动准备】

音频材料、媒体资料、列清单的纸、一部手机、板贴、PPT制作。

【活动过程】

一、议一议，引出话题

1. 师：同学们，最近朱老师听了一个既有趣又给人启示的故事，愿意与你们分享一下。边听边想，听了这个故事，你有什么感想？

播放故事《妈妈的账单》：

小彼得是一个商人的儿子，今年11岁。有时他要到他爸爸做生意的商店里去瞧瞧。商店里每天都有一些收款和付款的账单要经办，彼得经常被派去把这些账单送往邮局寄走。他渐渐觉得自己似乎也成了一个小商人。有一次，他突然想出了一个主意：也开一张收款账单给他的妈妈，索取他每天帮妈妈做事的报酬。

一天，妈妈发现她的餐桌旁放着一份账单，上面写着：

母亲欠儿子彼得的账单	
取回生活用品	20芬尼
把挂号件送往邮局	10芬尼
在花园帮大人干活儿	20芬尼
彼得是一个听话的好孩子	10芬尼
总计　　60芬尼	
	彼得

彼得的母亲仔细地读了一遍，然后收下了这份账单，什么话也没有说。

晚上，小彼得在他的餐桌旁找到了他想要的报酬。正当小彼得如愿以偿，要把这笔钱收进自己的口袋时，突然发现餐桌旁边还放着一份给他的账单。他把账单展开，认真地读了起来：

彼得欠母亲的账单	
彼得在母亲家里过的十年生活	0芬尼
彼得十年中的吃喝	0芬尼
妈妈在彼得生病时的护理	0芬尼
彼得有一个慈祥的母亲	0芬尼
总计　　0芬尼	
	妈妈

2. 师：孩子们，听了这个故事，再来看看这两份账单，你有什么感想吗？

（出示两份账单）

生1：我觉得彼得是个不懂事的孩子，他不应该向妈妈要报酬。

生2：我也觉得彼得不该要报酬，因为妈妈为他做的事更多。

生3：妈妈为彼得做了许许多多的事情，可是妈妈不求任何回报。

3. 师：孩子们，你们和故事中的彼得差不多大小。我想，今天就先让我们和彼得一起来算一算，父母的爱到底值多少？

板书：父母的爱=？

设计意图： 这个环节以一个故事引出要议论的话题：父母的爱到底值多少？孩子们都爱听故事，而听了同龄人的故事就更有感触了，他们很容易进入讨论的状态。结合两份清单的比较，引发学生思考，引导学生讨论，从而引出本课的话题。

二、算一算，引起思考

1. 师：孩子们，你们现在几岁？我们先来算一算，你们和父母在一起生活了多少天？

出示PPT：

算一算：你和父母在一起生活了多少天？

生1：我今年11岁，我和父母一起生活了4015天。

生2：我今年10岁，我和父母一起生活了3650天。

2. 师：是啊，四千个左右的日日夜夜啊，我们的父母就像守护神一样关心着我们，呵护着我们。让我们再来算一算。

出示PPT：

（1）父母为你做了几次饭菜？

（2）父母接送你上学走了多少路？

（3）爸爸妈妈给你洗了几件衣服？

3. 师：孩子们，你们谁会像我这样提类似的问题？

生1：父母给你扎了几次辫子？

生2：父母给你讲了几个故事？

生3：爸爸妈妈给你买了多少玩具和图书？

4. 师：你们能用具体的数字来回答这些问题吗？

生：不能。

5. 师：是啊，这些都是父母爱我们的表现。父母的爱无时不在，无处不在，他们给予我们的爱比天还高，比海还深，实在无法计算，这种爱是无法用金钱来衡量的。父母的爱是什么呢？这里有一首诗，请你们轻声读一读。

出示PPT：父母的爱

父母的爱是一顿可口的饭菜，
父母的爱是一声不变的叮咛，
父母的爱是一次静静的等候，
父母的爱是一回无声的责打，
父母的爱是一个轻而甜蜜的吻，
父母的爱是一把遮风挡雨的伞。

父母的爱是我们生命的加油站，

父母的爱是天地间最无价的爱！

6. 师：让我们满怀着对父母深深的爱，再把这首小诗深情地朗读一遍。

板贴：一顿可口的饭菜

一声不变的叮咛

一次静静的等候

一回无声的责打

一个轻而甜蜜的吻

一把遮风挡雨的伞

设计意图：本环节的设计是通过算一算“你和父母在一起生活了多少天？”“这些年来父母为你做了几次饭菜？”等问题，引导学生自己提一个关于爱的问题。在提问中，孩子们受到隐形教育，深切地体会到父母的爱是无法计算的，也是无法衡量的，并以吟诵小诗的形式升华对父母的爱，潜移默化，水到渠成，这也是一种隐形教育。

三、讲一讲，引发共鸣

1. 师：父母是我们最亲近的人，他们的养育之恩让我们终生难忘。我记得我小时候默写词语很困难，后来，每次我和爸爸手牵着手出去散步时，爸爸就摊开他的手，叫我在他的手心里写字，复习学过的生字新词。爸爸的手就像一块写字板，我在上面一笔一画地写着。后来，我再也不怕默写了。我真希望爸爸的手永远是我的写字板，我永远是这块写字板上的一支彩笔。孩子们，在你牙牙学语时，在你蹒跚走路时，在你踏进小学的大门时，父母是怎么爱你的，把你们生活中点点滴滴的故事说出来，和我们一起分享，好吗？

生1：去年，我得了水痘，全身很痒不舒服。妈妈叮嘱我不能用手指甲抠，但我总克制不住。妈妈就一直守在我身边提醒我，无微不至地照顾我……

生2：有一次，我考试没考好，妈妈虽然不高兴，但仍耐心地帮我分析……

生3：我每年过生日时，爸爸妈妈总会买蛋糕为我庆祝……

2. 师：听了你们的故事我很感动，因为你们把父母的爱牢牢地记在了心里。的确，爸爸妈妈用爱浇灌着我们，无微不至地呵护着我们的成长，关心着我们的冷暖。尽管我是老师，可在我父母的眼里，我永远是孩子。记得有一年三月份，春寒料峭，妈妈叮嘱我多穿点儿衣服再去上班，可我嫌麻烦，随便应付了几句话就出门了。外面果真有点儿冷，但我没回去。下午，伴随着阵阵雨丝，寒意更浓了。我正在懊悔没听妈妈的话时，门卫打来电话说有人找我。我一路小跑来到门卫室，一个熟悉的身影出现在我的眼前，是她——我那六十多岁的妈妈！妈妈的手里捧着我的毛衣，一脸慈祥地望着我。平时，我从没有仔细地看过她，但那瞬间我猛然地发觉，妈妈头上的银发又添了许多，额头的皱纹那么清晰……刹那间，我的喉咙像被噎住了一般，眼里含着泪花默默地接过妈妈冒雨给我送来的衣服，什么话都说不出来。现在想起妈妈对我的关心，我真想对她说：“亲爱的妈妈，谢谢您为我所做的一切。”

3. 师：孩子们，你们想不想把自己的心里话讲给自己的父母听？我这儿有一部手机，我把你们对爸爸妈妈说的话录下来，课后发微信给你们的父母，传达你们对爸爸妈妈的爱，好吗？

生1：爸爸妈妈，我爱你们！

生2：爸爸妈妈，谢谢你们给我的爱！

生3：爸爸妈妈，我总惹你们生气，谢谢你们对我的宽容！

生4：亲爱的爸爸妈妈，我是个不懂事的孩子，谢谢你们为我做的一切！

4. 师：孩子们，你们的话语感人肺腑，一声声叩击着我们在座的每个人的心扉！那么，谁能说说，父母的爱到底值多少呢？

生1：爱太多了，算不出来。

生2：父母的爱是无法计算的。

生3：父母给我们的爱不计其数。

生4：他们给我们的爱是无法用金钱来衡量的。

板书：无价

5. 师：是啊，爸爸妈妈给我们的爱确实是无价的，有一首歌叫《感恩的心》，我们跟着一起来唱一唱吧！

设计意图：回忆也是一种反思。通过引导学生打开记忆的大门，把生活中有意义的事情说出来与大家一起分享。教师用自己幼时的亲身经历来叙述自己父母对她的爱，让学生感同身受。学生可能不好意思面对面地向父母表达自己的感激之情，录音是一种很好的方式，鼓励学生勇敢地将心中想对父母说的话表达出来，最后齐唱歌曲《感恩的心》，将爱融入歌声，达到高潮。

四、写一写，引导行动

1. 师：真感人！父母的爱是说不尽、道不完的，我们应该怎样报答父母的养育之恩呢？我也是一个母亲，所以我知道，我们的父母并不是一定要我们做什么惊天动地的大事，也许一声祝福、一句问候、一朵鲜花、一个微笑、一个拥抱，或是一个好成绩就足以让他们心满意足了。

2. 师：请你闭上眼睛，伴着音乐，好好想一想：从今天起，你平时在家该怎么感谢爸爸妈妈呢？同桌交流一下，把你们准备做的事写在这张清单上。（播放音乐）

出示PPT：我准备为父母做的事

1. ______________________

2. ______________________

3. ______________________

……

（同桌交流，填写清单）

3. 师：谁来读读自己填写的清单？

生1：妈妈的生日快到了，我要为妈妈买一只大蛋糕，给她过一次生日。

生2：我每天要尽早完成作业，不拖拉，不让妈妈操心。

生3：双休日，我要烧饭菜给父母吃，让他们尝尝我的手艺。

4. 师：孩子们，我被你们发自内心的话感动了，相信你们的父母肯定也是这样的感受。“十个道德好习惯”中有一条：说了就要努力去做。这张清单由你们来保管，它将时刻督促你们要好好报答父母的爱。我们的父母给了我们生命，将我们带到人间；我们的父母用那爱心穿引的线，悄悄编织着他们的爱……这种爱是多么神圣、多么伟大啊！希望大家从现在起，面对父母无私的爱、无价的爱，能用自己的实际行动好好地回报他们。

设计意图： 由清单开始，再由清单结束。父母的爱是说不尽、道不完的，通过活动体验，鼓励学生用自己的实际行动去感恩，引导学生从认知到行动，使主题教育从课内延伸到课外。

【板书设计】

父母的爱= 无价

一顿可口的饭菜

一声不变的叮咛

一次静静的等候

一回无声的责打

一个轻而甜蜜的吻

一把遮风挡雨的伞

【点评】

朱老师通过多种形式的讲解让孩子去体验亲情，感悟亲情，学会感恩，并逐渐地从被动接受父母的爱转变成积极主动地关心父母，懂得感恩。在整个过程中以理服人，以情感人，使学生在不知不觉中受到了教育，使知、情、意、行相统一，在情理交融中明理践行。

1. 围绕主线，条理清晰。 通过“议一议”，引出话题；“算一算”，引起思考；“讲一讲”，引发共鸣；“写一写”，引导行动的课堂设计，对学生感恩父母的引导和教育自然明了，水到渠成，学生乐于接受。各个板块清晰明了，一环扣一环。

2. 形式多样，气氛活跃。 课堂上，从听故事开始就深深地吸引了孩子们的注意力，两份清单的对比鲜明生动，学生一目了然。之后的“算一算”“朗诵诗歌”“讲亲身经历的故事”“唱《感恩的心》”“罗列自己要为父母做的事”等，以活动为载体，课堂气氛活跃，听、说、唱、写俱全，学生在活动中兴趣盎然。

3. 课堂延伸，注重实效。 一节好课应该把教育延伸到课外。感恩教育不仅在这堂课上体现，课后把录音的内容发给父母听，又会引发一次爱的共鸣。另外，孩子们列的清单也不只是写写而已，按照清单认真执行具有可持续性。课上知，课外行，知行统一，累结硕果。

上海市浦东教育发展研究院德育教研员　姚瑜洁

第21课　握住他（她）的手

设计教师：上海民办福山正达外国语小学　陈金凤
指导教师：上海市浦东新区联丰小学　　　邬伟清

【活动背景】

习近平总书记在党的十九大报告中提出：“深入挖掘中华优秀传统文化蕴含的思想观念、人文精神、道德规范，结合时代要求继承创新，让中华文化展现出永久魅力和时代风采。”学会感恩，“受人滴水恩当以涌泉相报”是中华民族的优良传统，必须学习和传承。

如今孩子们的生活条件都很优越，大多被父母的疼爱和祖辈的溺爱包围了，平时以自我为中心，只知索取，不懂付出和珍惜。当今是电子产品盛行的时代，亲子间牵手相伴、促膝而谈的情景已渐行渐远，血缘的亲情和感恩的胸怀似乎随着孩子们的年龄增长而逐渐淡漠。而我身边的这群孩子，在问及他（她）的最爱时，他（她）更愿意将爱的情感投注给动画片中的偶像、追捧的明星、游戏中的虚幻……这样的现状靠传统的说教来改变似乎显得乏味而无力。因此，《握住他（她）的手》这一课就诞生了，希望这样一堂生动的人生之课，能带给学生不一样的爱的体验，让他们学会感恩、学会珍惜和关爱身边的人。

【活动对象】

小学四年级学生、家长

【活动目标】

1. 知识与技能

知晓并感恩身边所有爱自己的人，能用恰当的行为方式或语言表达，回报所爱的人。

2. 过程与方法

（1）在不同的音乐情境中，依照导引者的指令逐一划掉所爱的人的名字，并在启发中表达自己的情感。

（2）随着音乐节奏的起伏韵律，在情感的深入震撼中，真切地体会家人、朋友对自己的情感付出，并倾吐自己最深层的心里话。

（3）在《感恩的心》的乐曲中，握住家长的手，用行动和语言表达对他们的爱或歉意。

3. 情感态度与价值观

感悟拥有的珍贵，重拾曾经漠视的情感，学会对人感恩。

【活动重点】

在不同的音乐情境中，依照导引者的指令逐一划掉所爱的人的名字，并在启发中表达自己的情感。

【活动难点】

随着音乐节奏的起伏韵律，在情感的深入震撼中，真切地体会家人、朋友对自己的情感付出，并倾吐自己最深层的心里话。

【活动准备】

音乐合成、一盒火柴、五支蜡烛、餐巾纸、手持话筒、每人一张白纸、一支铅笔。

【活动过程】

一、深情导引，进入体验

播放开场音乐《天堂鸟》：悠扬轻快的排箫声此起彼伏。

1. 师：有人说，在舒缓的音乐里，在柔和的灯光下，约上好友，敞开心扉，品悟人生，是成长的一种方式。漫漫人生路，我们已走过一段，今天就让我们与伙伴相伴，一起回顾往昔，共赴前路，好吗?

生：好的。

2. 师：请暂时闭上你们的眼睛，深呼吸，轻轻的、缓缓的，放松自己。伴着悠扬的排箫声打开心门，回忆起你生命中最重要的五个人。

（生闭眼深呼吸，放松自己，开始进入体验过程）

3. 师：好，睁开眼睛，请在手中的白纸上郑重写下五个你生命中最重要的人。

（生低头，执笔在白纸上写下五个名字）

4. 师：相信你手中已不再是一张白纸了，纸上有你亲手留下的字迹，有你生命中最重要的五个人。请你目不转睛地看着她们，屏住呼吸看上一分钟，记住他们在你心中激起的涟漪，记住他们与你一起生活的点点滴滴。这支集结而起的小小队伍，就是你生命中的至爱。它们藏在你的心底，是你的最大秘密。也许在今天之前，你从来都没有认真地思考过这个问题，从来都没有珍惜过他们。

（生目不转睛地看着自己写下的五个名字，有的表情十分严肃，有的眼睛里充满好奇）

5. 师：现在，请将他们握在手中、放在心口。这五个给你生命，给你呵护，给你指引，给你关爱，给你快乐的人哪，就像这五支蜡烛带给我们的光亮、带给我们的温暖、带给我们的希望。

（师一边说，一边点燃五支蜡烛；生将纸放在心口，静静听老师指令）

6. 师：游戏做到这里，已经完成了一半，现在我们要做另一半了。如果说前面这一半还有温暖的回忆和惊喜的发现，那么请原谅，后半部分会显得比较严峻和凄冷。请做好足够的心理准备！

（师慢慢地巡视一圈，向学生点点头，或者轻拍学生的肩膀，尽可能给到学生力量）

设计意图：悠扬的排箫音乐，柔和幽暗的灯光，低缓深情的导引，轻柔有序的深呼吸，学生很快地沉浸到体验中，没有人察觉事先安排的家长们已悄然进入。在学生闭目的冥想中，让情感流淌，让思绪飞扬……这样一种独特的体验方式导入课堂，全然抓住了学生的内心世界，这便是心潮起伏前的一丝平静，主题教育课需要抑扬顿挫的活动节奏。

二、层层推进，深入体验

（一）进入内心世界第一层

播放音乐《电闪雷鸣雨滴》：一阵突如其来的电闪雷鸣声，紧接着是淅淅沥沥的下雨声。

1. 师：糟糕！你的生活中出现了一点儿意外！你生命中最重要的五个人里，有一个必须离开你，永远地消失在你生活的世界之外。当老师熄灭一支蜡烛后，请做出选择！用你手中的笔划掉他的名字！

（生作出选择，用手中的笔划掉其中一个人的名字）

2. 师：你舍去了谁？感受如何？你想起了什么？

生1：我划掉了我的同桌小凯，我很难过，我想起了平时和他一起玩的场景。

生2：我划掉了我的班主任王老师，我觉得我很对不起她，可是我没有其他办法……

（生3哽咽得说不出话来，迟迟不愿动笔）

3. 师：孩子，请你相信老师！我们一起遵守游戏规则，你一定会有收获。请拿起你的笔划掉其中一个人的名字，开始……

生3：我划掉了我的爷爷，此刻我真的好难过。但是一定要做出选择的话，我只能划掉他，因为爷爷年纪大了……

4. 师：多么懂事的孩子，相信爷爷听到了一定会理解！

设计意图：“电闪、雷鸣、雨滴”的音效如同生活中突如其来的遭遇，让沉浸在幸福体验中的孩子有些惊讶，更让他们震惊的是身为导引者的老师竟然要自己用手中的笔划掉生命中最重要的五个人中的一个。虽然有些难以置信，虽然有些微词抗议，但老师不容置疑的姿态和口吻让他（她）只能面对现实。此环节，教师已激起学生情感的涟漪，触动了他们原本并不在意的情感维系。

（二）进入内心世界第二层

播放音乐《神秘园》：有些凄迷哀婉的主旋律，由弱到强地缓缓响起……

1. 师：生活可以美满，生活可以悲伤，生活时常充满欢乐，但有时令人沮丧。此刻，四位中的一个又将离开你，永远永远地消失在你的生活世界之外。当老师熄灭第二支蜡烛时，请拿起你的笔，开始选择划掉他的名字。

（生低头、静默、轻画，用手中的笔划掉第二个人的名字。有人抽噎，有人漠然）

2. 师：你舍去了谁？感受如何？划掉后你想对他（她）说什么？

生1：我选择划掉我的弟弟。虽然平时我觉得弟弟挺讨厌的，可不知为什么，当我选择把他名字划掉的时候，我的心好疼。我真想对他说一句："亲爱的弟弟，姐姐平时对你太凶了，对不起！"……

生2：我划掉了我的外婆。平时都是她送我上学的，我没有办法想象她有一天会离开我，我真的好舍不得她。

生3：我选择划掉了我的数学老师，此刻我的心里不是滋味。平时我总是考不及格，但老师从不批评我，还给我补课。我真的不知道该怎么表达我的心情。

设计意图：《神秘园》的音乐能很好地激发学生进入"第二层"情感体验时的联想。在与学生开放式的对话中，感知他（她）与生命中最重要的人之间发生的亲密接触和情感纠葛。这一环节，情感在逐渐剥离中显现学生的内心世界，学生与他人相处的情感纽带逐步清晰明了，原本不在意，此刻却无法回避，这正是教师的教育目的所在。

（三）进入内心世界第三层

播放音乐《白月光》：音乐似乎有些揪心，但节奏比较平缓。

1. 师：眼看着剩下的三支蜡烛，眼看着剩下的三个名字，也许你已猜到了游戏的下一条指令。还想继续吗？

生：不想！真的不想继续了！

2. 师：能够理解大家此时痛苦的心情，可现实又何尝不是这样残酷？命运又何尝不是强人所难！

3. 师：还记得那一年中考结束，我发挥得很好，兴冲冲地想打电话给爷爷报喜，因为爷爷一直带我到小学毕业，他是我信赖、爱戴的亲人。可电话那头传来的却是爷爷突然病故的噩耗，更让我无法接受的是：那天已是爷爷去世的第二天了，因为他临终前再三叮嘱"大孙女中考是大事，万一撑不到那天，千万别影响她考试！"我冲回老家，我想握住好久没有握过的爷爷的那双大手，我想对爷爷说从来也没有说过的心里话，我想为爷爷讲他喜欢听的《山海经》，我想做所有没来得及做的事情啊！

4. 师：来不及，来不及埋怨命运的不公，来不及愤恨上苍的捉弄，来不及犹豫，来不及徘徊！三秒钟之内你必须做出抉择，当老师熄灭第三支蜡烛时请你划掉第三个名字，意味着你生命中的第三个重要人物的离去！否则你将失去更多！

（生不得不按照指令用手中的笔划掉第三个人的名字）

5. 师：你舍去了谁？感受如何？

生1：我舍去了我的爸爸。呜呜呜——虽然他常年在外做生意，但我真的很想他。我想对爸爸说："爸爸，我爱你！"

生2：我舍去了我的奶奶。平时她总是唠唠叨叨的，我嫌她太啰嗦。可是现在我把她划掉了，我好难过，我还没报答过她呢！

生3：我舍去了我的姐姐，我好愧疚。我实在不想舍去她……

6. 师：是呀，千挑万选都是自己的至亲至爱，这个游戏的规则实在是有些强人所难。

设计意图：《白月光》的音乐适合身为导引者的教师叙述自己亲身经历的情感故事，也利于作为体验者的学生暂时平复心情，静心聆听。这也为第三次划掉名字的动作和之后的开放对话的情感体验推波助澜，漠然的人也开始动容了。用真实的故事打动学生，让每一个学生的情感之门打开，尤其是依然封闭心门的某些学生，这种推波式的情感体验策略，正好击中学生的情感命脉！

（四）进入内心世界第四层

播放音乐《勇敢的心》：低沉、揪心的音乐似乎能感受到颤抖的心弦。

1. 师：最后的两束烛光，最后的两个人！请用朦胧的泪眼再看一下这两个名字，你将做出怎样的取舍呢？请拿起你的笔！做出你一生中最艰难的选择！

（师熄灭一支蜡烛。学生抬起朦胧的泪眼发出“不要——不要——”的央求声，但还是得拿起笔划掉第四个人的名字）

2. 师：孩子，此刻你想起了什么？

生1：我真的没法做出选择，如果一定要我舍弃的话，我只能舍弃我自己。因为剩下的亲人，都是我最爱的人，我一个都舍不得。

（师轻拍学生肩膀，点头表示理解）

生2：我划掉了我爸爸的名字，因为我真的舍不得妈妈。我想对爸爸说声“对不起”。

生3：我从来都没有想过爸爸有一天会离开我，但是我要遵守游戏规则，没有办法，我只能划掉爸爸的名字。想起他周末陪我踢球的场景，我真的好难过……

3. 师：现在，你纸上所剩的一定是你生命中最最、最最重要的人。如果……如果他（她）也离开了你，此刻你的心情——

（部分学生开始失声痛哭，部分学生开始抽泣，还有的把纸捂在胸口泣不成声。讲台上只剩一支燃着的蜡烛，它自始至终都被点亮着。老师走到学生跟前，用餐巾纸为她擦拭眼泪……）

生1：我真的不想离开妈妈，我要和妈妈永远在一起！

生2：我觉得平时妈妈对我太严厉，总是给我报很多课，我曾经抱怨过她。但是，现在我突然想对她说：“妈妈，我知道你都是为了我好，我错了，对不起！”

生3：爸爸是我最好的朋友，最亲的人。我一定要抓住一切机会好好报答他！

设计意图：当这样的游戏进行到第四次重复时，有三分之二的孩子已经情不自禁地失声痛哭了。《勇敢的心》这首音乐在此刻响起，让仅剩的几位“坚强者”的内心也开始震撼起来！从现场的氛围，从学生们的脸上和话语中分明显示出，心弦已被触动，心灵已被震撼，过去的生活阅历、未来的生命梦想已被唤醒，除了泪水，学生还有更多的情感需要倾吐和发泄！

三、感悟真情，升华体验

播放音乐《感恩的心》：充满温暖，明快舒心的音乐。

1. 师：孩子们，老师真的不忍心再把游戏做下去。来！擦干眼泪做一次深呼吸，从悲伤痛苦中回到理性的现实。刚才我们经历的只是一场游戏，一种假设，当然更重要的是真情的流露、对心灵的察觉和领悟。此时此刻，在经历了痛苦的失去之后，你想到了什么？

生1：我觉得自己平时对爷爷奶奶的态度很不好，我要改变一下自己。毕竟他们年纪大了，陪伴我的时间一天比一天少了，我要好好孝敬他们！

生2：爸爸常年在外打拼，我一直埋怨他没时间陪我。今天，我明白了，爸爸在外工作是为了给我更好的生活，我要好好对他！

生3：今天出门前还跟妈妈吵了一架，因为她没收了我的手机，不允许我玩微信。现在想想，妈妈都是为了我好，我真不应该跟她斗气，让她心情不好。放学后，我会跟她道歉的。

2. 师：孩子们，你生命中最重要的人从开始到现在，他们一直在凝望着你，守护着你。快！快去握住他的手！跟她说出你心中的话！趁他（她）还在你身边，握住他（她）的手，道出你心中的爱！

（生转头看到正在教室最后排的家长们，哭着、笑着、叫着奔了过去……）

3. 师：也许千言万语道不完你们的情深意长，也许还有些生命中最重要的人远在千里之外，那么在课后的某时某地，在人生旅途的任何时候，请抓住一切机会，和亲人、师长、伙伴、曾经给予自己帮助的人，包括你自己，做一次沟通，给一个微笑，说一声"谢谢"或几句贴心话，做一件力所能及的事。

（师一边说，一边重燃五支蜡烛，教室亮灯）

设计意图：在一阵痛哭声中，充满温暖、明快舒心的音乐《感恩的心》缓缓响起，提醒学生从游戏环节回到理性的现实，带着感恩的心写下此刻的内心独白。同时，这首音乐也和之前几首曲子形成鲜明的对比，其实这也是对体验者心灵的一种安慰，甚至是一次"疗愈"。在体验"痛失"感性活动后的反思性表达中，学生们的理性智慧得以提升，真情的流露、心灵的顿悟产生了互动和共鸣，温暖着体验场中的每一个人。学生们察觉到了拥有的珍贵，重拾了曾经漠视的情感，学会了对父母亲人感恩，对所有曾经帮助过自己的人、曾经发生过的事，心怀感恩之心。紧紧相握的是彼此的双手，紧紧相拥的是彼此的心灵。

四、结语

1. 师：亲爱的同学们，今天这段特别的心灵之旅到这里就要画上句号了，感谢大家的真情参与。心怀感恩，相信你们一定能握住生活的美好、世界的美丽，一定能永远快乐地行走在真情的阳光里！

【点评】

1. 资源的运用与氛围的营造恰到好处

本着情景诱发的策略，本次体验活动中陈老师能很好地利用声、电、光和音乐的仿真情境营造有生命冲击力的体验场，收到了一定的效果。柔和幽暗的灯光，煽情走心的音乐，摇曳闪烁的烛光，低缓深情的导引，轻轻柔柔的深呼吸，让体验者充分放松自己，很快地沉浸到体验场中，进而推波助澜，进入心灵世界，诱发生命感动。整个体验过程从语言的感染、情境的设置、学生的情绪，包括各环节的时间分配、教育的技术与艺术体现，陈老师都尽其所能地做到心中有数，游刃有余，给所有参与者一个很好的启发与互动！

2. 家长与教师的合作共促情感

所谓“前喻文化”是成年人影响未成年人的教育，“同喻文化”是同年人间的相互影响，“后喻文化”则是未成年人影响成年人的教育。在本节课中，这三种文化应该是圆融互摄的。为了不影响体验者的情绪表达，在学生不知情的情况下，本节课邀请了体验者的班主任和家长参加。原设计中只考虑了让体验者有一个倾诉的对象，促进亲子深度交往，但没有充分运用这份资源。事实上，亲子生命的相互开放和互动交往，是亲子双方人性丰满的重要方式。家长和班主任在尊重、倾听并理解孩子的基础上，与孩子感同身受，共享着生命感动，他们也是体验者。身为导引者的教师若能安排他们把这份体验的感动得以表述，并再一次去影响他们的孩子就更好了。

3. 是残酷还是进步

设计本节课时，陈老师曾经担心这样的体验对学生是否太过残忍，请家长来参加这样的主题教育课是否会冒犯他们，甚至会招致指责。然而人性是相通的，他们也在这个体验场中被打动了，有的说是自己跟着导引也参加了游戏，想到了自己生命中最重要的人，有的说是被孩子从未这样流露的真情感动了，有的说是看到孩子忽然间长大变得懂事了而流出喜悦的泪水，有的说是孩子提起的往事触动了自己的心弦，甚至有家长表示这份阔别已久的感动对她来说也是一次心灵的净化！

划掉亲人的名字、假设亲人的离去，确实让人觉得有些残忍，甚至连导引者自己都于心不忍。但正是这样的触痛震撼了孩子的心，升华了孩子的情感，让孩子在幡然醒悟中明白了拥有的可贵，对现有友情、亲情的珍惜！这哪里是说教所能替代的？对于教师的教育改革，对于学生的人生阅历，这又何尝不是一种进步呢？

4. 课堂延伸必要且重要

孩子的心灵成长是一个持续发展的过程，这节主题教育课只是感恩教育中的一部分。我们不想让教育效果一旦走出课堂就烟消云散或是日渐消逝，虽然我们坚信这样的一次体验一定震撼了孩子的心灵，并且余音绕梁。因此，抓住由此引发的细微变化，或发现问题追根溯源，或拓展活动趁热打铁，我们的感恩主题教育还要继续走下去！

上海市浦东新区联丰小学班主任　郇伟清

第22课　体谅父母　从我做起

设计教师：上海市浦东新区沪新小学　　刘东清
指导教师：上海市浦东教育发展研究院　姚瑜洁

【活动背景】

2019年10月，中共中央、国务院印发的《新时代公民道德建设实施纲要》指出，“用良好家教家风涵育道德品行”，强调“要弘扬中华民族传统家庭美德，倡导现代家庭文明观念”，“通过多种方式，引导广大家庭重言传、重身教、授知识、育品德，以身作则、耳濡目染，用正确的道德观念塑造孩子美好的心灵；自觉传承中华孝道，不忘父母养育之恩，感念长辈关爱之情，养成孝敬父母、尊敬长辈的良好品质”。

我任教的五（1）班学生，虽然他们也知道孝亲敬老是美德，但是有的学生自私任性，以自我为中心；有的已提早进入青春期，行为叛逆；有的父母长期不在身边，与父母缺少思想和情感上的交流，不体谅父母，甚至和父母产生矛盾。经常有家长向我反映此类情况，他们觉得束手无策，感到很无奈。如何解决孩子与父母之间的矛盾冲突，让学生学会体谅父母，以实际行动尊重、孝敬父母长辈，这是班主任育人工作中亟待解决的问题。

【活动对象】

小学五年级学生

【活动目标】

1. 学会换位思考，体谅父母，减少与父母之间的误会与矛盾，提高与父母沟通的能力。

2. 体会父母抚养自己付出的辛劳，了解父母的难处，以实际行动孝敬父母和尊敬长辈。

【活动准备】

教师制订活动方案，制作多媒体课件、板贴内容，学生准备情景表演。

【活动过程】

一、情景导入，猜测原因

1. 师：同学们，刘老师的朋友圈前段时间收到一则寻人启事，让我们一起来看看吧！

出示PPT《寻人启事》：上海xx区xx中学六年级学生小婷和小芳放学至今没有回家，家长与警察寻找了几个小时也没有消息，监控看到往花桥方向去了，花桥、安亭的朋友请帮忙注意一下。

2. 师：你们猜猜小婷和小芳是与父母发生了什么矛盾才会离家出走的？

生1：可能因为学习问题而离家出走。

生2：小婷要和小芳出去玩，家长不同意而离家出走。

生3：小婷和小芳嫌家长太唠叨，所以和家长发脾气而离家出走。

生4：小婷和小芳考试没考好，家长严厉地批评她们，甚至打了她们，她们一气之下离家出走。

二、联系实际，矛盾归类

1. 师：你平时在家和父母发生过哪些矛盾？发生矛盾时，你的心情如何？

生1：有一次，爸爸回来心情不好，我有道题问他，他很不耐烦，我们就发生了矛盾。

生2：有一次我考了99分，爸爸却批评我没有考到100分，我很生气，也很委屈。

生3：有一次风把花瓶吹倒，花瓶碎了，妈妈回来却说是我打碎的，我很委屈。

生4：小明在班里学习成绩暂时落后，但他为人热情大方，我要和他一起玩，妈妈却说他成绩不好，不让我和他玩，我很不理解。

2. 师：看来同学们所遇到的矛盾基本集中在学习、生活和人际交往等方面。

板贴：学习中　生活中　人际交往中

设计意图：引发学生对生活的思考，坚持对学生思想的引领，是德育人的神圣使命。教育家陶行知主张：教育要与生活联系起来。源于生活的教育才能“接地气”，来自生活的教育才能走进学生的心灵。让学生回忆在学习、生活、人际交往等方面与家长发生的误会和矛盾，让这些真实的事触动孩子，让孩子有感而发，有话可说。

三、换位思考，解决矛盾

1. 师：小婷和小芳走失后，父母焦急万分，四处寻找。晚上，小婷的妈妈在小婷的写字台抽屉里发现了一封信，原来是小婷留下的。

出示PPT《苦恼的女儿》：不知从什么时候开始，我突然觉得自己家的空间变小了，难道我的个子长高了，才感到家里的天花板给了我一种压抑感？我说不清为什么？反正我觉得自己越来越像一只被关在笼子里的小鸟，毫无自由。父母与我朝夕相处，却根本不懂我的心。他们对我总是斥责多于鼓励，要求多于倾听。现在我和父母之间要么互不搭理，要么就激烈争吵，我该怎么办呢？

2. 师：小婷感到委屈，为什么父母不理解她呢？小婷的妈妈看到这封信后，也是一肚子委屈，她也有话要说。我们来听听小婷妈妈的心声吧！

播放音频《伤心的父母》：女儿是在我们无微不至的呵护中长大的，可她进入五年级后，与我们的交谈渐渐少了。平日里，我们叫她往东，她偏要往西。我们认为好的，她都嗤之以鼻；我们认为不好的，她反倒津津乐道。原来那个依偎在我们身边的女儿到哪里去了？难道这就是我们付出无数心血换来的结果吗？

3. 师：同学们，这两段内容是小婷与父母各自的内心独白，你们觉得他们之间为什么会产生矛盾？

生：他们没有站在对方的角度思考，都想到了自己。

4. 师：你觉得怎么才能减少他们之间的矛盾？

生：要站在对方的立场看问题，女儿要理解父母，父母也要理解女儿。

5. 师：站在对方的立场、角度看问题，这就叫——

生：换位思考。

板贴：换位思考　体谅父母

设计意图：激发学生的交流热情，让学生将“小婷和父母之间的矛盾”联系到“自己和父母之间的矛盾”，引发深入思考。让学生帮助小婷想一想如何解决矛盾，进而想到自己，层层递进，通过一个循环形成一个内化提升的过程。

四、情景表演，学会体谅

1. 师：同学们提到了换位思考，不如让我们实践一回吧！来，一起想一想，写一写。

出示PPT《写一写、想一想》：

（1）写一写：父母一天要为家庭做哪些事？算一算他们要付出多少时间？

（2）想一想：父母也有自己的难处，你有没有分担他们的艰辛？

生：妈妈每天早上起来做早饭、洗衣、拖地、买菜、做晚饭、洗碗等要花3个多小时，很辛苦，我有时会帮她洗洗碗，减轻她的负担。

2. 师：在家里，碰到以下情况，你认为该如何体谅父母和长辈？可以和同学一起合作演一演。

出示PPT《我会怎么做》：（1）奶奶生病躺在病床上；（2）爸爸在单位里遇到麻烦事，回到家闷闷不乐；（3）做作业时，爷爷边为我添衣边唠叨；（4）我不想做作业要出去玩，妈妈拉住了我。

3. 学生表演并交流。

生1：我会好好照顾奶奶，帮她倒水喝，陪她说说话什么的。

生2：我会好好安慰爸爸，让他不要烦心。

生3：我会好好跟爷爷说，尽量让他不要在我写作业的时候唠叨。

生4：我会耐心跟妈妈沟通，跟妈妈定下一个约定。

4. 师：学会体谅父母，解决矛盾，能更好地在家庭中和谐相处，也是以实际行动报答父母的养育之恩、孝敬父母长辈的表现。在家庭生活中，我们体谅父母，除了换位思考，还能用什么方法？

生1：我们可以等家长气消了后再与他们交流，避免正面冲突。

生2：等父母脾气过了以后再安慰他们。

生3：帮父母做些力所能及的事减轻他们的负担。

5. 师：你们说得都很有道理！给你们点赞！让我们来听听专家老师有什么好建议。

出示PPT《专家支招》：（1）有委屈先不争辩、换时间、地点再沟通 。（2）及时体察父母的心情。（3）凡事想着父母。（4）协助父母解决遇到的问题。

6. 师：同学们，这也是体谅父母的具体做法。再回到你们这堂课开始时讲到的矛盾，根据专家的建议，结合事例具体来说说你现在学会用什么办法去体谅父母、解决矛盾？

生1：当妈妈心情不好时，我等她气消了，再和她一起探讨学习上的难题，这样效果会更好。

生2：妈妈不让我和成绩比较差的同学玩，我先不和她争辩，后来找了一个适当的时间向妈妈说明理由，最后妈妈同意了。

生3：爸爸回来脸色阴沉，我换位思考，爸爸上班劳累了一天，也许被上司批评了，我就不打扰他，乖乖地去完成作业了。

设计意图： 德育的首要任务是对学生的“德行”培养，课中，我设计了情景表演，使学生在演绎中“体验、习得、提高”，引导学生在体验中自觉养成孝敬父母、尊敬长辈的良好品质。在学生自己悟出换位思考的方法后，教会学生一些体谅父母的小妙招，理论与实践相辅相成。以“矛盾—调解—提炼—自省”的方式让学生学会体谅父母，尽孝道。从最初的矛盾导入开始，学生始终在体谅父母这个话题中感悟和体验，直至最后掌握体谅父母的方法，解决了与父母之间发生的矛盾。上课开始学生自己提出矛盾，在结束之前运用本堂课学到的方法来解决，学以致用。

五、音乐启迪，以情育人

1. 师：大家关心的小婷和小芳最后有没有被找到呢？她俩又是为何事而离家出走的呢？请看PPT。

出示PPT《离家出走之后》：经过父母及警方的积极寻找，于次日凌晨在嘉定区安亭镇将小婷和小芳找回，避免了事态进一步发展。原来小婷在家中因为饲养宠物和学习成绩不好与家长发生矛盾，赌气和小芳结伴离家出走。她们回来后也意识到自己的错误，表示今后要学会换位思考，不意气用事，多理解和体谅家长的一份苦心，以实际行动孝敬父母和尊敬长辈。

2. 师：是啊！小婷和小芳终于安全回家了，我为有这样一个完美的结局而感到由衷的高兴，更为大家能体谅父母的方法，学会了解决与父母之间的矛盾的方法感到高兴。同学们，孝敬父母和长辈不是仅仅停留在口头上，还要以实际行动去做到。想一想，我们还可以为他们做些什么呢？

生1：切点水果，倒杯茶，和父母聊聊天，协助父母解决遇到的问题。

生2：给父母说说笑话，陪他们下下棋，让他们放松心情。

生3：在节日里，亲手做一张贺卡，写上祝福语，表达对父母的感谢。

3. 师：这首《常回家看看》说出了大家的心声，让我们一起跟着旋律哼唱，一会儿告诉老师，哪句歌词打动了你？

出示PPT《常回家看看》：找点空闲，找点时间，带上笑容，带上祝福，妈妈准备了一些唠叨，爸爸张罗了一桌好饭，生活的烦恼跟妈妈说说，工作的事情向爸爸谈谈，常回家看看回家看看，哪怕给爸爸捶捶后背揉揉肩。

生1：我喜欢那句“妈妈准备了一些唠叨”，这句话让我感觉很亲切，妈妈的唠叨里全都是爱。

生2：我喜欢那句“爸爸张罗了一桌好饭”，因为我是一个吃货嘛，父爱如山，爸爸虽然嘴上不说什么，但是他是用行动来表达爱的呀！

生3：我喜欢那句“哪怕给爸爸捶捶后背揉揉肩”，父母养大我们不容易，我们要好好孝敬父母。

4. 师：孝敬父母、尊敬长辈是中华民族的传统美德。父母在我们幼小的时候，用双手呵护我们成长。当他们老了，我们也要搀扶他们，多体谅他们。希望大家把这种美德继续传承下去，体谅父母，从我做起。

板贴：孝亲敬老　双手图片　体谅父母　从我做起

设计意图：本节课，通过小婷和小芳这两个真实的人物，设计了一条明线——朋友圈寻人启事中的小婷和父母之间的矛盾，还有一条暗线——学生和父母之间的矛盾。整节课紧紧围绕这两条线交替展开，贯穿课堂始末。学生通过了解小婷和父母间的矛盾，在帮小婷解决矛盾中学会了换位思考和体谅父母。学生齐唱《常回家看看》，通过歌词与学生共同感悟，以情育人。在歌声的环绕下，达到“此时无声胜有声”的情感熏陶。

【板书设计】

体谅父母　从我做起

设计意图：教学环节中每一步需要提炼关键词并进行板贴，“孝亲敬老”主题采用红色卡纸剪成爱心形状，让学生明白通过孝亲敬老，家庭才会有爱，爱才会永驻我家。贴了两只手的图片，一只手表示父母在孩子幼小的时候，用双手将他们呵护。另一只手表示当父母老了，孩子也要搀扶他们，多体谅他们，尽孝道，寓意深刻。最后出示课题“体谅父母　从我做起”，直击主题，这样的板书给学生留下深刻的印象。

【点评】

1. 目标定位明确

刘老师本节课的主题活动目标非常清楚——“体谅父母，从我做起”。教育目标定位于通过这节课能够让学生学会换位思考、体谅父母，学会解决同父母之间的误会与矛盾，提高与父母沟通的能力。

2. 设计层次清晰

上课伊始，刘老师采用情景导入的方式，通过一则寻人启事引起大家关注，共同猜测其中的缘由。这则寻人启事立刻吸引了大家的注意，也让学生直面问题。后面开始联系实际，提醒学生知晓：人与人相处难免产生矛盾。刘老师循序渐进引导学生进一步思考：究竟为什么会产生矛盾？紧接着出示小婷的案例，她的烦恼和父母的伤心。从小婷与父母之间的矛盾联系到学生自己与父母的矛盾。最后，刘老师引导学生通过换位思考的方式体谅对方的苦心。

3. 活动形式多样

刘老师的活动设计紧密贴近学生的实际生活。通过情境表演、小组交流、吟唱歌曲等，使学生在演绎中“体验、习得、提高”，引导学生在体验中自觉养成孝敬父母、尊敬长辈的良好品质。刘老师还不忘设计专家支招环节，以“矛盾—调解—提炼—自省”的方式让学生学会体谅父母，尽孝道。从最初的矛盾导入开始，学生始终围绕着“体谅父母”这个话题进行感悟和体验，直至最后掌握体谅父母的具体方法。

4. 主线紧密串联

整节课有两条线一直贯穿始终，一条是明线——朋友圈的寻人启事，一条是暗线——学生和父母之间的矛盾。整堂课紧紧围绕这两条线交替展开，贯穿课堂始末。学生通过了解小婷和父母之间的矛盾，在帮小婷解决矛盾中学会了换位思考，体谅父母。最后一个环节的《常回家看看》是点睛之笔，刘老师希望通过分享这首歌与学生共同感悟，以情育人。整个设计紧紧围绕着孝亲敬老这个主题，运用各种德育途径让学生理解与父母之间有矛盾该如何解决，学会具体的解决方法。相信走下课堂以后，孩子们一定可以做到“体谅父母，从我做起”。

上海市三灶学校德育干事　富士英

第23课　相亲相爱

设计教师：上海市南汇实验学校　　　　魏远玲
指导老师：上海市浦东教育发展研究院　姚瑜洁

【活动背景】

孝敬父母是中华民族的传统美德，它不仅是善良的表现，更是为人子女的责任。关注生命个体，让学生学会理解和尊重父母也是初中阶段生命教育的重点内容。对于今天的广大学子来说，感恩意识不只是“回报之恩”，更是一种责任意识、自立意识和健全人格的体现。

作为班主任，我在平日工作中发现：初中一年级的学生进入了青春期，逆反情绪日益明显，一些学生与父母的关系不容乐观。家长们抱怨孩子不听话，管起来力不从心。而孩子则吐槽家长过于啰嗦，全面掌控他们的学习生活，使他们几乎没有了自由，不少学生不愿意与家长沟通，甚至还用尖刻的语言顶撞家长，进而引发家庭矛盾。因此，我觉得对学生进行一场感恩教育刻不容缓。

【活动对象】

初中一年级学生

【活动目标】

1. 知识与技能

知道孝敬父母是中华民族的传统美德，明白“理解和尊重父母”是自己应尽的责任和义务。

2. 过程与方法

（1）观看视频，倾听家长的心声，感受父母之爱的无私、伟大。

（2）完成调查问卷，实际感知自己对家长的理解和关心程度，引发自我反思。

（3）听美文诵读，理解父母的良苦用心，用正确的态度理解父母严厉的爱。

3. 情感态度价值观

理解父母，关心父母，孝敬父母，以实际行动去报答父母。

【活动重点】

1. 知道孝敬父母是中华民族的传统美德，明白“理解和尊重父母”是自己应尽的责任与义务。

2. 感受父母之爱的无私、伟大，理解父母打孩子的良苦用心，用正确的态度理解父母严厉的爱，以实际行动去报答父母。

【活动难点】

理解父母教育孩子的良苦用心，用正确的态度对待父母严厉的爱，以实际行动去报答父母。

【活动准备】

制订活动方案，设计调查问卷并完成统计，邀请家长发言，准备感恩树干、叶片，收集班级学生照片，制作视频《相亲相爱》，制作课件，录制音频。

【活动过程】

一、节日导入，唤起亲情

1. 师：三八国际妇女节刚过，我想知道大家在这一天为妈妈做了什么？

生1：我陪妈妈逛街。

生2：我用零花钱给妈妈买了几支康乃馨。

2. 师：听了大家的回答，老师真高兴，在这个特殊的节日里，你们大多为妈妈献上了力所能及的爱。然而我觉得爱的表达不仅仅在于某些特别的日子，更在于平时的点点滴滴之中。让我们一起走进我们的家，一起回顾与父母相亲相爱的生活片段吧！

板书：相亲相爱

设计意图： 用刚刚过去的节日创设情境，作为课堂活动的引子，具有时效性，很容易调动学生的积极性，带动大家快速进入主题情境，为活动奠定情感基础。

二、创设情境，走进亲情

（一）欣赏照片，忆亲情

1. 师：首先，让我们一起来欣赏老师自制的视频《相亲相爱》，这里面有我们每位同学和家长的亲情照片，请大家边欣赏，边回顾照片背后的故事。

播放视频《相亲相爱》：其中有家长搀扶孩子走路的照片，幼儿园举办亲子活动时的合照，孩子幼儿园毕业典礼时亲子的合照，孩子参加比赛获奖时亲子合影留念，旅游时亲子合影，孩子生日时的全家福，家长到学校做志愿者时与孩子的合影……

生1：照片中是我十岁生日时拍的全家福，记得那次生日过得特别隆重，爸爸妈妈特意邀请了家里的所有长辈，还有我的好朋友来为我庆祝，到今天我还记忆犹新。

生2：照片中是我和爸爸妈妈在长风公园里拍的，那是我幼儿园大班最后一次亲子游，爸爸妈妈特意请假一起带我去的，那天我特别开心。

2. 师：看着一张张幸福温暖的笑脸，一幅幅相亲相爱的画面，听着照片背后一个个充满温情的故事，相信大家一定感受到了成长过程中父母对我们的付出。

（二）解读数据，诉心情

1. 师：孝敬父母是中华民族的优良传统。然而在生活中，父母的付出却往往被我们视为理所应当，甚至被我们一次次误解。其实，我们平日对父母的理解关心又有多少呢？下面我们一起来看看大家昨天做的调查问卷的情况，说说你的感受。

出示PPT：《问卷情况统计》

1. 节日时，你送父母礼物吗？（　　）

A. 每次都送18%　　B. 送过但不经常73%　　C. 从未送过9%

2. 你与父母沟通吗？说明理由。（　　）

A. 经常沟通23%　　B. 偶尔沟通62%　　C. 几乎不沟通15%

3. 你知道父母的工作及收入情况吗？（　　）

A. 清楚知道10%　　B. 知道一点儿65%　　C. 完全不知道25%

4. 放学回家，你主动帮助父母做家务吗？（　　）

A. 经常做12%　　B. 有时做42%　　C. 一般不做28%　　D. 从不做18%

5. 当父母问起你在学校的情况时，你是否觉得烦？（　　）

A. 是25%　　B. 否30%　　C. 根据自己心情45%

6. 当父母打你骂你或教育方法不得当时，你恨他们吗？（　　）

A. 恨15%　　B. 不恨，很快忘记60%　　C.理解并包容他们25%

生1：我觉得自己对父母的关心太少了，只想着自己要什么，却没想过他们工作是否辛苦，收入多少，心情好不好。

生2：我虽然偶尔会在节日时送父母礼物，却很少与父母沟通，更不会主动做家务。

2. 师：通过以上数据和大家的发言不难发现，我们对家长的关心理解并不多。而家长对我们究竟付出了多少呢？金钱方面的付出，我们曾计算过，少则几万，多则高达百万。当然，我们也知道父母对我们的付出不仅仅是这些，还有很多很多……

（三）聆听心声，表真情

1. 师：今天，我们有幸请来了谭妈妈，请她来分享陪伴孩子成长过程中一路走来的艰辛与欢乐。掌声有请谭妈妈。

出示PPT：倾听家长的心声

2. 谭妈妈深情讲述：孩子第一次叫“爸爸”“妈妈”、第一次独立走路、吃饭的情景至今都还历历在目，每当想起这些，我的心情都久久难以平静；孩子小的时候，我们家里条件差，为了给孩子多赚点儿奶粉钱，我每天乘大概两小时公交来回，不管多苦多累的工作都抢着做，只要可以加班赚钱，不管多晚我都主动申请；六年级时，孩子第一次要离开家去军训，收拾行囊时有些东西我总是放进去又拿出来，然后再放进去，怕她累着又怕她饿着，担心她白天晒着，又怕晚上睡觉蹬被子着凉，我连续两个晚上彻夜难眠，直到孩子安然无恙地回来，我才安心。

3. 师：谭妈妈的心路历程，让你们有何感触？说说你的真实心境吧！

生1：谭妈妈太不容易了，为了孩子承受了太多痛苦，不仅是身体方面，还包括心理方面，我的爸爸妈妈也一定为我付出了很多。

生2：原来爸爸妈妈的心一直被我们牵动着，我们就是他们的小太阳啊！

生3：谭妈妈好伟大，您把晴空留给孩子，把阴霾风雨都留给了自己，向您致敬！

4. 师：看着谭同学情不自禁地紧紧拥抱妈妈，听着她深情地呼唤妈妈，望着你们这一双双哭红的眼睛，老师相信大家都被谭妈妈的爱深深地感动了，相信大家此时也深刻体会到了看似平凡的母爱背后，原来有着那么多令人心酸而感动的故事。可怜天下父母心！

设计意图： 用真实的数据反映孩子平日对家长的理解和关心少，与家长对孩子的付出多形成对比，引发学生自我反思。请家长走进课堂，通过家长的讲述。引发每一位孩子对亲子间相处的点滴往事的回忆，切实感受家长无私的付出，产生情感的共鸣。

三、回味往事，感悟亲情

1. 师：谭妈妈的一番肺腑之言深深地触动了我们的内心。接下来，也请同学们闭上双眼，静静地回顾父母给予我们点点滴滴的爱，体会他们爱的无私、伟大。也许爱的方式不尽相同，但我相信只要采撷起每一朵爱的浪花，定能汇成波涛汹涌的大海。

播放背景音乐：《春江花月夜》。

2. 师：孩子们，请你们睁开双眼，让我们一起来分享心中的感动，奏响家长对我们爱的乐章吧！大家可以述说最难忘的事，也可以用一些照片记录自己和父母不同时期的对照，说说感受。

出示PPT：分享感动。

生1：这是我3岁时候的照片，那时我体弱多病，身材瘦小，妈妈30岁，年轻漂亮；这是我12岁时候的照片，我高大健壮，妈妈的脸上却少了光泽，眼角多了皱纹，头顶和鬓角添了银丝。这些年，妈妈为我操了很多心。在这里，我要感谢妈妈对我无私的付出。

生2：我的爸爸是一名公交车司机，他的腰不是很好，但他仍然很努力地工作，我假期时他还想方设法调休开车带我们出去玩儿，爸爸真是太不容易了！

3. 师：无论是大家深情的讲述，还是个别同学哽咽着说不出话，都表明了此时你们已经充分感悟到了父母的无私付出。

设计意图： 孩子通过对亲情往事的回顾与交流，从生活中最细微的发现中进一步感悟父母的付出，深入沉淀感恩之情。此环节充满爱的温情，为后面活动环节理解父母的严爱作好情感铺垫。这样的情感预热，更能增加学生对理解父母、感恩父母的一种思辨能力，为回报父母的感恩之行环节奠定情感基础。

四、反思自我，再悟亲情

1. 师：父母对我们百般呵护，无微不至，他们给了我们最无私的爱、最慷慨的情和最深切的期待。为了让我们成材，他们有时严厉，甚至打骂我们，可你们了解他们背后的伤痛吗？请大家倾听一位母亲配乐朗读的文章。

出示PPT：美文片段《孩子，我为什么打你》

有一天与朋友聊天，我说，就是在“文化大革命”中当红卫兵，我也没打过人。我还说，我这一辈子，从没打过人……你突然插嘴说：妈妈，你经常打一个人，那就是我……

那一瞬屋里很静很静。那一天我继续同客人谈了很多的话，但所有的话都心不在焉。孩子，你那固执的一问……面对你纯真无瑕的眼睛，我要承认：在这个世界上，我只打过一个人，不是偶然，而是经常，不是轻描淡写，而是刻骨铭心。这个人就是你。

在你最小最小的时候，我不曾打你。你那么幼嫩，我生怕任何一点儿轻微的碰撞，将你稚弱的生命擦伤。我为你无日无夜地操劳，无怨无悔。面对你熟睡中像合欢一样静谧的额头，我向上苍发誓：我要尽一个母亲所有的力量保护你，直到我从这颗星球上离开的那一天。

……

第一次打你的起因，已经记不清了。人们对于痛苦的记忆，总是趋向于忘记。总而言之，那时你已渐渐懂事……在所有的苦口婆心都宣告失效，在所有的夸奖、批评、恐吓以及奖赏都无以建树之后，我被迫拿出最后一件武器——这就是殴打。

……

我知道打人犯法，但这个世界给了为人父母者一项特殊的赦免——打是爱。世人将这一份特权赋予母亲，当我行使它的时候臂系千钧。

我谨慎地使用殴打，犹如一个穷人使用他最后的金钱。每当打你的时候，我的心都在轻轻颤抖。我一次又一次问自己：是不是到了非打不可的时候？不打他我还有没有其他的办法？只有当所有的努力都归于失败，孩子，我才会举起我的手……每一次打过你之后，我都要深深地自责。假如惩罚我自身可以使你吸取教训，孩子，我宁愿自罚，哪怕它将苛烈10倍。但我知道，责罚不可以替代，也无法转让，它如同饥馑中的食品，只有你自己嚼碎了咽下去，才会成为你生命体验中的一部分。这道理可能有些深奥，也许要到你也为人父母时，才会理解。

……

我几乎毫不犹豫地认为：每打你一次，我感到的痛楚都要比你更为久远而悠长，因为重要的不是身累，而是心累……

孩子，听了你的话，我终于决定不再打你了。因为你已经长大，因为你已经懂了很多的道理。毫不懂道理的婴孩和已经很懂道理的成人，我以为都不必打，因为打是没有用的。唯有对半懂不懂、自以为懂其实不甚懂道理的孩童，才可以打，以助他们快快长大。孩子，打与不打都是爱，你可懂得？

2. 师：有人说打孩子是对孩子的爱，也有人说打孩子是对孩子的伤害，听了音频，来交流一下你内心的想法。

生1：我觉得毕淑敏的做法是爱孩子的表现，是为了帮助孩子成长，让孩子明辨是非，懂得规则和道理。

生2：我觉得毕淑敏打孩子也是无奈之举，是为了让孩子能够远离假恶丑，追求真善美。

生3：我觉得打孩子的做法是不可取的，因为会给孩子留下难以平复的心理阴影。

3. 师：针对家长打孩子，大家都发表了不同的见解，但我们要知道打在儿身，疼在娘心，他们的这份疼痛往往更为久远而深刻。面对这样的父母，你们是否理解他们，尊重他们，感谢过他们呢？请大家谈谈你生活中有没有与此相似的经历，你当时是怎样想的，现在又有怎样的感受。

生1：我做作业时，喜欢把房门关着，而我妈妈总是进来问这问那，而且从不敲门。有一次，我忍不住了，便跟妈妈吵了几句。晚上她进我房间，我装睡，不理她。妈妈以为我睡着了，便说："我其实是关心你啊！"我还是不理她。现在想想，我真是太不应该了。我以后再也不会这样了。

生2：记得有一次，我要做什么事爸爸不同意，我和他吵了起来，他给了我一巴掌，我哭了，脑海里只有对爸爸的恨，我冲着他大吼："我要去跳楼了！"他……

3. 师：相信现在的眼泪是你后悔的最好证明，也会成为你尊重父母、体谅父母的不竭动力。

设计意图： 严厉的爱往往不容易被孩子理解接受，容易引发孩子与家长之间的矛盾，甚至产生意料不到的后果，通过毕淑敏的文章让学生深刻理解父母严厉背后的深爱，从而理解他们，正确对待父母的严爱。

五、歌颂亲情，回报亲情

1. 师：孩子们，听了你们的肺腑之言，老师真为大家感到高兴，也禁不住想为你们的家长鼓掌，是他们的爱感动了我们，让我们懂得了孝顺。请大家看黑板。由于缺少爱心的滋润，这棵感恩树的叶片已全部凋零。

板贴：感恩树干

2. 师：下面老师按小组给每位同学分发感恩叶，请大家把你最想对父母说的一句话和回报父母的最好方式写在上面，小组内先交流，然后每小组选出一名代表进行全班交流后，大家有序地用感恩之叶装饰感恩树。

出示PPT：感谢你们——我深爱着的父母，配乐《感恩的心》。

板书：父母的爱无价　倾情回报他和她

生1：爸爸妈妈，谢谢你们！我以后会妥善安排自己的学习生活，再也不让你们为我操心了。

生2：爸爸妈妈，对不起，请原谅我过去的任性不懂事！以后和爸爸妈妈意见不一致时，我会冷静下来换位思考。

生3：爸爸妈妈，我爱你们！我要高效完成自己的任务，节约出时间，多分担一些家务。

3. 师：这每一片树叶代表着我们对父母的一颗颗感恩的心。我们的爱让这棵感恩树重新焕发出生机。我们不仅要让它在班级传扬，更要让它在我们的校园和我们每个人所在的社区播种，当我们有能力时，我们要让它在上海市乃至全国生根。课后我们把它张贴到学校的宣传栏里。

设计意图：让每一位学生都能把心中所想表达出来，并以感恩树的形式保存下来，这能够引导并促进学生将感恩之心化为感恩之行，不仅能活跃课堂气氛，确保所有学生参与到课堂中，同时能在主题教育课之后产生更为广泛和深远的影响。

六、结束语

1. 师：我知道大家想说的话还有很多很多，但由于时间关系，我们不能一一表达。短短的四十分钟展现不尽父母对我们的爱，也表达不尽我们心中对父母的感激之情。通过这节课，老师相信大家已经深切地感受到了父母的爱无时不在，无处不在。父母用爱托起了我们的生命之舟，滋润了我们稚嫩的心田，抚慰了我们孤寂的心灵，也将温暖我们整个人生。让我们在今后的生活中用实际行动来延续这份爱，让我们和家人能够永远相亲相爱，携手走过漫漫人生路。

出示PPT：携手走过人生路。

【板书设计】

相亲相爱

父母的爱无价　倾情回报他和她

【点评】

一、主题鲜明聚焦

本次活动主题既符合初中生思想道德教育要求关注生命个体，让学生学会理解和尊重父母这一初中阶段生命教育的重点内容，又能弘扬中华民族的优良传统。同时反映了这个班级少数学生不理解父母、吐槽父母，乃至与父母有矛盾和摩擦的实际情况，主题鲜明，切入口小，挖掘深入，符合学生的年龄特点。

二、活动形式新颖

课堂上采用多种形式开展活动，如电子相册展示、调查问卷反馈、使用录音材料和感恩树、邀请家长参与等，生动活泼，富有创新，符合实际。特别像观看视频资料，极大地调动了学生的积极性。家长的参与及毕淑敏文章的使用，触及了学生心灵，产生了共鸣。采用感恩树的形式，让每一位学生都能把心中所想表达出来，并用这样的形式保存下来，顾及全体学生的所思所想，引导他们将感恩之心化为感恩行动，这对青春期的初中生来说，不失为一种活泼的教育方式。

三、板书设计精巧

一棵感恩树承载了全体学生的用心和用情！用树干和树叶的板书形式，去吸引学生厚植感恩情怀，并让这棵“可以移动的树”成为校园中一道亮丽的风景线，让它成为见证学生们感恩父母行动的“明灯”，直观新颖。它既是激发学生表达感恩父母之爱的引导者，又是学生践行感恩父母行动的监督者。这个有创意的板书设计，不仅要立足于课堂，还必须延伸到生活中去。

四、教师素养较高

教师的教态自然大方，课堂应变能力很强，活动设计环节合理，时间分配恰当，关注到每位学生，以真情去感染学生，充分显示了教师的素养，收到了理想的效果。

上海市南汇实验学校德育中学高级教师　顾卫红

第24课　用好压岁钱

设计教师：上海市秋萍学校　陈　磊
指导教师：上海市秋萍学校　张红荣

【活动背景】

现代社会，财商已经与智商、情商并列成为人的三大核心素养。在市场经济高度繁荣的今天，中学生能够接触到的商品以及参与各种金融活动的机会也越来越多。然而当下很多中学生却不善于理财，花钱大手大脚，节俭意识的缺乏对学生的身心健康造成了一定的影响。

据统计表明，我们班学生手里可自由支配的压岁钱一般都有上千元。多数学生会把大量的钱花在吃的、玩的上面，甚至有学生会在十几天内把几百元钱都花在网吧、游戏厅等场所里。学生较为淡薄的理财意识，不健康的消费方式，引起了亲子之间关于压岁钱由谁保管的矛盾。因此，提高学生的理财能力较为急迫。

【活动对象】

初中八年级学生

【活动目标】

1. 知识与技能

（1）知道压岁钱的来历及意义。

（2）学会合理使用和管理压岁钱。

2. 过程与方法

（1）理解父母暂时保管孩子压岁钱的用心。

（2）学会对使用压岁钱的新方案进行分类，感受新方案中包含的新意义，初步树立理财意识。

3. 情感态度价值观

（1）感悟中华美德中的尊老、博爱等精神。

（2）初步确立一些正确的理财观念。

【活动重点】

学会合理使用压岁钱。

【活动难点】

理解压岁钱的新用途。

【活动准备】

1. 问卷调查。

2. 教室布置。

【活动过程】

一、谈话导入，揭示主题

（一）谈话导入

1. 师：令人开心的寒假快到了。在寒假期间，有个中国最隆重的节日——春节。春节期间，有哪些事让你开心呢？

生1：春节期间能享受到很多舌尖上的美味。

生2：春节期间可以走亲访友。

生3：春节期间可以看到大街小巷都张灯结彩，这种喜气洋洋的氛围很令人开心。

生4：春节期间可以从电视上看到很多春节联欢晚会，享受视觉盛宴。

生5：春节期间可以收到很多长辈给的压岁钱。

（二）了解来历

1. 师：春节期间，长辈给孩子压岁钱是中国的传统习俗。同学们知道压岁钱的来历吗？

板书：压岁钱

生：好像与一个叫“祟”的妖怪有关。

2. 师：我们来看一段视频，了解一下压岁钱的来历。

播放视频《压岁钱的来历》：传说，古时候有一个身黑手白的小妖，名字叫“祟”，它在每年的年三十晚上出来害人。有户姓管的人家担心自己家的小孩被害，把包着的八枚铜钱放到孩子的枕头边。当祟来害这个孩子时，孩子枕边的铜钱迸裂出的一道亮光，立刻把祟吓跑了。后来大家也都学着在年夜饭后用红纸包上八枚铜钱交给孩子放在枕边。果然，从那以后，祟就再也不敢来害小孩子了。因此，人们把这钱叫“压祟钱”。又因“祟”与“岁”谐音，随着岁月的流逝而被称为“压岁钱”了。

3. 师：同学们想一想，压岁钱的来历包含了什么意义？

生：压岁钱来历包含了长辈对孩子的关爱之心。

设计意图： 通过了解压岁钱的来历，感悟压岁钱表达了长辈对孩子的爱心，为后面更有意义地使用压岁钱将爱心传递做好铺垫。

二、数据分析，学用压岁钱

（一）演小品，知晓烦忧

1. 师：我们拿到压岁钱，得到长辈的祝福，都很开心。可有时压岁钱也会给我们带来一些烦恼。接下来，请两位同学根据剧本即兴表演小品《压岁钱的烦恼》。

出示PPT《压岁钱的烦恼》：

儿子：（开心地数着红包）妈妈，今天爷爷、奶奶给了我1000元压岁钱呢。我可以买……

妈妈：儿子，这些压岁钱妈妈先替你保管着，留着等你上大学的时候给你交学费。

儿子：妈妈，以前我每年的压岁钱都是由您替我保管的，今年的压岁钱您就让我自己保管吧，我还有好多想买的东西呢。

妈妈：不行！你一拿到钱就会乱花！

儿子：妈妈，我不乱花还不行嘛！

妈妈：不行！我不放心！拿过来！

儿子又委屈又生气地攥着钱不愿意给妈妈，母子僵持不下。

2. 师：小品中的情景，许多同学也经历过吧。大家知道父母为什么不放心把压岁钱给我们吗？

生1：父母担心我们没有计划地花钱，比如我们一拿到钱就买很多零食，到后来还有很多必须买的东西就没有钱买了，还得问父母要钱。

生2：父母担心我们花钱没有意义，比如有的同学会拿压岁钱去网吧打游戏、去玩电玩。

3. 师：父母担心你们不能好好地使用压岁钱，所以暂时替你们保管。如果我们把压岁钱用好，让它用得有意义，这样父母也就放心让我们自己保管了。

板书：用好

设计意图：小品内容主要体现了家长和孩子关于压岁钱由谁保管以及使用观念上的矛盾与冲突。小品情景贴近学生生活实际，易于产生共鸣。寻找没有合理使用压岁钱的方式，体会父母不放心把压岁钱交给孩子保管的理由，从而减少孩子与父母在此问题上的矛盾，也为下面合理使用压岁钱的教学内容做好铺垫。

（二）看数据，了解用途

1. 师：昨天我们对压岁钱的金额和用途做了调查，现在请统计员聂春苗同学给我们做调查统计汇报。

（学生汇报）

压岁钱金额	收入	可自由支配
最少（元）	5000	1000
最多（元）	20000	5000
平均（元）	9800	1600

昨天，全班44名同学参与了压岁钱金额和用途的调查。调查结果请看屏幕：一名同学一年中收到的压岁钱从5000元到20000元不等，平均每人9800元；可以自由支配的压岁钱从1000元到5000元不等，平均每人1600元。

压岁钱常见用途	人数（人）	平均（元）
买零食	44	500
买文具	38	120
买衣服	32	600
买礼物	30	550
存银行	17	500

同学们对压岁钱的使用有以下常见方式：买零食、文具、衣服，买礼物以及存银行等。其中用于买零食的有44人，平均每人500元 ；用于买文具的有38人，平均每人120元；用于买衣服的有32人，平均每人600元；用于买礼物的有30人，平均每人550元；用于存银行的有17人，平均每人500元。

（课前用记号笔把用途写在白色纸上，生边汇报边把纸用小磁铁——贴在黑板上）

（三）议方案，赋予意义

1. 师：现在请同学们想一想，压岁钱除了上述几种最常见的用途之外，还可以怎么使用，让它更加有意义呢？请同学们先小组讨论，然后在四张粉色纸上分别用记号笔写上四个方案。

板书：让压岁钱花得有意义

（生写方案）

2. 师：现在请每个小组派一名代表把你们认为最好的或是与众不同的方案进行展示。

生1：我们组的方案主要包括救助流浪猫和流浪狗、给爷爷奶奶买些易于咀嚼的食物、捐给红十字会。

生2：我们组的方案主要包括给自己和家人买保险和理财产品、帮助生活中有困难的同学。

生3：我们组的方案主要包括去残疾人开的水果店买水果、捐给唇腭裂基金会、捐给希望工程。

生4：我们组的方案主要包括给养老院的老人们买些礼物；捐给科学研究院。

3. 师：很高兴看到同学们想出了这么多有意义的方案。现在我们把这些新方案进行分类。

（生边说分类，师边移动粉色方案纸）

理财类	购物类	捐助类	救助类
买份理财产品、给自己和家人买份保险	给爷爷奶奶买些易于咀嚼的食物、给养老院的老人们买些礼物、去残疾人开的水果店买水果	捐给红十字会、捐给希望工程、捐给唇腭裂基金会、捐给科学研究院	帮助生活中有困难的同学、救助流浪猫和流浪狗

4. 师：从压岁钱的来历中，我们知道了长辈给孩子压岁钱是对孩子的祝福，是中华美德中爱幼的一种表现。现在我们来看看，同学们使用压岁钱的新方案又给压岁钱赋予了哪些新的意义？

生1：理财类的方案体现了现代人的理财观念。

生2：用压岁钱给长辈买礼物，这充分体现了中华美德中的尊老精神。

生3：用压岁钱来帮助有困难的同学和捐给希望工程等方式，体现了中华美德中的另一精神——助人为乐。

生4：用压岁钱救助流浪猫狗，体现了关爱小动物的良好品质。

生5：用压岁钱捐助科学研究院，体现了重视科学的良好态度。

设计意图：通过对压岁钱用途新方案的提出和分类，引导学生建立正确的理财观念，弘扬中华美德中的尊老、博爱等精神。

三、设计红包，用好压岁钱

1. 师：现在同学们对压岁钱的使用有了新的认识。春节即将到来，又会收到快乐红包了，是不是也可以送父母一个欣慰红包。老师建议你们把合理使用压岁钱的方案写在红包里，春节时把“红包”送给父母，让父母感受到你们长大了、成熟了，让他们感到欣慰，也让他们放心地把压岁钱交给你们自己保管。

板书：爸妈，我长大了！

（生写欣慰红包）

2. 师：现在我们来交流一下自己写的欣慰红包吧！

生1：妈妈，以前我用压岁钱买很多零食，现在我知道这样花钱是不恰当的。今年的压岁钱我想留一部分买份保险，到时候还请妈妈您给我参考参考，谢谢！

生2：妈妈，每年过年时我都要买双名牌鞋。穿上名牌鞋，是为了让同学羡慕我，但我现在觉得这样做不值得，太虚荣了。今年的压岁钱我想从买鞋的钱中拿出300元捐给希望工程，希望让更多贫困的孩子像我一样天天上学。

生3：爸爸妈妈，你们上班很辛苦，经常要加班，所以爷爷奶奶经常过来照顾我。我还不懂事，不听爷爷奶奶的话，有时还跟他们顶嘴。以后我要经常做家务，让他们多休息。快过年了，我想给爷爷奶奶买些无糖的软软的糕点吃。爸爸妈妈，关于今年的压岁钱，我会列出详细的使用计划，到时请你们审阅。

3. 师：听了大家的分享，我深切地感受到你们懂事了，心里装着长辈、装着他人，让压岁钱更有意义了。春节将至，预祝同学们全家幸福，过个欢乐中国年！

播放音乐《欢乐中国年》。

设计意图：通过对自己之前不合理使用压岁钱的反思，提出更好地用好压岁钱的方案，表达对父母和长辈的感恩、对弱势群体的关心和帮助。

【板书设计】

用好压岁钱

↓

有意义

爸妈，我长大了！

【点评】

整节课围绕“用好压岁钱”这一主题，通过谈话、观看视频小品、讨论交流、写慰问红包等活动形式，对学生开展了理财、爱心传递等方面的教育，收到了良好的教育效果，主要有以下特点。

1. 用心观察，贴近生活

陈老师通过与学生网聊得知，学生不能合理使用压岁钱以及压岁钱由谁保管的问题给学生带来苦恼，从而设计了本堂主题教育课，很好地解决了学生的生活实际问题。

2. 活动丰富，注重体验

整堂课的内容丰富，形式多样，环节流畅。通过观看小品、小组讨论、师生共同分类、给父母写欣慰红包等形式，学生初步确立了正确的理财观念，以及深刻体会到中华美德中的尊老、博爱等精神。

3. 环环相扣，层层递进

交流压岁钱的来历，体会长辈们的爱幼之心；讨论小品中的矛盾缘由，进而减轻父母与孩子之间关于由谁保管压岁钱的矛盾；提出关于分类使用压岁钱的新方案，感受传递爱心的快乐；最后通过给父母写欣慰红包，进一步体会父母的辛劳，感悟尊老、博爱的精神。

上海市秋萍学校德育处主任　张红荣

四、人际交往习惯篇

人际交往也称作人际沟通，是指人们通过语言、文字或肢体动作、表情等方式将某种信息传递给其他人群的过程。

孔子曰："己所不欲，勿施于人。"爱因斯坦也曾说过："世间最美好的东西，莫过于有几个头脑和心地都很正直的严正的朋友。"若想收获好人缘，成为一个受人尊重和欢迎的人，良好的人际交往习惯则必不可少。

对于中小学生来说，良好的人际交往习惯就是要学会从关心身边的人做起，用友善、乐助的心态，设身处地多为他人着想和付出；懂得理解、尊重、包容、感恩、诚信等相处之道。

想和"小鸡"一起体验吗？想吃遍各民族美食吗？想和网友畅谈心扉吗？让我们"告别嘲笑"，飘起"红丝带"，在保持初心的同时，收获珍贵的友谊！

第25课　我们一起来——小鸡一日体验记

设计教师：上海市浦东新区张江高科实验小学　胡　梦
指导教师：上海市浦东教育发展研究院　姚瑜洁

【活动背景】

习近平同志在十九大报告中提出："中国将高举和平、发展、合作、共赢的旗帜，推动建设相互尊重、公平正义、合作共赢的新型国际关系。"团队合作，成为个人、集体，乃至一个国家发展的重要支撑力量。在我们的日常生活中，为了完成某项共同的工作或任务，经常要与他人合作。然而，如何与他人合作，怎样才能完成得更好，这种能力不是每个人都能完全具备的。

在与学生相处中，我发现学生遇到困难的时候，往往缺乏与别人合作的意识，更不知道与他人合作的方法。有些学生性格孤僻，难以融入集体。因此，对于一年级的孩子来说，从他们的生活中撷取与之相关的事例，进行合作能力的培养极为重要。如今的小学生大多娇生惯养，往往索取比分享来得更多。

【活动对象】

小学一年级学生

【活动目标】

1. 知识与技能

（1）知道团队合作对每一个人来说是一件很重要的事。

（2）知道合作的方式：明确分工，各尽其职；学会表达，学会融合。

2. 过程与方法

（1）以小鸡宝宝一日体验的串联方式，跟着小鸡去体验晨间活动、收本子任务和劳动任务。

（2）在游戏中，充分体验合作的乐趣，认识合作的重要性，初步学会如何进行合作。

3. 情感态度价值观

（1）体验团队合作带来的快乐感受。

（2）学会接纳、理解、包容他人，提高班集体的团队合作力，形成集体的凝聚力。

【活动重点】

通过一些活动与生活实例，体验劳动任务带给自己的乐趣以及与同伴合作的乐趣。

【活动难点】

在活动中，寻找适合自己的合作方式并初步学会如何进行合作。

【活动准备】

收集相关媒体资料、制订方案、制作课件、准备板书。

【活动过程】

一、快乐起舞趣体验

1. 师：小朋友们，2017年是什么年呀？

生：鸡年。

2. 师：对呀，2017年是鸡年。你们喜欢小鸡吗？让我们跟随视频一起动起来吧！

播放视频《小鸡舞》（*chicken dance*）。

3. 师：我知道你们都很喜欢小鸡，你们有谁想做小鸡宝宝吗？

生1：我想！

生2：我也想！

4. 师：哦！这么多小朋友都想做小鸡宝宝啊！那么今天我们就来体验下小鸡宝宝在校的一天生活吧！

设计意图：2017年恰逢鸡年，从活泼轻松的小鸡舞蹈入手，让学生们扮演小鸡，认领角色任务。这种寓教于乐的方式创造了生动活泼的学习氛围，适合活泼好动的一年级学生，并能激发起学生学习探究的积极性，为下一环节的教育活动铺垫了情感基础和任务基础。

二、团结合作在校园

（一）活动一：小鸡小鸡做游戏

1. 师："丁零零！"同学们听！现在是我们的晨间阳光活动时间啦！大家在一起最开心了。小鸡宝宝们，我们一起做游戏《小鸡小鸡快长大》吧！请看大屏幕上的活动规则，听老师读一读。

出示PPT：两只小鸡宝宝背靠背，并且双腿伸直坐在地面上，双臂勾住身向同伴的双臂。听到"开始"后，通过背部与腿部的力量，互相合作站立起来。（1）每组6人，两两合作。（2）每只小鸡最后都要站起来。（3）最快的一队获胜。（4）其他小鸡保持安静，仔细观察。

2. 师：小鸡宝宝们，你们明白这些规则了吗？那么，我们开始游戏吧！

（生两人一组，开展活动）

3. 师：快乐的游戏时光结束了。你们有什么感想吗？

生1：我们小组赢了！我觉得很开心！

生2：我们小组很团结，所以我们赢了比赛。

生3：我们比他们慢了一点儿，因为一开始的时候，我和她总是站不起来。不是她摔倒，就是我没力气了。但是之后，我开始喊口号“1——2——3！”我们就成功了。

生4：我们输了，太难了，她都不跟我一起努力。

4. 师：你觉得你们小组大家都齐心协力，一起合作完成了游戏，是吗？

生：是的。我们要懂得合作，一起努力，才能成功。

5. 师：小鸡宝宝们！我们一起来，做游戏最开心了！

出示板书并引读：我们一起来！合作合作来行动！最开心了！

设计意图：通过游戏让学生开展“晨间锻炼”活动，在这种趣味十足的游戏中，学生发现合作也是需要有一定的技巧和具备一定素质的，在失败中找到前进的方向。同时，通过辨析、判断来深化理解合作中应该怎样做，一年级的学生表达能力还不是最强，但通过切身的游戏体验，他们便有话可说了。

（二）活动二：小鸡小鸡收本子

1. 师：小鸡宝宝们，我们到班级啦！现在请将《成长记录本》交给老师吧。可是有这么多同学要交本子，怎样上交本子不会乱呢？

生1：按学号交。

生2：老师指定同学来收。

生3：按小组传本子。

2. 师：同学们真棒，想了这么多点子！那我们就来传本子吧。首先，请看大屏幕上的活动规则，听老师读一读。

出示PPT：

（1）听到“开始”后，大家一起来传本子。

（2）不能站起来或者说话。

（3）从最后一排开始往前传。

（4）传到第一排后，第一位同学请整理好。

（5）完成任务的小鸡，请保持安静，仔细观察。

3. 师：看完规则后，就请同学们小组合作完成任务。预备，开始！

（生听到指令后，开展活动）

4. 师：在刚才的活动中，第二小组最快。你们是怎么做到的呢？

生1：我们每一个人都很认真。

生2：我们小组很团结，每个人都很快！大家一起完成的。

5. 师：对呀！小鸡宝宝们，我们大家一起来！

板书：我们一起来！合作合作来学习！最开心了！

设计意图：“传本子”活动是一个需要全班一起合作完成的任务。同学们能互相合作，为小组共同的目标一起努力，齐心协力完成共同的活动任务。实践操作后的感悟分享，其实就是引导学生领会合作能让学习任务更高效、更轻松，所以每个人的努力都很重要。同学们可以明白，通过小组间的合作，进而形成大集体的凝聚力。

（三）活动三：小鸡小鸡来劳动

1. 师：不知不觉，时间已经到了中午了。午餐之后，看看时间几点啦？

出示PPT：出示时钟，时钟指向12:05——劳动时间。

2. 师：这个时间段，我们该做什么？

生：这是十分钟劳动的时间。

3. 师：对啊，让我们一起来劳动吧！你能说说你的劳动岗位吗？

生1：我负责排桌椅。

生2：我的劳动岗位是打扫第一小组。

生3：我的劳动岗位是整理图书角。

4. 师：嗯，每个人都有自己的劳动岗位。让我们一起来享受我们的劳动时光吧！

播放视频《快乐劳动时光》：同学们有的在擦拭课桌，有的在清扫地面，还有的在整理班级图书角，等等。

5. 师：瞧！我们的教室变得真干净！大家一起来！

出示板书并引读：我们一起来！合作合作来劳动！最开心了！

设计意图：“午间劳动”活动体现了全班合作的重要性，从而让学生更加深刻地明白合作才有力量！合作劳动，增强了学生自我激励、自我教育、自我管理的能力，积极探索个性培育的途径，引导学生在集体生活中健康成长。

三、团结合作在心间

1. 师：在生活中，我们也要像小鸡一样团结合作，尤其是在校园生活中，那么你能说一说在学校里你和同学团结合作的小故事吗？

生：上周，我在回家的路上，一不小心，扭到了脚。虽然我能走路、能学习，但是总比别人慢一些。这时，我身边的同学就热情地帮助我。我的同桌小杨，她在午餐时间帮我拿汤；我的好朋友小彭，课间休息时，不忘扶着我走路。身边的同学分工合作，帮了我不少忙。

2. 师：听了小朋友的故事之后，老师觉得很感动，你们团结友爱的心真美丽，老师这里有一些照片，请小朋友们来说说照片里的故事。

出示照片：展示生活中的合作——同学之间（搀扶受伤的同伴），家庭生活（新年家中大扫除的情景），师生合作（老师甩绳，学生跳绳，师生共同完成体育活动“跳长绳”）。

生1：这张照片我了解，他是小顾同学。他的腿骨折了，我们扶着他去卫生间。

生2：这张照片是我们家的。去年过春节前，爸爸拍的。我们全家一起大扫除！一个下午，我们家就干净了不少！

生3：我知道这第三张照片。那是我们去年在练习跳长绳。班主任与副班主任甩绳，我们8个人一起跳绳。真开心！

3. 师：是啊！我们生活中处处都有合作。因为合作，我们充满了凝聚力，变得更和谐了。让我们把这些美好的感受记在心里。我们每个人就像一片绿叶，一片片的绿叶为大树装扮，一棵棵的大树为森林装点，只要大家团结友爱、互相合作，就能让我们的校园充满爱！

【板书设计】

【点评】

一、巧设情景，兴趣盎然

在本次主题教育课中，胡老师以小鸡的角色扮演来激起同学的兴趣，使同学们积极参与到活动中。以时钟的铃声为明线贯穿一整天在学校里的生活，以团结友爱、互相合作为暗线来让学生明白在学校生活中应如何相处。低年级学生好奇心强，有趣的课堂导入激发了学生的学习兴趣，产生求知欲望，由对知识的被动接受，变成对知识的主动探究、总结、理解，再到完全接受。胡老师将学生的兴奋点转移到课堂上，注意力集中到教学内容上。学生的注意力越集中，学习效率越高；注意力集中越持久，课堂效果越好。

二、玩中学习，乐中体会

做游戏是学生喜闻乐见的活动之一，他们合作意识的萌动，往往就是从一个游戏开始的。七八岁的孩子正处在社会交往、自我意识发展的关键期，合作技巧尚未形成。而本节课胡老师以“小鸡一日体验记”为切入点，通过“小鸡小鸡快长大、小鸡小鸡收本子、小鸡小鸡来劳动”三项经常发生在校园中的学生活动，带给每个学生多种感官体验。教师适时抓住学生的这个心理特点，在教学中根据教学内容与学生的知识经验精心编写教案。同时，她联系实际，设计出一些具有启发性、开放性和可合作性的生动有趣的游戏。最后，胡老师营造轻松有趣的课堂氛围，充分激发学生的合作意识，使学生感受到合作学习的乐趣与收获。孩子们在快乐中学习，初步学会如何进行合作，体验到了合作的乐趣。

三、潜移默化，指点巧妙

在合作学习中，学生之间通过交流、争论、意见综合等，建构起新的、深层的理解。同时，他们更好地对自己的理解和思维过程进行监控。在本节课中，胡老师经常巡视，在合作方法上进行指导。同时，她通过游戏教会学生合作技巧，从而逐步形成了班集体团结合作、相互尊重、互帮互助的良好风气。因此，积极有趣的合作活动是让学生保持合作兴趣的最佳措施。整节课上，学生在一种温馨的氛围中，潜移默化地知道“我们一起来”的意义。

上海市浦东新区张江高科实验小学副校长　楼　坚

第26课　美食大不同　民族心连心

设计教师：上海市浦东新区康桥小学　　韩　琳
指导教师：上海市浦东教育发展研究院　姚瑜洁

【活动背景】

我国是一个多民族国家，民族团结是维护祖国统一的重要保证。《中小学德育工作指南》中指出："始终坚持育人为本、德育为先，大力培育和践行社会主义核心价值观。"促进民族团结就是24字核心价值观中"爱国"的一项重要内容。因此，积极开展民族团结教育，将社会主义核心价值观内化于心、外化于行具有重要意义。

近年来，我校组织学生开展"戴着领巾去旅行"活动，学生在旅行途中不仅能欣赏祖国的壮丽山河，感受当地风土人情，了解各民族饮食文化，还能激发爱国热情。我班学生在旅行途中遇到少数民族的朋友，而他们对少数民族的认知较为浅显，不知该如何与他们友好交往。因此，如何维护民族团结，对三年级的孩子来说是一个抽象概念，更是一个空洞的大道理。"民以食为天"，从美食的角度入手，了解各民族不同美食文化，尊重不同的饮食习惯，小切入，大视角，将维护民族团结的概念具体化。

【活动对象】

小学三年级学生

【活动目标】

1. 知识与技能

（1）知道中国是由56个民族组成的温暖大家庭，了解各民族有各自不同的美食。

（2）了解各民族饮食特色，初步理解饮食文化。

2. 过程与方法

（1）完成学习任务单，记录各民族饮食特色。

（2）运用所学知识，分辨民族饮食习惯的不同之处。

3. 情感、态度与价值观

尊重各民族饮食习惯，维护民族团结。

【活动重点】

了解各民族饮食特色。

【活动难点】

尊重各民族饮食习惯，维护民族团结。

【活动准备】

1. 将班级学生分为6组，为小组命名，并推选出一名同学做记录员。

2. 针对学习内容，设计一张学习任务单，准备若干美食卡。

3. 设计旅行日记课件，准备音频、美食视频、一包葡萄干。

【活动过程】

一、旅行美食大分享

1. 师：同学们，暑假里我们开展了“戴着领巾去旅行”活动，大家都去哪儿了？我们一起来分享一下。

生1：我去了浙江。

生2：我去了云南。

2. 师：今天，有位小伙伴也来到我们班，她叫小小，她也想和我们分享“戴着领巾去旅行”的故事。听——

播放音频：同学们，今年我们学校组织了“戴着领巾去旅行”的活动，看看这张照片，猜一猜，我去了哪里？再猜猜，我为大家带了什么美味？

3. 师：大家赶快猜一猜吧！

生1：德国。

生2：奥地利。

……

4. 师：你们都猜错喽！给个小提示，小小还给大家带了去旅行时买的好吃的，就在这个小袋子里，猜猜这是什么？××同学，你先闻一闻，什么味道？

生：香香的。

5. 师：再摸摸看，什么形状？

生：小小的，一粒粒的。

6. 师：来，请你尝尝，是什么食物？

生：葡萄干。

7. 师：看到葡萄干，你们首先想到哪里？

生：新疆。

8. 师：对，新疆的全称叫“新疆维吾尔自治区”，葡萄干是那里的特产！看来小小不但是个旅行家，还是个小吃货呢！

设计意图： 通过学校组织的活动“戴着领巾去旅行”引出小小同学，让学生产生亲切感，通过看图猜地点、利用感官猜食物，激发学生的学习兴趣，活跃课堂气氛，水到渠成引出主题内容。

二、民族美食大不同

（一）旅行日记：新疆美食篇

1. 师：新疆还有什么好吃的呢？让我们跟着小小的旅行日记去一探究竟吧！先请大家观看一段视频，每个小组根据视频内容完成学习任务单。哪个小组看得认真，答得正确，就能获得一张美食卡。大家可要瞪大眼睛仔细看哦！

出示学习单：

播放视频：维吾尔族人主要居住在美丽的新疆维吾尔自治区，新疆不仅风景秀丽，而且有许多美食。我最爱当地的抓饭，有大米与胡萝卜、羊肉，里面还放葡萄干呢，鲜香中带点儿酸甜。馕是维吾尔族人主要的传统食品之一。馕的品种很多，大约有50多种。烤包子在维吾尔语里被称作“沙木萨”。烤包子是在馕坑里烤的。皮擀得很薄，做成方形包子。馅用羊肉丁、洋葱、孜然粉、胡椒粉和盐搅拌而成，色泽黄亮，肉嫩味鲜。手抓羊肉，相传有近千年的历史，原以手抓食用而得名。吃法有三种，包括热吃、冷吃和煎吃。还有羊肉串，撒上孜然，太香了！

2. 师：哪个小组能告诉我们维吾尔族人民喜欢吃什么？

板书：新疆维吾尔族

生：抓饭、馕、烤包子、手抓羊肉、羊肉串等。

3. 师：说得太好了，老师要奖励你们一张美食卡！

（二）旅行日记：内蒙古美食篇

1. 师：没有得到美食卡的小组不要灰心，还有机会哦，加油！让我们到第二站去瞧瞧，这是哪里呢？

出示内蒙古照片。

生：内蒙古。

2. 师：对啦！这片美丽的草原在内蒙古自治区。韩老师请一位同学来读一读小小的日记，各小组要听仔细哦，千万别放过任何信息。

出示日记：蒙古族人素以游牧为主，以牛羊肉为主食，蒙古族的涮羊肉传说起源于元代，由忽必烈赐名，用刀切下薄肉，放在沸水里搅拌几下，捞出后撒细盐。烤全羊据传有几千年的历史，是蒙古族用来招待贵客的传统名菜。烤全羊外表金黄油亮，外部肉焦黄发脆，内部肉绵软鲜嫩，羊肉味清香扑鼻，颇为适口，别具一格。奶豆腐是蒙古族常见的奶食品，用动物奶等经凝固、发酵而成的食物，因像豆腐而得名。味道有的微酸，有的微甜，乳香浓郁，还可以做成拔丝奶豆腐。

（生读日记）

3. 师：蒙古族人民爱吃什么，抢答开始！

板书：蒙古族

生：涮羊肉、烤全羊、奶豆腐。

4. 师：好，恭喜你们得到了一张美食卡。

（三）旅行日记：西藏美食篇

1. 师：再来看看这张照片，小小的第三站去了哪里？

出示西藏照片。

生：西藏。

2. 师：太棒了，这是西藏自治区，这里又有哪些好吃的呢？

播放视频：介绍藏族的美食。喝酥油茶是藏民的传统习俗，特别是在接待尊贵客人时，总以献上酥油茶表示对客人的敬意。酥油是从牛奶或羊奶内提出来的脂肪，把牛奶或羊奶煮沸，经搅拌并静置后，浮在面上的一层黄油，营养价值极高。糌（zān）粑（bā）是藏族的一种重要食品，将青稞晒干炒熟，磨成细面，食用时，将糌粑放入碗中，再放少许的酥油茶，拌匀捏成小团而食。藏香猪生活在海拔三四千米的高原，用天然的野果、菌类、药材等食物喂养它。它肉质鲜美，味道可口，营养丰富。

3. 师：××小队说一说藏族人民爱吃什么？

板书：藏族

生：酥油茶、糌粑、藏香猪。

4. 师：答对了！老师也要奖励一张美食卡给你们小组。

（四）旅行日记：云南美食篇

1. 师：小小的第四站来到了云南，听听她在旅行日记里介绍了什么？

播放视频：我来到了美丽的云南，云南是我国少数民族最多的省份。这里有苗族、布依族、哈尼族等多个民族。苗族普遍喜食酸味菜肴，酸汤家家必备。酸汤鱼根据酸汤的不同分为“白酸汤鱼”和“红酸汤鱼”两类。腌鱼是当地公认的珍味，具有健胃、助消化的功能。用杉木桶放置的腌鱼可存放20年，不易变质，香味浓，吃起来味道酸辣香甜。五色花米饭是布依族的特色食品，是用其五颜六色的植物汁水浸泡糯米蒸熟。此外荷叶粑、油团等也都是布依族的传统美食。竹筒鸡是哈尼族的传统名吃。利用竹筒烹饪，既有鸡肉之鲜甜，又有青竹之清香，滋嫩软糯。糯米粑粑既是哈尼族人祭神敬祖的神圣贡物，也是走亲访友的珍贵礼品。

2. 师：小小为我们介绍了云南哪些民族？谁来说一说。

生：苗族、布依族、哈尼族。

板书：苗族、布依族、哈尼族

3. 师：太棒了！哪个小队能说一说这些少数民族分别爱吃什么？

生1：苗族——酸汤鱼、腌鱼。

生2：布依族——五色花米饭、荷叶粑、油团。

生3：哈尼族——竹筒鸡、糯米粑粑。

4. 师：你们听得真仔细！都答对了，奖励一张美食卡！

5. 师：通过小小的旅行日记，让我们了解到各民族的美食大不相同、各具特色，我国各族人民的饮食文化真是博大精深啊！

板贴：美食大不同

设计意图：以小小的旅行日记为主线，通过日记向学生讲述了各个少数民族的特色美食。为了提高学习效率，设计学习任务单，使学生能够边学习、边记录，从而更好地掌握所学知识。而美食卡的派发大大提高了学生的学习积极性，激励他们认真观看日记视频，仔细记录知识点，积极回答问题，符合三年级学生的学习特点。

三、美食对对碰

（一）游戏：美食连连看

1. 师：小小在云南旅游时交到了一群好朋友，今天云南的朋友来上海做客啦！小小接待他们的时候遇到了一个小问题，请一位同学来读一读。

出示文字：我的少数民族小伙伴们来上海啦！今天我想热情招待他们，请大家帮我想一想，他们爱吃什么？

（生读文字）

2. 师：在帮小小解决问题前，先让我们看看她邀请了哪些少数民族小伙伴？

出示PPT

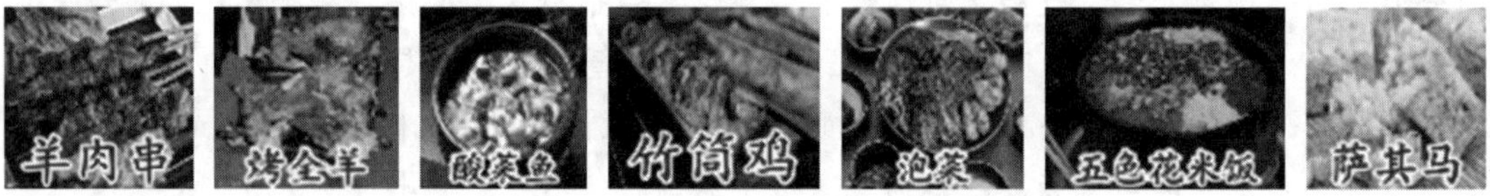

生：维吾尔族、蒙古族、满族、朝鲜族、哈尼族、布依族、苗族。

3. 师：这些少数民族的小伙伴爱吃什么呢？请大家说一说，我来把它们连起来。

生1：维吾尔族爱吃羊肉串。

生2：蒙古族爱吃烤全羊。

生3：满族爱吃萨其马。

生4：朝鲜族爱吃泡菜。

生5：苗族爱吃酸菜鱼。

生6：哈尼族爱吃竹筒鸡。

生7：布依族爱吃五色花米饭。

4. 师：恭喜大家，你们帮助小小解决了难题，韩老师要奖励给你们每个小组一张美食卡。同学们，如果你们也遇到这种情况，记得一定要请少数民族朋友们吃他们喜爱的食物，尊重少数民族饮食习惯能够使各族人民心连心。

（二）寻找身边的民族美食

1. 师：了解了这么多民族美食，韩老师发现在浦东也能见到它们哦！你们在浦东品尝过民族美食吗？

生1：我在陆家嘴的一家云南特色餐厅吃到过竹筒鸡。

生2：我在周浦吃过酸菜鱼。

生3：我在川沙吃过烤全羊。

2. 师：的确，各民族美食遍布大江南北。如今，便捷的交通和发达的物流，让我们在家门口就能品尝到各地美食！瞧，这些民族美食，只要在网上一搜，哇，各种美食就尽收眼底啦！

出示浦东地区民族美食。

3. 师：上海海纳百川使我们不出浦东也能品尝到各民族美食。这就促进了民族之间的交流与融合，使各民族之间更加团结友爱。

板贴：民族心连心

设计意图：通过游戏美食连连看，帮助学生巩固上一环节所学的知识，之后又引导学生结合自身实际，说说在浦东能够找到的各个民族特色美食，从饮食上让学生理解因为民族团结友爱、互相友好往来，使得民族之间融合，感受民族团结带来的和谐气氛。

四、总结

1. 师：通过努力，相信大家集到了很多美食卡，现在我们来看看各小组有多少美食卡。

2. 师：恭喜××小组获得的美食卡最多，荣获“民族团结推广大使”的聘书。请他们小组上台接受聘书，并合影留念。

（生上台领证书，合影）

3. 师：我们的祖国是一个多民族国家，各族人民应心连心、手拉手，像石榴籽一样紧紧抱在一起，共同创造辉煌灿烂的中华文化。让我们从小了解各民族饮食文化，从尊重饮食习惯做起，维护民族团结。

【板书设计】

美食大不同　民族心连心

民族　　　团结

了解

尊重

……

【点评】

1. 以小见大，美食连接民族情

民族团结包括方方面面，对三年级的孩子来说是个很抽象的概念。本课从各民族美食入手，以“戴着领巾去旅行”活动为出发点，以小小和她的旅行日记为主线，学生在旅行日记的引导下，了解民族特色美食、寻找身边的民族美食，由民族美食入手引导学生认识维护民族团结要从尊重民族饮食习惯做起，将民族团结落实到生活中。

2. 形式多样，丰富课堂活动

在课堂中，教师通过闻、摸、尝葡萄干，充分利用学生的多种感官体验来调动学习的积极性，拉近了学生与民族特色美食的距离。运用图片、视频、音频、游戏等开展教学活动，丰富学生的知识。巧妙运用学习单来帮助学生掌握、巩固所学知识，培养良好的学习习惯；适时利用小游戏掀起课堂小高潮，调动学生学习的积极性和主动性。

3. 立足趣味，优化评价手段

教师充分运用美食卡、神秘礼物等评价手段，激励学生认真看、仔细听，完成学习单，抓住教学中的细节，从知识掌握、课堂表现、合作学习等方面对学生进行课堂评价，充分发挥评价的激励作用。

上海市浦东教育发展研究院德育教研员　姚瑜洁

第27课　如果我是你

设计教师：上海市浦东新区张江高科实验小学　徐留芳
指导教师：上海市浦东教育发展研究院　姚瑜洁

【活动背景】

党的十八大提出了社会主义核心价值观。一个民族的文明进步，一个国家的发展壮大，需要一代又一代人的不懈努力，核心价值观是其中最重要、最深沉的力量。习总书记指出，培育和践行社会主义核心价值观要强调立德树人，从小抓起、从学校抓起。

我班92.6%的学生是独生子女。父母的百般呵护，造成不少学生以自我为中心，缺乏包容心和同情心，在人际交往中往往从自己的角度出发，把自己的感受摆在第一位，容易引发同伴间的矛盾与冲突。在儿童中期，同伴关系中最为重要的问题之一就是同伴接纳。因此，学生的人际关系交往能力亟待提高。

【活动对象】

小学三年级学生

【活动目标】

1. 知识与技能

（1）理解每个人因看事物的角度不同，对待同一事物的态度会有所不同。

（2）学会站在别人的立场和角度，换位思考，避免冲突和矛盾。

2. 过程与方法

（1）开展苹果实验，观看视频，明白换位思考的重要性。

（2）通过案例讨论、接力造句、故事分享，学会用换位思考的方式解决矛盾，学会尊重他人，友善待人。

3. 情感态度价值观

树立换位思考意识，培养友善待人的品质。

【活动重点】

学会用换位思考的方式解决矛盾，学会尊重他人，友善待人。

【活动难点】

树立换位思考的意识，培养友善待人的品质。

【活动准备】

两个苹果，一个又红又大有虫眼的，另一个比较小，PPT。

【活动过程】

一、苹果实验，揭示课题

1. 师：同学们，你们喜欢吃苹果吗？

生：喜欢。

2. 师：讲台上有两个苹果，如果请你挑的话，你会更喜欢哪一个？

生：我选左边的苹果。

3. 师：为什么选左边的苹果？

生：我发现左边的苹果又红又大，还有光泽，右边的苹果太小了。

4. 师：刚才小红同学是在座位上选的，老师再请一位同学到讲台前来选，并说明理由。

生：我选右边的苹果，虽然右边的苹果小了一点，但是它没有虫眼，没有斑点。

5. 师：为什么他们会有不一样的选择？老师请小红同学到讲台前来，告诉大家小军选择右边苹果的真正原因。

生：因为从这个角度看过去，虽然左边的那个苹果又大又红，又有光泽，但它的背面有一个大大的疤痕。如果让我重新选，我也选右边的。

6. 师：是呀，小红在座位上选了左边的苹果，可是到讲台前发现苹果的背面有一个虫眼，她改变主意，选右边的苹果了。其实小红和小军两位同学的想法是一样的，都是站在自己的角度，选择了相对更好的苹果。这个实验告诉我们，观察的角度不同，得出的结论也不一样。今天我们就一起来探讨一个有趣的话题——如果我是你。出示课题。

板书：如果我是你

设计意图： 导入环节以“苹果”实验入手，激发学生学习兴趣，让学生初步感知“观察的角度不同，得出的结论也不一样”。

二、观看视频，初步了解

（一）观看视频

1. 师：皮皮熊和斑点狗是好朋友。有一天，他们为一件小事闹了不愉快。

播放视频《斑点狗和皮皮熊》：

有一天，皮皮熊邀请斑点狗来做客。皮皮熊准备了一桌子菜招待斑点狗。

斑点狗：天哪，怎么全是草啊，叶子啊，肥肉啊，真是的，我还是回家啃骨头吧！

皮皮熊：快吃啊，斑点狗，这是妈妈托奶奶从乡下带来的肉，可新鲜了。这肉可是城里吃不到的。

斑点狗：嗯，哎，嗯，皮皮熊，我想先走了，下次再来你家玩吧。明天爸爸妈妈出差了，你到我家吃饭，我亲自下厨烧给你吃。

皮皮熊：好，明天尝尝你的手艺。

斑点狗：送送你吧！

皮皮熊：不用了。

斑点狗：那一言为定，明天见！

皮皮熊：嗯，一言为定。

斑点狗：我不能像皮皮熊那样小气，招待客人都是素菜，我一定要用最丰盛的宴席来招待他，给他一个好印象。哈哈！

第二天，皮皮熊到斑点狗家做客。斑点狗准备了一桌子上好的骨头招待他。

斑点狗：皮皮熊，你怎么不高兴啊？

皮皮熊：嗯，没什么没什么。

皮皮熊（内心独白）：哼，这个斑点狗，太不够意思，让我吃骨头，也不准备点别的，我还是回家吃吧。

斑点狗：哼，我准备了那么丰盛的菜招待你，你还不领情。

皮皮熊：昨天，我准备了丰盛的菜，你也不领情啊！

斑点狗和皮皮熊为此争论了起来。

小猴（路遇）：咦，你们俩怎么闹别扭了呢？

皮皮熊：我，我不喜欢吃骨头，我们熊是不爱吃骨头的，只爱吃肉和叶子，可是斑点狗准备的全是骨头。

斑点狗：我们狗类明明喜欢吃骨头，你弄的全是肉，太油腻了，我吃不下去。

皮皮熊：可我们熊本来就喜欢吃肉，不准备肉，准备什么呀？我已经把家里的肉都拿出来了。

斑点狗：我可不爱吃，这是你爱吃的。

小猴：好啦，别说啦，你们都犯了错。你们要学会换位思考，替他人想想。换位思考就是要站在别人的立场上，不要把自己的想法强加于人，遇到问题多站在别人的角度去考虑。比如，如果我是……

斑点狗：如果我是皮皮熊，我一定希望斑点狗给我准备好多肉。哈哈哈……

皮皮熊：如果我是斑点狗，我一定希望皮皮熊给我准备好多骨头。呵呵呵……

（二）讨论交流

1. 师：斑点狗和皮皮熊为什么闹别扭？

生1：他们的饮食习惯不一样，以为自己喜欢的是最好的。

生2：他们没有换位思考。

生3：因为斑点狗喜欢吃的东西皮皮熊不喜欢，皮皮熊喜欢吃的东西不是斑点狗喜欢吃的。

2. 师：最后斑点狗和皮皮熊都得到了满足，你知道他们是怎么做到的吗？就是换位思考。什么叫换位思考？

生1：换位思考就是要站在别人的立场考虑问题，不能把自己的想法强加于人。

生2：遇到问题多考虑别人。

3. 师：同学们说得真好，换位思考就是不要把自己的想法强加于别人，遇到问题要考虑别人的感受。那么斑点狗和皮皮熊应该怎么换位思考呢？请同桌相互交流一下。

生1：如果我是斑点狗，我一定希望皮皮熊给我准备好多骨头。

生2：如果我是皮皮熊，我一定希望斑点狗给我准备好多肉。

4. 师：要真正做到换位思考，必须牢记“换位思考两步曲”。如果我是你，我希望……我的做法是……

设计意图：通过观看《斑点狗和皮皮熊》的视频，启发学生在有趣的故事中找到问题的症结，进而帮助学生直观了解换位思考的意义和重要性。

三、实战擂台，深入感知

1. 师：在人与人之间交往的过程中，难免会产生一些冲突和矛盾。如何解决人际交往中的矛盾呢？老师这儿有三个案例，请你任选一个，结合两步曲，和你的小伙伴讨论交流一下，如果我是你，会如何处理？

（一）出示案例1：小红酷爱音乐，每周最期待的事就是周末可以在家好好弹钢琴，跳舞蹈。好不容易熬到周末，谁知道周五放学前，数学老师又布置了两张卷子。看来，这个周末又要在题海中度过了。小红觉得真扫兴！如果我是……

1. 师：如果你是老师或者小红，你会怎么做？

生1：如果我是老师，我希望我的学生都能考出优异的成绩。这一单元是考试重点，这一部分内容是难点，我的做法是精心设计一些练习题，帮助学生再来巩固一下。

生2：如果我是小红，我会想老师整理了容易出错的题目，帮助我们复习。使我们考到好成绩，这样老师高兴，爸爸妈妈也高兴。再说，我只要做一张试卷，可是老师要批四十张试卷呢！

2. 师：那你明白了老师的良苦用心，还会心疼一个周末吗？

生：不心疼了。

3. 师：换位思考，可以让师生关系更和谐。

板书：将心比心

（二）出示案例2：一向温和的妈妈今天下班回来，愁眉苦脸，看到小名将脱下的新外套随手一放，不禁怒火中烧，将她责骂了一顿。小名面对妈妈劈头盖脸的责骂，感到很委屈，正想顶撞她两句。如果我是……

1. 师：如果你是小名，你会怎么做？

生1：如果我是小名，我会想我妈妈平时一向很温柔的，她今天发这么大的火会不会身体不舒服？是不是被老板批评了？是不是和同事闹矛盾了？我不仅不能顶撞妈妈，还要体谅妈妈。

生2：如果我是小名，我会想妈妈平时说话一向和蔼可亲，今天莫非在下班途中遇到了不开心的事，才大声责骂我的？妈妈工作很辛苦，再加上还要做家务，我可不能冲妈妈发脾气哦！

2. 师：了解了妈妈的难处以后，你还会生妈妈的气吗？

生：不生气了。

3. 师：谁愿意和老师配合来情境表演一下？

情境表演：

师：小名，妈妈回来了！你，你怎么不把新外套挂在衣架上，到处乱丢啊？

生：啊？哦！

师：妈妈上班已经够累了！瞧你，已经是三年级的小学生了，你什么时候才能学会整理自己的物品，做一个让妈妈省心的孩子啊？

生：妈妈，对不起，老师也一直教育我们自己的事自己做，我以后再也不会乱摆放自己的东西了。

（师紧紧抱住学生）

4. 师：换位思考，可以让家庭关系更和谐。

板书：设身处地

（三）出示案例3：小君姓朱，不是“猪”，可是小刚喜欢把他叫成“猪”，还专门给他加上了许多不堪入耳的词，“猪PP”“猪脚爪”……有一次，上完体育课，小君刚跨进教室，就听到小刚在叫“谁的猪脚爪这么臭”，全班哄堂大笑。如果我是……

1. 师：如果你是小君，你会怎么做？

生1：如果我是小君，我会希望和同学友好相处，不想被别人起绰号，如果同学也给我起绰号，我的内心一定很难受。

生2：如果我是小君，别人给我起绰号时，我会委婉地向他指出，给同学起绰号是一种不礼貌的行为。

2. 师：你有过类似被人耻笑的经历吗？当时心里是什么滋味？

生1：我因为长得胖，别人都叫我“胖猪”，我当时觉得特别自卑。

生2：有一次，我不小心摔倒了，别人非但不帮我，还嘲笑我。我当时心里非常难受，真想找个洞钻进去。

生3：我英语口语差，回答问题结结巴巴，曾经被同学耻笑。我当时不知所措，后来我就不太敢在英语课上举手发言了。

3. 师：我们每个同学在人际交往中都要学会运用换位思考的方式来考虑问题。

板书：我会站在你的立场　我会站在你的角度

4. 师：这儿有一组接力造句，你们想不想试一试？

如果你不想被人耻笑，你就不要去耻笑别人。

如果你不想被人捉弄，你就不要去________________。

如果你不想被人__________，你就不要去__________。

生1：如果你不想被人捉弄，你就不要去捉弄别人。

生2：如果你不想被人侮辱，你就不要去侮辱别人。

生3：如果你不想被人攻击，你就不要去攻击别人。

5. 师：换位思考，可以让同学之间的友谊变得更深厚。

板书：想人所想　利人利己

6. 师：通过刚才几个案例的学习，我们知道了换位思考就是要把自己当别人，把别人当自己。压抑的时候，换个想法去对待；困惑的时候，换个角度去思考；烦恼的时候，换个思维去排解。只有学会换位思考，生活中才会多一分理解。

设计意图：选取“师生之间”“母女之间”“学生之间”三个来源于生活的案例展开讨论，通过小组合作探究“换位思考”，联系实际解决问题。“接力造句”在直观的视觉感受中导行，加深了对“原来同一件事，能用换位思考的方法来解决人际交往的冲突，就能换一种认识”的理解。

四、分享故事，链接生活

（一）学生分享

1. 师：同学们在日常生活中，有没有成功的换位思考的例子，和我们分享一下？

生：以前我在家随便乱扔垃圾，都是奶奶帮我收拾和打扫。有一天，我看奶奶打扫房间特别辛苦，她汗流浃背的，觉得自己不能这样，为不要让奶奶这么累，所以主动承担了家里的一部分家务，并改掉了乱丢东西的坏毛病。

（二）教师分享

1. 师：听了大家的交流，我也忍不住和大家分享一则小故事：有几次下课铃响了，我为了完成教学进度，就拖延了一会儿时间。个别同学的脸上露出了不满的神情，起初我并不在意，后来我静下心来，站在小朋友的角度思考，你们课间只有这宝贵的十分钟时间，有很多事情要做哩！于是，从那以后，我再也不拖堂了，我发觉小朋友特别高兴，我们的师生关系也变得越来越和谐了！

设计意图：“心情故事大分享”这一活动，让学生结合生活实际学会换位思考，让学生们在现实中去感受、体验，深化品德教育。

五、谈话总结，升华情感

1. 师：古往今来，人与人之间和谐关系是联结情感的纽带。良好的人际关系能使人更加充实愉快。因此，面对不同的人，处于不同的场合，我们要学会换位思考。你的笑容向世界绽放，世界将回以满眼的灿烂。老师和大家分享一首小诗，在学习生活中共勉。

出示诗歌《如果我是你》：

如果我是你
我会站在你的角度
将心比心，设身处地。

如果我是你
我会站在你的立场
想人所想，利人利己！

（生齐读诗歌）

【板书设计】

如果我是你
将心比心　设身处地
我会站在你的角度
我会站在你的立场
想人所想　利人利己

【点评】

《如果我是你》这节主题教育课，围绕“换位思考”设计活动，通过实验导入，揭示课题；观看视频，逐步了解；实战擂台，深入感知；分享心情故事，感悟升华等几个环节，全程体现了对学生心灵、情感的点拨。这节课主要有三个特点。

1. 选题准

对于中年级学生，自我观点在不断增强，独生子女学生，以自我为中心的特点也比较突出。学生往往在人际交往中会强调“我是……”。主题的选择关注到了这个年龄段学生的身心发展问题，并且将“我是……”巧妙地转换为“如果我是……”体现了这节主题教育课的意图。

2. 导入新

这节课最亮眼的是导入环节的设计，徐老师设计了“苹果实验”，让学生各自站在自己的角度进行选择，启发学生懂得“站的角度不同，见到的也不同”。这个环节的设计强调了学生生活体验的过程，同样的道理不是采用说教的形式，而是通过亲身体验的方法，增强学生的见识。

3. 过程实

在实施环节中，徐老师分别设计了与他人相处、与同学相处、与家人相处方面的情境再现。通过讨论，指出学生在面对不同的人际关系时，要采用换位思考的方式去解决问题，更重要的是要学会友善待人、和平相处。整节课朴素实在，显现出教师的智慧和功力。

上海市浦东教育发展研究院德研员　姚瑜洁

第28课　告别嘲笑

设计教师：上海市浦东新区大桥小学　　刘　炜
指导教师：上海市浦东教育发展研究院　姚瑜洁

【活动背景】

党的十八大以来，中央高度重视培育和践行社会主义核心价值观。“友善”是处理人际关系的基本准则，强调公民之间应互相尊重、互相关心、互相帮助、和睦友好，努力形成社会主义的新型人际关系。减少争执与矛盾，不嘲笑他人就是友善的一种表现。

学生升入四年级后，自我意识逐渐增强，他们更关注别人对自己的看法，同伴交往进入了一个新的层面。近来发现，我们班女生哭鼻子、男生相互争执的现象有所增加。经过了解，这些现象多数是因为被他人嘲笑引起的。通过问卷调查，我发现班级有92.3%的同学有过被他人嘲笑的经历，通常是自己的缺点、习惯被他人当作笑柄。嘲笑不仅给他人带来负面的情绪和压力，也使同伴间的关系变得紧张，不利于同学间的团结。

【活动对象】

小学四年级学生

【活动目标】

1. 知识目标

知道嘲笑是不友善的行为，嘲笑会使他人的心灵受到伤害。

2. 技能目标

学会合理应对他人的嘲笑，进行自我调节，改善同伴关系。

3. 情感目标

懂得嘲笑会给人带来伤害，要懂得尊重他人。

【活动重点】

知道嘲笑是不友善的行为，嘲笑会使他人的心灵受到伤害。

【活动难点】

学会合理应对他人的嘲笑，进行自我调节，改善同伴关系。

【活动准备】

1. 调查问卷。

2. 视频：羊羊运动会剪辑、自编情景剧视频。

3. 学生活动学习单。

4. 自制多媒体课件。

【活动过程】

一、视频讨论，引出主题

（一）出示照片，展示笑容

1. 师：请同学们简单介绍一下这些照片。

生1：这张是我在运动会上得了奖的照片，我当时很开心。

生2：这是我们出去春游的照片，大家一起分享零食，十分开心。

生3：这张照片记录了我努力了好久，好不容易得了一次高分的美好时刻，哈哈。

设计意图： 以美好的“笑”引入，带给学生美好的情绪体验，感受这样的“笑”令人心情愉悦，和之后“嘲笑”给人带来的感受形成鲜明对比。

（二）观看动画，交流感受

1. 师：看到大家灿烂的笑容，老师也觉得非常高兴。在我们的身边，每天都上演了各种各样的笑。可是有些笑声却让我们不太舒服。让我们一起去羊村看看羊羊运动会上发生的一幕。

播放视频《羊羊运动会》：喜羊羊、沸羊羊和懒羊羊一起跑步，喜羊羊嘲笑懒羊羊跑得慢。

2. 师：这是怎样的笑声？

生：这是嘲笑。喜羊羊在笑话懒羊羊跑不快。

板书：嘲笑

3. 师：如果你是懒羊羊，听到喜羊羊的嘲笑，心里会有怎样的感受？

生：如果我是懒羊羊，我会非常伤心，我已经很努力了，还要被最好的朋友嘲笑。

4. 师：我跟你一样难过。如果你是懒羊羊，接下去你会怎么做？

生：我会觉得受不了，需要发泄一下，比如多吃些美食。

5. 师：你的回答很符合懒羊羊的人物形象特点，为你的精彩想象点赞。

设计意图： 《羊羊运动会》是学生们比较喜欢的动画片，平时学生会在一起交流动画片的情景。用他们熟知的动画片引入话题，学生易于接受。

（三）联系自身，谈谈经历

1. 师：在我们的生活中也发生了类似的事情，让我们一起走进生活直播间去看一看、听一听。

自编自演情景剧《试卷下发后》：

试卷下发后，平时成绩一直很好的小茹因一道简单题做错而被同学嘲笑。

怡：耶，我这次得了A呢，还是全对呢！看看，看看，这试卷多完美！

众（七嘴八舌）：哇，好厉害，全对啦。就是就是……咦，小茹呢？

琳：小茹你得了啥？呀，才得了B啊！

王：让我看看，让我看看！你们知道吗？小茹这次才得了B，你看这道题这么简单，我都做对了，她却错了，哈哈……

众：什么题错了？

王：0+8，你猜她写几？她写0，哈哈……

茹：你们……你们都走开，笑什么笑？（趴下哭泣，很伤心）

2. 师：你们有没有类似被人嘲笑的经历？你当时又是怎么应对的？请你用简短的话写在学习单上。

有一次别人这样嘲笑我：	我当时对他说：
	结果我们两个人：

3. 师：这个话题比较隐私，不过我们今天把它拿出来并不是要嘲笑你的过去，而是帮助你正确地看待这个问题。有谁愿意和大家分享自己的经历？

生：我来说说我的经历，反正我被大家嘲笑也不是一天两天了。大家都嘲笑我发音不准，“高高兴兴”永远是“叨叨兴兴”。但我最生气的是我最好的朋友也这样笑话我。当时我就说：“你管得着吗？”后来我们两个冷战了几天。

4. 师：我还是蛮同情你的这段经历的，我也曾经因为发音不准确被同学嘲笑过。嘲笑别人不仅给别人带来心灵上的伤害，也使友谊的小船说翻就翻。

（四）问卷调查，揭示主题

1. 师：课前我下发了一张问卷，下面让我们一起来了解问卷的数据统计。我们班有92.3%的同学曾经因为某些事被人嘲笑过。看来被人嘲笑的现象在我们身边非常常见，谁都不喜欢被人嘲笑，今天就让我们一起来“告别嘲笑”。

板书：告别

设计意图： 四年级的学生长大了，对于自己的糟糕经历，很多学生不愿意在人前提起，所以我采用写下来的方式进行。但要直面这个问题就需要学生能主动分析自己的经历，通过剖析这段经历，引发大家思考。没有调查就没有发言权，调查数据反映我们班级绝大部分学生正在面临“被嘲笑”这一问题，这说明剖析、解决这一问题很有必要。

二、方法习得，心理调适

（一）感受“你”句式

1. 师：面对嘲笑，我们是怎么回应的？让我们一起来看看这些回应有什么共同点？

“要你管！”“算你了不起！”“你管得着吗”……

生：都很不开心。

2. 师：你从句子里能读懂情绪。仔细观察句子，找一找，哪个字在这些句子里出现的频率最高？

生：“你”字。

3. 师：也请大家低头看一看自己刚刚写的学习单中这个字有没有出现？当我们在使用“你”做主语回应他人的嘲笑时，往往带有很强烈的不满或攻击情绪，然而这样的句式往往不仅不会令对方意识到他伤害了你，不会理解你，更不会同情你，相反，还会使自己伤心、难过，甚至导致你们之间的关系紧张。

设计意图：收集典型的学习单，引导观察“我”当时对他说的句式，总结归纳这些语句的共同点，主语都是第二人称“你”。

（二）介绍“我”句式

1. 师：如果把主语“你”换成“我”，我们来试一试，听完这段话，你们来说说自己的感受。就拿被嘲笑发音不准这件事来举个例子，可以这样回应嘲笑你的人：“我现在很不开心，因为作为我最好的朋友，你也来嘲笑我发音不准，这让我很难过。其实我已经很努力地让自己的发音听上去正常些，希望你以后别再这样笑话我了。”如果你是嘲笑我的人，听完我的这段话，你有什么感受？

生1：我觉得是我做错了，我不该这么嘲笑我最好的伙伴。

生2：我觉得我有点儿过分，怎么可以这样说自己最好的伙伴呢？我会马上和他说“对不起”。请他原谅我。

生3：我觉得挺不好意思的，嘲笑别人一点儿也不好玩。

（三）学用“我”句式

1. 师：看来大家都感受到了“我”句式神奇的魅力。下面就让我们一起来学习一下“我”句式的表达。

板书：“我”句式

2. 师：“我”句式主要包含三层意思：我觉得……（受嘲笑后的感受）；因为……（说明为什么会有这样的感受）；我希望……（对嘲笑者的希望）。

3. 师：如果时光可以倒流，给你一个机会重新回应那个嘲笑你的人，你要怎么和他说呢？请用“我”句式写在学习单上。

如果时光可以倒转	我想对他说：

4. 师：有谁愿意分享自己写的话？

生：我想对嘲笑我的人说，我听到你嘲笑我，还笑得很开心，我很难过，也很生气。因为你笑话我考得差，其实我也想考好的，你能别笑话我了吗？

5. 师：如果你是那个嘲笑他的人，听完这段话，你打算怎么回应他？

生1：对不起，我不是故意笑话你的。

生2：对不起，考得不好你已经很难过了，我还笑话你，太不应该了。让我来帮助你，一起看看错在哪里。

生3：我以前就因为他考得不好嘲笑过他，现在想向他道歉。

6. 师：你很勇敢，当着那么多人的面承认了自己的错误，我们应该给你掌声。你现在想对他说什么？

生1：对不起，我以后不再笑话你了，你能原谅我吗？

生2：嗯（拥抱）。我也有不对的地方，对不起，我们还是好朋友。

7. 师：再次为他们两个人鼓鼓掌。

设计意图： 此环节的本意是鼓励学生用语言表达内心真实的情感和想法。情到深处，就会有真实的情感爆发出来。当众承认错误是意外生成，这需要极大的勇气。对于大胆跨出这一步，并且能直面自己错误的学生要多多鼓励和肯定，并且要为他们重建友谊营造氛围。

（四）活用方法，调适心情

1. 师：我很高兴，大家学会了用正确的方法回应他人的嘲笑。下面再给大家简单介绍几种方法。

小故事：《NBA著名球星保罗》

保罗：哥哥，我以后的梦想是能进NBA打篮球。

哥哥：你长得那么矮，根本进不了NBA。

保罗：这又怎么样呢？浓缩就是精华，就像小巨人拿破仑一样。

保罗用幽默化解了哥哥的嘲笑。长大了的保罗，努力学习技能，弥补了身高的不足，最终实现了自己的梦想。

2. 师：大度的微笑是回应嘲笑最有力的武器。“浓缩就是精华”这一恰当的比喻，再加上拿破仑的事例，回应得有礼有节，也很幽默，这就是幽默法。

板书：幽默法

3. 师：可以想象，自己像踢足球一样把别人的嘲笑踢飞了，也可以想象嘲笑像便便一样被抽水马桶冲走了。这就是“想象法”，谁继续来想象？

生：我把嘲笑像丢垃圾一样丢掉了。

板书：想象法

4. 师：下面这个方法比较高级，有点换位思考的意思。举个例子，别人嘲笑你胖，你回应：“你真幸运，不用减肥了。”再比如，别人嘲笑你矮，你回应：“我在你边上，不是恰好能衬托出你高大的形象吗？”对嘲笑你的人表示赞同，还给予他积极的关注，不仅可以化解紧张的气氛，还能使嘲笑失去意义，特别适用于自己的身体特征、独特习惯被嘲笑时使用。这就是“称赞法”，谁愿意来试一试？

板书：称赞法

生：老师，如果别人再嘲笑我的发音，我就这么回应：谢谢你，我说的每个字你都听得那么认真仔细。

5. 师：厉害，你是怎么想到这样说的？

生：我想，如果要听出别人发音准不准，就要很认真地去听，然后反过来就可以回应了。

设计意图： 方法提点，介绍一些比较实用的应对嘲笑的方法。这些方法可以有效地帮助学生缓解当缺点被人揭示时的防御心理和尴尬气氛，并使嘲笑失去意义，提高自我心理调节能力。

三、小组分享，总结升华

1. 师：相信通过这节课的学习，大家一定有许多收获，请你们把这些收获记录下来，然后进行小组内分享。

（生组内交流）

2. 师：将心比心，谁都不愿意被别人嘲笑。因此，在今后的生活中，我们也要尽量多理解、同情、体谅别人，少一点儿嘲笑。

【板书设计】

告别嘲笑

“我”句式

幽默法

想象法

称赞法

【点评】

本节课围绕“告别嘲笑”这个主题，通过体验、互动，让学生懂得不能嘲笑他人，以及应对他人嘲笑的方法。这节课的设计、实施有三个亮点。

1. 以学生为中心，重视人格塑造

整节课的设计以学生为中心，尊重学生的主体地位，注意调动学生的自觉性、积极性，从课堂师生互动中可以充分看到教师尊重学生，平等交流，重视学生人格塑造。当学生谈到曾经遭遇过同学嘲笑时，刘老师讲自己的经历和学生进行分享，一方面表达对学生情绪感受的理解，另一方面用自己的经历给这位学生传达一种信息，被人嘲笑并不是一件可耻的事情，懂得回应和化解尴尬。

2. 以问题为中心，理论联系实际

刘老师善于发现四年级学生中存在的不良现象，并根据学生的年龄特点和心理特征设计教学内容。她从喜闻乐见的动画片《羊羊运动会》入手，让学生体会嘲笑带来的负面影响；又通过创设学习生活中的情境，感受嘲笑带来的伤害；最后通过问卷数据揭示问题。整个过程由人及己，逐层递进，有效缓解负面问题被揭示时的尴尬情绪和防御心理。

3. 以活动为中心，加强心理训练

教育活动精心设计，环环相扣。开展句式训练，让学生学会了合理应对他人嘲笑的技能，同时也让学生明白，大胆勇敢地说出自己的错误是获得赞赏和友谊的人际交往的方法之一。

上海市浦东新区大桥小学德育教导　孙　芬

第29课　小动作　大能量

设计教师：上海市南汇第四中学　　　沈可蕾
指导教师：上海市浦东教育发展研究院　姚瑜洁

【活动背景】

2019年3月18日，习近平总书记在学校思想政治理论课教师座谈会上强调："青少年阶段是人生的'拔节孕穗期'，要给学生心灵埋下真善美的种子，引导学生扣好人生第一粒扣子。"他在北京市海淀区民族小学主持召开座谈会时强调指出，"从小积极培育和践行社会主义核心价值观"。友善，作为社会主义核心价值观公民层面的基本内容，是公民最基本的道德素养。

如今的中学生从小在养尊处优的环境中成长，随着年龄的增长，以"自我为中心"的特征愈发明显，在与同伴的交往中表现较为自私，不会控制自己的情绪，不懂得关爱身边的人，更不擅长表达友善和爱意。尤其是与同伴发生矛盾时，言语激烈，表情冷漠，更有甚者发生肢体冲突，不懂得换位思考、将心比心。一些友善的小动作，往往可以传递大能量，化解矛盾于无形。

【活动对象】

初中六年级学生

【活动目标】

1. 知识和技能

知晓友善"小动作"的"大能量"，懂得与人为善，能谅解他人。

2. 过程与方法

学会在校内外、家中等各种场合运用"友善"小动作，促进人际关系相处和谐、融洽。

3. 情感态度价值观

认同友善待人的好品质，愿意发扬友善新风尚，树立正确的人生观和价值观，践行友善，传递正能量。

【活动重点】

1. 懂得友善"小动作"在人与人交往中发挥的作用。
2. 学会运用"小动作"来达到表达友善的目的。

【活动难点】

学会在校内外、家中等不同场合运用“小动作”表达友善。

【活动准备】

1. 组织学生收集身边的友善“小动作”。
2. 制作“点赞手指”、《我为社会主义核心价值观代言》纸板。
3. 制作多媒体课件。

【活动过程】

一、感悟友善

1. 师：同学们，初秋是老师最喜欢的季节，这个季节里，可以沐浴温暖阳光，感受微风拂面。今天，老师就想和大家分享一个关于“太阳和风”的故事，请大家一边听一边思考一个问题：风和太阳谁的能量更大？

播放数字故事《太阳和风》：一天，太阳和风争论谁强，风说：“当然是我。你看下面那位穿着外套的老人，我打赌很快把他外套脱下来。”说着，便用力对着老人吹，想把老人的外套吹下来。但是它愈吹，老人愈把外套裹得紧。这时太阳便从云后走出来，暖洋洋地抚摸着老人。没多久，老人便开始擦汗，并且把外套脱下了。于是，太阳对风说道：温和友善有时要强过愤怒与暴力。

2. 师：你觉得谁能量大？

生：太阳的能量更大。

3. 师：为什么呢？它们都是怎么做的呢？接下去让我们一起来完成这个连线题。

连线题：风　　轻轻抚摸　　越裹越紧
太阳　　猛烈地吹　　脱下外套

4. 师：同学们都做得很棒！的确，太阳用自己的温和友善让我们感受到“小动作也有大能量”，“温和友善永远强过愤怒与暴力！”

板书：小动作 大能量

设计意图： 选择数字故事《太阳和风》做导入，通过对比分析“太阳”的小动作和“风”的大动作导致的截然不同的效果引发学生思考，从而揭示本课主题——《小动作，大能量》。

二、辨析友善

1. 师：今年夏天，相信大家都关注到一个节目叫《中国好声音》，四位导师对心仪的“好声音”转身点赞。今天，我们来玩个游戏叫《四中好动作》。首先，我们来了解游戏规则：（1）全员参与；（2）分析判断；（3）对友善的行为举“点赞手指”，反之不动。

	情景	学生反应
1	见面时主动礼貌打招呼	点赞
2	不小心被同伴撞了一下，一定要撞回去	
3	接受他人帮助后，及时感谢	点赞
4	当别人遇到困难时视而不见	
5	为他人的成功喝彩	点赞
6	取笑他人的行为	
7	四人接力比赛时为同伴加油鼓劲	点赞
8	歧视他人的缺点，并孤立他	
9	与同学发生矛盾，一笑了之	点赞
10	给他人取侮辱性的绰号	

设计意图：通过游戏的方式来辨析“友善”，检验学生对“友善”的理解。通过具体的情景让学生对“友善”的理解从抽象到具体，逐步感悟“友善”。

三、践行友善

（一）在学校——礼貌待人

1. 师：大家的判断都非常正确，我们来看看以上5个“友善”的行为，不难发现他们都是通过一个简单的小动作来表现自己的“友善”，那么我们在校园生活中该怎样运用这些“小动作”来践行“友善”呢？

生1：拥抱。

生2：微笑。

生3：击掌。

2. 师：同学们都回答得很棒！可以归纳如下：首先，友善是你的一个问候。

播放视频，《嗨！你好！》：

“嗨！你好！”行动三要素：挥手；微笑；嗨，你好！呼吁大家加入“嗨，你好！”行动中来，见面主动打招呼，从“嗨，你好！”开始。

3. 师：来，让我们加入“嗨，你好！”行动，先从和老师打个招呼开始！

生：（挥手、微笑）“嗨，你好！”

4. 师：友善是你的一个微笑。

播放幻灯片：微笑是对他人的尊重，是人与人之间最好的语言，是人生最好的名片。让我们先送同桌一个微笑。

生：互相微笑。

5. 师：友善是你的一句鼓励。

播放幻灯片：良言一句三冬暖，恶语伤人六月寒！让我们用一句话鼓励你的同桌。

生1：你很优秀，是我学习的榜样。

生2：你乐观、阳光，碰到困难不气馁，值得我学习。

6. 师：友善是你在别人遭遇困难时伸出的一只手。

播放幻灯片：送人玫瑰，手留余香；助人之手，成人之美；帮助别人，快乐自己！让我们和自己的同桌握个手。

（生相互握手）

7. 师：友善是你爱心的体现。

播放幻灯片：友善是爱心的外化，一个充满爱的世界才是一个美好的世界，我们要学做“暖心人”。来，给你的同桌一个大大的拥抱！

生：相互拥抱。

8. 师：你们都是懂得友善待人的好孩子！相信大家在感受彼此“温度”的同时，也能感受到彼此的“友善”！让我们回忆一下，生活中是否还有让你感动的“友善”小动作呢？一起来分享一下吧。

生1：上学期的期末考试我没考好，没控制住就哭了，同桌小玲悄悄递给了我她新买的手帕。

生2：上学期期末体育长跑考试，在我快要放弃的时候，我们班的体育委员陪我跑到了终点。

设计意图： 通过让学生们相互问候、微笑、鼓励、握手、拥抱，引导学生们明白一个简单的“小动作”就能让大家感受到彼此间的友善，并进一步体验这些友善小动作带来的温暖，以此呼吁大家行动起来！

（二）在社会——温暖他人

1. 师：感谢分享小故事的每一位同学，你们的分享都很精彩！正如同学们分享的一样，一个不经意的“友善”小动作，带给了对方满满的正能量。老师要为每一个“友善”小动作点赞！接下去，让我们来看一个图片故事。

图片故事：《待用咖啡》

和朋友来到一个小咖啡馆，又有两位客人进来了。

“五杯咖啡，两杯给我们，三杯待用。”

“什么是待用咖啡？”

“等一下你会明白。”

后来，进来一位老者，轻声问服务员：“请问现在有待用咖啡吗？”

原来人们提前买了咖啡，让付不起钱的人享受温暖。

2. 师：谁来告诉我什么是“待用咖啡”？你认为这是一个友善的行为吗？

生1：待用咖啡就是人们提前买了咖啡，让付不起钱的人享用。我认为这是个“友善”的行为。

生2：我赞同刚才同学的说法，待用咖啡是为需要咖啡而又生活拮据的人免费提供的。我也认为这是个“友善”的行为。

3. 师：两位同学的回答非常棒！同学们，这个“待用咖啡”源自意大利，经微博点击和转载后，在我们国家也掀起了一股“待用文化”的热潮，如“待用午餐”“待用电影票”等，这也是时下非常流行的一种新公益形式——微公益。大家都知道“微”代表了什么吗？

生1：微小。

生2：细微。

4. 师：大家判断出了“微”的含义。然而“微公益”其实有两个关键词“微”和“公益”，所以“微公益”也有两个层面的含义：第一层含义是，通过微小的动作来满足微小的社会需求；第二层含义是，运用新媒体“微博”“微信”等途径来做公益。那么我们再来思考一下，为什么“待用文化”这类微公益会得到大家的追捧？

生1：因为它简单、方便。

生2：因为这样的公益形式很特别，是一种行善的行为。

生3：我想，每个人内心深处都愿意帮助他人。

5. 师：大家说得都特别有理，我也赞同，正所谓人之初，性本善，因为这样的行为力所能及且简单易操作，不仅触及了每个人心目中的善念，而且提供了奉献爱心的机会。

6. 师：冰心在《繁星》里写道：“创造新陆地的，不是那滚滚的波浪，而是它底下细小的泥沙。”微公益，通过“点击转发”这样一个小动作，给每一个人献爱心的机会，让我们可以随时随地、量力而行地投身公益。将个人的微薄力量积少成多，积沙成塔，汇聚成一股不平凡的正能量，去唤醒整个社会的爱心和友善。在我们日常生活中亦是如此，只要行动上的点点“小动作”，就能拉近彼此的距离，就能表达我们的“友善”。而“小动作大能量”正是此类微公益行为的亮点所在！

7. 师：一个简单的小动作就能表达我们的友善，希望大家从自己做起、从身边做起、从小事做起，从小动作开始，存爱心、做善事！

设计意图：通过介绍时下流行的新型公益形式——微公益，而“微公益”的一大特点就是通过微小的动作来满足微小的社会需求。这也再次证明了“小动作”可以发挥“大能量”，进而号召学生们积极投身到“微公益”的活动中使同学们认可“小动作”所蕴含的大能量。

（三）在家里——善待家人

1. 师：刚才同学们分别分享了如何在校内校外表达我们的“友善”，下面来看看这张对话截图，并谈谈你的感受。

图片微博热搜话题#森碟　每一句话都是ending#

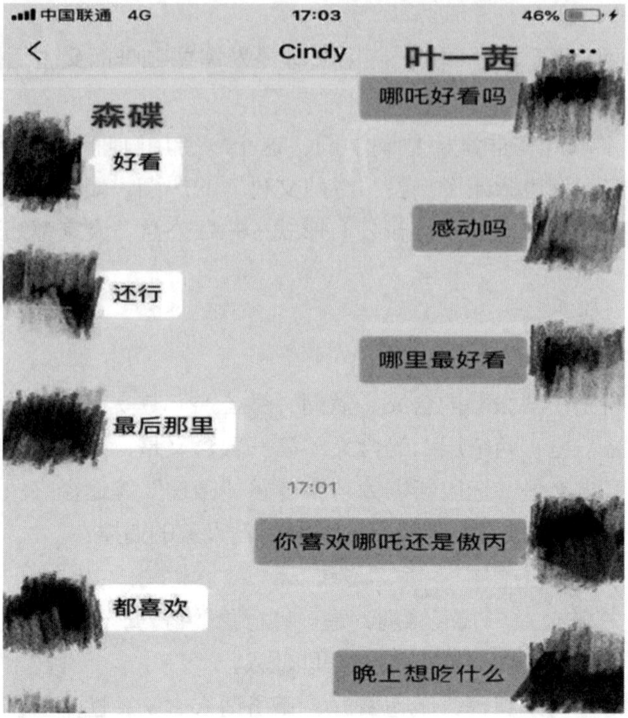

生1：气氛有点冷。

生2：聊不下去。

2. 师：沈老师和大家有同样的感受。这张对话截图来自《爸爸去哪儿1》小主角森碟（田亮大女儿）和妈妈的日常对话，上传后在网络上引起了热议。网友们纷纷感叹“每一句都露出拒绝”，森碟的妈妈更是自嘲道：“和森碟的聊天，每一句都是ending。”一起回忆一下这样的情景是否也在我们身边发生过？

生1：有过。

生2：没有。

生3：偶尔。

3. 师：感谢同学们的坦诚回答。的确，这样的情景在大部分家庭中都出现过。比如，妈妈说“最近天气冷，降温降得厉害，千万多穿点”，你们会答“我又不是小孩儿，用不着你跟我唠叨”。爸爸问：“上次你说的题目不懂问老师了吗？”你们会答：“哎呀你别问了，说了你也不懂。”大家想想，这样和家人聊天的态度与口吻是“友善”的表现吗？

生1：不像。

生2：不是。

4. 师：看来大家都意识到这个问题了，往后再遇到这样的情况，我们要怎么做？

生1：和爸爸妈妈好好说话。

生2：要有耐心。

生3：态度要好。

5. 师：我们往往会犯这样一个错误：对待陌生人和身边的同学朋友谦逊有礼，言辞得体，而面对父母时毫无顾忌，什么话都能说得出口。其实，我们不仅要在校内外对周围人展现我们的友善，更不要忘了对家人也要体现我们的友善，而在家的“友善”首要就是好好说话！善待家人是本分，是一个家庭生息繁荣的根基所在，所谓“家和万事兴”嘛！

设计意图： 通过热搜话题#森碟，每一句聊天都是ending#产生共鸣，引导学生换位思考，反思自己在家和父母相处是否“友善”？让学生懂得在家也应“友善”善待家人，善待家人首先要学会与家人好好说话。

四、代言友善

1. 师：同学们，通过这节课的学习，相信大家对“友善”都有了自己的理解和认识。让我们拿出纸板为友善代言！

我是____________（身份或姓名）。友善，就是____________（谈谈自己对友善的理解）。

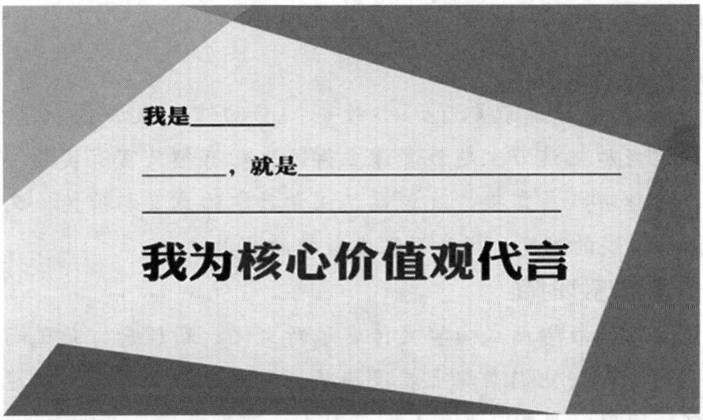

2. 师：我先来交流，“我是沈叫蕾。友善，就是通过一些小动作，向周围的人表达友好和善意，我为核心价值观代言。”

生1：我是陈诚。友善就是为他人做力所能及的事，我为核心价值观代言。

生2：我是季天悦。友善就是通过一个个小小的举动，像春风化雨般，让彼此感到温暖，我为核心价值观代言。

生3：我是王佳乐。友善就是在别人遇到困难时你的一个援手，我为核心价值观代言。

3. 师：大家分享的“友善”代言词真棒，老师巡视的时候还看到了不少优秀的代言词，但由于时间关系，我们就不一一展示了。课后统一交给各组组长，下节课投票选出我们班的“十佳友善代言词”！希望同学们今后在与周围人接触过程中能多一点儿微笑、多一句鼓励、多一份帮助、多一些爱心！请记住“小动作也有大能量”！

设计意图： 通过课堂上分享“代言卡”的形式让学生说出自己对于“小动作大能量”的理解，并践行于自己的行动中去。

【板书设计】

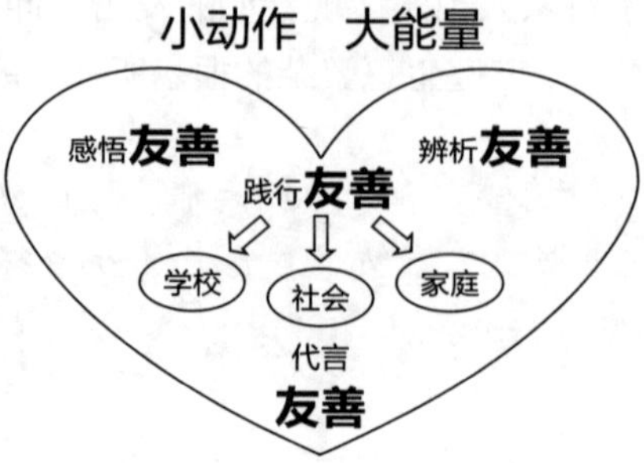

【点评】

1. 教学目标的设定适切明了

本课的教学目标重在引导学生“知道—理解—感悟—践行”，学生对“友善”的理解从抽象到具体，目标适切明了、循序渐进，既容易接受，又有很深的实践体验，给学生留下了深刻的印象和深切的体悟。

2. 教学内容的选择以小见大

《小动作，大能量》一课选取了“小故事、小动作、微公益”三个内容，力求以“小”见“大”，沈老师把这节主题教育课上得既生动有趣又富有实效。这样的教学内容切口小、意义大、能理解、易掌握，既彰显了课堂教学的意义与价值，又大大降低了学生理解社会主义核心价值观的难度，提高了课堂教学的有效性。

3. 教学形式的运用巧妙时尚

沈老师通过多元化的教学形式向学生传递了新文化、新理念、新风尚，而这样的教学形式也深得孩子们的青睐，他们在课上表现踊跃，积极参与。可见，把握了学生喜闻乐见的时尚元素，并巧妙运用，课堂形式会更有吸引力，课堂内容更具魅力。

沈老师精心设计每一个教学环节，注重每一个教学细节的巧妙安排，关注教学过程中学生的学习态度、兴趣及课堂氛围，努力引导学生通过“小故事”认识友善、通过“小动作”感悟友善、通过“辩论赛”辨析友善、通过“微公益”践行友善，使整堂主题教育课做到循序渐进、由浅入深，进而促使学生自我教育的“升发”。

上海市浦东教育发展研究院教师发展中心副主任　王伟杰

第30课　红丝带飘起来

设计教师：上海市南汇第四中学　　　倪新华
指导教师：上海市浦东教育发展研究院　姚瑜洁

【活动背景】

“友善”，是社会主义核心价值观的重要内容之一，是处理人际关系的基本准则，是公民的基本道德规范。面对艾滋病人、艾滋孤儿，有多少人能亲切和睦地与之相处？谈“艾”色变的现象依然严重，其根本原因是科学知识的匮乏和传统思想的偏见。

目前，我国中学生正身受“白色污染”“黄色污染”等不良社会现象的侵袭，15～24岁的青少年是艾滋病的高危人群。联合国儿童基金会公布的相关调查数据显示：有关艾滋病的知识在青少年中覆盖率还很低，我国对于青少年预防艾滋病教育方面仍显不足。七年级的学生正处于青春期，渴望了解性知识，此时是建立正确性爱观的最佳时机。每年12月1日是世界艾滋病日。对于初中生来说，普及艾滋病相关知识，树立正确的思想观念，具有深远的意义。

【活动对象】

初中七年级学生

【活动目标】

1. 知识与技能

（1）正确认识艾滋病，知道艾滋病相关知识。

（2）知道艾滋病的传播途径。

（3）客观认识我国及世界艾滋病疫情的现状。

2. 过程与方法

了解艾滋病病毒的危害，意识到性质的严峻程度，学会防治艾滋病传播的方法。

3. 情感、态度与价值观

尊重艾滋病患者和艾滋病受害者，懂得珍惜爱护生命。

【活动重点】

知晓艾滋病相关知识与目前疫情现状，学会预防艾滋病传播的方法。

【活动难点】

正确树立艾滋病防控意识，懂得珍惜和爱护生命，学会友善地对待艾滋病患者和艾滋病受害者。

【活动准备】

学生准备：调查资料，收集案例，制作红丝带。

教师准备：准备相关素材，制作课件。

【活动过程】

一、展示丝带，揭示主题

1. 师：同学们，大家看一下老师手里拿的是什么呀？

生：红丝带。

2. 师：你们了解“红丝带”的意义吗？谁能给我们介绍一下？

生：“红丝带”是世界预防艾滋病组织的标志。

3. 师：“红丝带”是在1991年由纽约可视化艾滋病艺术小组创造的，是艾滋病病毒和艾滋病知识的国际性标志。它代表着全世界越来越多的人关注艾滋病病毒，关怀艾滋病感染者，为他们带去希望和支持，它也代表着人类共抗艾滋病的决心。抗击艾滋病是我们大家共同的责任。今天，我们将一起加入这场没有硝烟的战斗，每一个积极参与活动的同学都可以获得这枚红丝带。我们一起让红丝带飘起来。

设计意图：展示手工红丝带，激发学生的好奇心和学习热情，引导学生逐步了解“红丝带”的由来以及它所代表的意义，导入主题。

二、探究活动，了解艾滋病

（一）艾滋病知识知多少

1. 师：人们总是闻“艾”丧胆，艾滋病真的有那么可怕吗？首先，让我们一起走近艾滋病，了解艾滋病。先来一场竞赛，看看哪组同学对艾滋病知识了解最多。六个小组各派一名代表答题，题型均为选择题。前十二题为必答题，后八题为抢答题。答对一题即可为本小组赢得一枚红丝带。

艾滋病知识竞赛试题：

1. 艾滋病的英文缩写是什么？（　　）

A. ADIS　　B. AISD　　C. AIDS

2. 2018年是第几个世界艾滋病日？（　　）

A. 29　　B. 30　　C. 31

3. 目前，发现的人类艾滋病病毒有几种？（　　）

A.一种　　B. 两种　　C. 三种

4. 目前，中国因艾滋病死亡的人数约有多少万人？（　　）

A. 24　　B. 50　　C. 70

5. 目前，中国艾滋病病毒感染人数在亚洲位居第几？（　　）

A. 2　　　　B. 3　　　　C. 4

6. 目前，中国艾滋病病毒感染人数在全球位居第几？（　　）

A. 12　　　　B. 13　　　　C. 14

7. 世界艾滋病日是每年的几月几日？（　　）

A. 12月1日　　　　B. 12月25日　　　　C. 12月21日

8. 目前中国艾滋病病毒感染者约有多少万人？（　　）

A. 30　　　　B. 84　　　　C. 210

9. 第一例艾滋病是在哪年、哪国发现的？（　　）

A. 1981　美国　　　　B. 1986　英国　　　　C. 1988　印度

10. 目前，我国艾滋病病毒感染人数最多的省份是？（　　）

A. 河南　　　　B. 云南　　　　C. 广西

11. 目前，我国发现几个省、市、自治区有艾滋病病毒感染者？（　　）

A.30　　　　B. 31　　　　C. 32

12. 2017年世界艾滋病日的宣传主题是什么？（　　）

A.“正视艾滋，重视权益，点亮反歧视之光”

B.“行动起来，向‘零’艾滋迈进”

C.“我的健康，我的权利”

13. 艾滋病病毒的中文全称是哪一个？（　　）

A.获得性免疫缺陷综合症

B.免疫系统传染病

C.病毒引起的传染综合症

14. 艾滋病的传播途径是哪些？（　　）

A. 性传播、空气传播、血液传播

B. 空气传播、血液传播、唾液传播

C. 性传播、血液传播、母婴传播

15. 从感染艾滋病病毒到艾滋病，下列时期顺序中正确的是（　　）？

(1) 无症状感染期 (2) 急性感染期 (3) 艾滋病期 (4) 全身性持续性淋巴结肿大期

A. 2—1—4—3　　B. 1—2—4—3　　C. 1—2—4—3　　D. 2—1—3—4

16. 在艾滋病中什么是窗口期？（　　）

A. 从可以血液中检测出艾滋病病毒抗体到自身有不适的反映

B. 从感染了艾滋病病毒到可以从血液中检测出艾滋病病毒抗体

C. 从感染了艾滋病病毒到自身有不适的反映

17. 怀疑自己得了艾滋病，到哪里去检测？（　　）

A. 各所医院诊所等均可做这样的检测

B. 县以上医院和卫生防疫站可做这样的检测

C. 市国家级大型医院可做这样的检测

18. 下列哪些日常生活接触可能会感染艾滋病病毒？（　　）

A. 与艾滋病病毒感染者握手、拥抱、抚摸、礼节性接吻

B. 与艾滋病病毒感染者一起吃饭、喝饮料以及共用碗筷、杯子

C. 蚊子、苍蝇、蟑螂等昆虫叮咬，与艾滋病病毒感染者共用针管献血

19. 下列不能做到有效防范艾滋病病毒传播的是（　　）。

A. 可借共用牙刷、剃须刀、刮脸刀等个人用品

B. 坚持洁身自爱

C. 避免直接与艾滋病患者的血液、尿液等接触

20. 下列对待艾滋病患者正确的做法是（　　）。

A. 遇到艾滋病患者避免与之发生任何接触

B. 任何情况下力所能及地帮助艾滋病患者

C. 尽力帮助他们解决生活和工作中的困难，但要做好自身的防范意识

答案：CCBAA　　AABAC　　　BCACA　　　BBCAC

2. 师：从大家的表现来看，你们对艾滋病知识了解不少。

设计意图：通过知识竞赛的活动形式，考查学生对艾滋病相关知识的掌握程度，并让学生对艾滋病有一个初步的了解。同时，活跃课堂气氛，激发学生的学习热情。

（二）艾滋病危害有多大

1. 师：1981年在美国首次发现和确认艾滋病患者，至今已过去将近四十年了。在这近四十年里艾滋病对人类造成了怎样的危害？对我国造成了怎样的危害？请看图片，注意观察图中的数字、曲线，说说你读出了什么。交流者可获得一枚红丝带。

2016年中国各地（港、澳、台数据未列入）艾滋病人数占总人口比率

排序	省份	占人口比率	排序	省份	占人口比率
1	云南	0.197%	17	湖北	0.02397%
2	新疆	0.1688%	18	福建	0.02337%
3	广西	0.153%	19	江苏	0.0223%
4	四川	0.1133%	20	陕西	0.02174%
5	重庆	0.103%	21	安徽	0.02%
6	北京	0.074%	22	黑龙江	0.01979%
7	贵州	0.07268%	23	吉林	0.01933%
8	上海	0.06688%	24	江西	0.0192%
9	河南	0.0536%	25	宁夏	0.01889%
10	广东	0.04345%	26	山西	0.01628%
11	湖南	0.0358%	27	甘肃	0.014133%
12	浙江	0.0345%	28	内蒙古	0.013%
13	海南	0.0329%	29	河北	0.01%
14	辽宁	0.0288%	30	山东	0.00925%
15	青海	0.0256%	31	西藏	不详
16	天津	0.0246%			

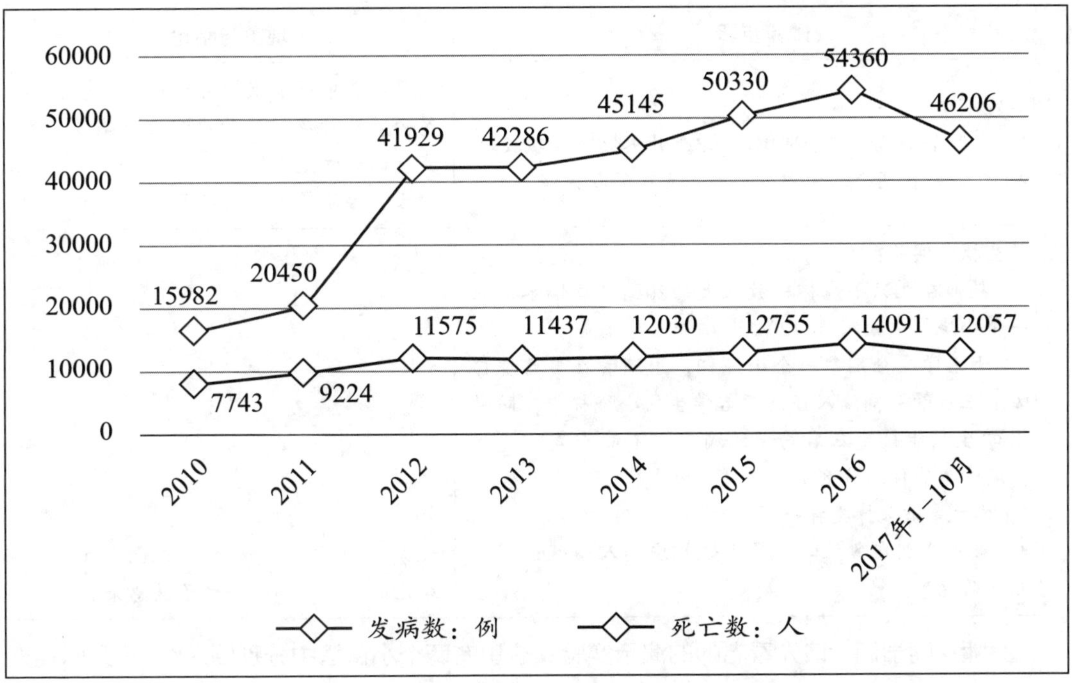

图1　我国2010–2016年艾滋病发病数

生1：从表格中看出，我国2016年31个省市（港、澳、台数据未列入），除西藏不详之外，其他多个省市出现了艾滋病病例，其中云南、新疆、广西的比例超过0.15%。

生2：从图1的发病数曲线来看，我国艾滋病发病数从2010—2016年的数值呈上升趋势，2017年稍有回落，但这是十个月的数据。

设计意图：学生透过直观清晰的图表和数据，通过比对、分析、总结艾滋病蔓延的趋势变化过程，从而真切地感受到艾滋病对我国乃至全球各地所造成的严重危害，由此激发他们抗击艾滋病、预防艾滋病的情感。

（三）艾滋病毒在蔓延

1. 师：随着艾滋病的蔓延，艾滋病给人类带来的危害日益加剧。艾滋病是如何在我们身边蔓延的？下面我们一起做个实验来演示一下。

艾滋病传染实验方案

1. 试验目的：在实践操作的过程中，我们体会艾滋病病毒传播的特点，进一步意识到全社会共抗艾滋病的重要性和迫切性。

2. 实验器具：小烧杯（10只）、滴管（10只）、玻璃棒（10只）、小试管（2个）。

3. 实验试剂：碱液、酚酞、蒸馏水。

4. 实验内容：

试验步骤	现象与结论
1. 教师演示试验： （1）在两个小试管中分别倒入约3毫升蒸馏水和碱液。 （2）然后，在两个试管中分别滴入无色酚酞试液。	现象：其中一个试管由无色变红色。 结论：变红色的试管原溶液是碱液，不变色的试管是蒸馏水。 假设：碱液是艾滋病病源。
2. 学生操作实验： （1）教师在九只小烧杯中放入大约20毫升蒸馏水，在另一个小烧杯中放入大约20毫升碱液。 （2）十名学生分别拿一个小烧杯，用滴管在自己烧杯中吸取三滴管分别滴入任意三名学生的小烧杯中，同时每名学生只能接受三名同学的滴入，不能重复。（注意：滴管不能伸入试剂中） （3）学生拿玻璃棒搅拌一下。 （4）教师分别在各位学生的小烧杯中滴入酚酞试剂，检测实验结果。	现象：　　　　个烧杯由无色变红色。 结论：　　　　个个体已被感染。

2. 师：同学们，请先看老师的演示实验，这里有两个小试管中分别倒入约3毫升两种无色透明的液体。老师分别滴入无色酚酞试液。大家看，这个试管依然无色透明，而另一个试管由无色变成红色，由此代表这是艾滋病病源。

接下来，老师将邀请九位同学与我一起来完成这个实验。这里有十只小烧杯，老师分别在九个烧杯中放入大约20毫升蒸馏水，另外一个小烧杯中放入大约20毫升碱液，这代表最初的病源。现在我将这十只烧杯打乱，谁也不知道哪个是病源。

请九位同学任选一只烧杯，像老师一样用滴管吸取三滴分别滴入任意三位学生的小烧杯中，同时每个学生只能接受三个同学的滴入，不能重复。滴管不能伸入试剂中。然后请拿玻璃棒以同一个方向搅拌。注意：玻璃棒不要碰撞烧杯壁和烧杯底，不要发出响声。

3. 师：我们猜一猜，最初的一个艾滋病病源，现在有多少个体已被感染了呢？让我们来检测一下！请所执试管颜色由无色变红色的同学，上前一步。

（师分别在各位学生的小烧杯中滴入酚酞试剂，检测实验结果）

3. 师：这个实验给你带来了什么启示？

生1：艾滋病病毒蔓延太惊人了。

生2：艾滋病病毒在无声无息中蔓延。

4. 师：是的，艾滋病病毒在无声无息中蔓延。我们一定要学会保护自己。

设计意图：巧用化学实验，模拟艾滋病病毒传播过程。师生共同参与其中，看似任意的操作却造成了出乎意料的结果，使学生真切地感受到艾滋病在无声无息中蔓延。学科知识渗透于教育活动之中，使德育更生动，更深入学生的内心。

三、心手相牵，预防艾滋病

（一）我们一起预防艾滋病

1. 师：艾滋病病毒正一步一步在无声无息中迅速地逼近我们。我们又该如何保护自己，预防艾滋病？

出示示例：拒绝毒品，远离艾滋病。____________，远离艾滋病。____________，远离艾滋病。

生1：文明交友，远离艾滋病。

生2：健康生活，远离艾滋病。

2. 师：随着医疗水平的不断发展，医疗技术的不断进步，艾滋病研究有了新的突破，我们一起来了解一下。

出示幻灯片：介绍最新艾滋病研究成果

3. 师：同学们，了解了最新的研究成果之后，你有什么想和大家分享的？

生1：艾滋病是一种可怕的病，但是我们的研究人员一直在想办法攻克它。

生2：一旦发现有感染艾滋病病毒的风险，一定要及时就医，寻求专业人士的救助。

生3：虽然目前艾滋病没有特效药，但这一研究成果可以改善一部分患者的生活。

设计意图：例句的填写，引导学生对防艾的思考，从而提升学生对艾滋病的认知及防范意识，真正学会善待他人、保护自己的方法和措施。通过最新艾滋病研究成果介绍，让学生更全面地了解艾滋病，树立战胜艾滋病的信心。

（二）我们永远在一起

1. 师：其实，社会上有许多人都关心艾滋病感染者、关爱艾滋病受影响者，用自己的行动告诉他们：我们永远在一起。

播放视频《反歧视公益广告片：永远在一起》：在片中，第一夫人彭丽媛介绍了几年中遇到的艾滋病儿童，她同受艾滋病影响的孩子们一起弹钢琴、唱歌、画画、踢足球，还蹲下来为一名男孩绑鞋带，画面满是温情和母爱。

2. 师：如此温暖的画面，让我们无比感动。下面我们听听彭丽媛和这个男孩的故事吧！

出示幻灯片：2006年，彭丽媛作为中国预防艾滋病大使第一次到贫困的农村，见到全家感染艾滋病并失去父母的5岁男孩高俊。当时的情况让她心碎。随后在政府和民间团体的帮助下，高俊健康长大。当她再次见到高俊，他长高了也变得开心了，他的痛苦已经过去，他们一起拍了一个名叫《永远在一起》的公益宣传片。高俊告诉彭丽媛，他的梦想是当一名飞行员。在过去十多年中，彭妈妈帮助过数以百计像高俊这样的艾滋病感染者，让他们在社会的关心下健康成长。

3. 师：同学们，彭丽媛胸前的红丝带伴随她走过了十多年，她用爱温暖着这些不幸的孩子们，与他们永远在一起。

设计意图：彭丽媛的故事令学生感动，她的人格魅力感染学生、影响学生。在彭妈妈精神的感召下，我们逐步引导学生在生活中尊重和理解艾滋病感染者、艾滋受影响者，学会友善对待艾滋病病毒感染者、艾滋病受害者。

四、佩戴丝带，课后延伸

1. 师：今天，让我们也在胸前佩戴上鲜艳的红丝带，加入抗击艾滋病的行动中来。

播放音乐《彭妈妈的红丝带》：

问问绿草地呀/问问红太阳/今天小伙伴呀/为何心花怒放/地多美/天多亮/我们的彭妈妈多慈祥

和大家一起谈梦想/和大家一起放声歌唱/帮这个系鞋带呀/为那个整衣裳/啦啦啦啦啦啦啦

彭妈妈胸前的红丝带/像一朵傲霜的秋海棠/带来了美丽温暖/带来健康和力量

今天小伙伴呀/为何心花怒放/问问绿草地呀/问问红太阳/问问绿草地呀/问问红太阳

啦啦啦啦啦啦啦

（学生佩戴红丝带）

2. 师：现在我们都是一名抗艾志愿者了，本周内请各小组完成《预防艾滋病宣传单》的制作，利用双休日组织队员上街宣传。让我们行动起来吧，让红丝带在你我心中飘扬，让爱在你我心中飘扬。我们号召大家共筑爱心长城，抗击艾滋病病毒侵袭。

设计意图：红丝带代表关怀与关注，代表希望与支持，更代表的是一份责任。设计《预防艾滋病宣传单》，意在巩固学生课堂学习预防艾滋病知识；上街分发《预防艾滋病宣传单》，旨在将认知落实于行动之中。从自我认知到向他人宣讲，这是行动的落实，更是思想的进一步提升。

【板书设计】

红丝带飘起来

拒绝毒品，远离艾滋病。

文明交往，远离艾滋病。

洁身自好，远离艾滋病。

……

【点评】

中国自古以来一直是礼仪之邦，崇尚与人为善、以和为贵。学会友善待人是“00后”人生的必修课。倪老师的“友善”一课赋予更深刻的内涵，非一般意义上的与人相处，而是面对生活中弱势群体，我们该如何给予关怀和帮助。艾滋病感染者，对于中学生来说，既陌生又惧怕。社会上谈“艾”色变，常常唯恐避之不及，所以设计好一节这一主题的教育课是有一定难度的，但倪老师结合学生特点和班级实际，通过丰富多样的教育形式实现教育目标，起到了良好的教育效果。

1. 晓之以理

一场别开生面的知识竞赛，为学生揭开艾滋病的神秘面纱；一张触目惊心的图表，使学生认识到艾滋病给人类带来的严重危害；一次亲身参与的化学实验，让学生了解艾滋病病毒蔓延的悄无声息；一句预防艾滋病的仿句填写，帮学生总结远离艾滋病的方法和措施。学生逐步认识艾滋病不可怕，艾滋病人不可怕，他们更需要正常人的关怀和帮助。

2. 动之以情

一部反歧视公益广告片、一个彭丽媛与艾滋病孩子长达十多年的故事、一首动情感人的歌曲，真真切切地让学生感受到彭丽媛对艾滋病孩子的尊重与关怀，同时，学生也从这些艾滋病孩子的身上感悟到他们的精神力量，从而学会友善对待每一个人。

3. 践之以行

让学生们自愿加入抗艾志愿者的行列，走上街头做一名红丝带的宣传者。教育的过程层层深入，水到渠成，充分体现教育过程之匠心，并使“友善”这一主题得以升华。

上海市吴迅中学教导主任　钱小燕

第31课　独一无二的“我”

设计教师：上海市杨思中学　　　　何平平
指导教师：上海市浦东教育发展研究院　姚瑜洁

【活动背景】

初中生已经步入青春期，自我意识日趋增强，如他们喜欢照镜子、注意个人形象、在意同伴的评价等。但是他们对自我的认识是否准确？能否正确对待别人对自己的评价？这些问题必须引起老师关注，开展青春期教育，帮助学生客观认识自我、评价自我，引领他们走上健康成长之路，这是每一个教育工作者的责任和义务。

八年级学生正处于自我同一性发展的关键期，也是人生成长的重要阶段。这一时期的学生主观意识增强，但对自我的评价具有片面性、主观性，如果无法客观地认识自己，将很难正确对待他人的评价。因此，教会学生多角度地、全面地看待自己的优缺点，学会悦纳自己。

【活动对象】

初中八年级学生

【活动目标】

1. 知识与技能

理解每一个人都是独一无二的个体。

2. 过程与方法

（1）创设情境，了解自己的特质、认识自我的独特之处。

（2）学会客观看待自己的优缺点，正确对待他人的评价，悦纳自己。

3. 情感、态度与价值观

感受自我独特的魅力，欣赏自我，悦纳自己。

【活动重点】

理解每个人都是独一无二的个体存在。

【活动难点】

学会悦纳自己。

【活动准备】

1. 视频资料：《认识自我》《力克》《“木头人”的故事》。

2. 制作课件。

【活动过程】

一、视频导入，揭示主题

1. 师：在上课之前，我们先来观看一个视频。

播放视频《认识自我》：大猩猩和猴子照镜子，大猩猩能知道镜子里的就是自己，而猴子不知道。两个小主人公，几个月大的孩子往脸上乱涂乱画，完全不知道自己在干什么；而另一个大一些的，则一直在强调东西要自己拿。

2. 师：视频里哪个动物对自己有意识？

生：大猩猩。

3. 师：是的，大猩猩能在镜子中认出自己，这个现象在心理学中叫作“自我意识”。关于自我意识的场景还有很多，比如视频里三四岁的小朋友坚持要自己吃饭，经常会说“我的、我的”，这些都是自我意识的表现。你对自己真的了解吗？这节课我们就一起来探索那个独一无二的“我”。

板书：独一无二的“我”

二、认识“我”心中独一无二的“我”

1. 师：德国一位哲学家说过，“世界上没有两片完全相同的叶子”，人也是一样的，即使是双胞胎，也会有自己独特的一面。下面我们先来寻找自己独一无二的特质。

板书：认识心中独一无二的“我”

2. 师：自然界中，每种动物都有令人印象深刻的特质，猴子的灵敏，兔子的温顺，老虎的凶猛……如果用一种动物来比喻你自己，你会是什么动物呢？

生1：我觉得我像老虎。我脾气还是很大的，发火的时候很像老虎。

生2：我更像狮子。因为在活动中，我喜欢做老大，我觉得狮子是老大。

生3：我更像兔子。因为兔子比较乖，我在父母眼里是乖乖女。

生4：我更像树懒。因为我比较懒，在家里更不喜欢动，妈妈说我太喜欢睡觉了。

生5：我可能更像鸟吧。我喜欢自由，像鸟一样翱翔。

设计意图： 通过学生的描述，用熟悉的动物比喻自己，帮助学生理清思路，更加了解自己的个性特征，同时也为下一个环节的讨论做铺垫。

三、探索别人眼中独一无二的“我”

1. 师：刚才同学们都交流了自己像哪种动物，你眼中的自己，与他人眼中的你，一样吗？了解自己其实是最困难的事情，了解自己也是人最高智慧的体现。而了解别人相对容易一些，所谓“旁观者清”，让我们来看看别人是怎样评价你的。我们先来说说A同学，大家觉得她更像哪种动物？

板书：探索别人眼中独一无二的“我”

生：我觉得A同学更像狗。

2. 师：你能不能说说为什么？

生：因为她对朋友还是挺忠诚的。

板书：狗　忠诚

3. 师：看来有差距啊，A同学觉得自己像老虎，同学却觉得她像狗。我们再来说说B同学在你眼里像什么动物？

生：我觉得她给我们听写单词的时候像狮子，确实很凶，但是值日的时候像老黄牛，还是很能干的。

4. 师：我们这位同学很细心，发现了B同学的另一面。

板书：牛　能干

生：我觉得她也像狗，因为她对朋友还是很友善的。

5. 师：同学们都很善于去发现别人的个性特点。那我们再来说说C同学，她刚刚说自己像兔子，你觉得呢？

生：我觉得她写作业的时候像兔子，可她上体育课的时候一点儿都不像，倒是很像脱缰的野马一样，跑得好快啊！

板书：兔　敏捷

6. 师：你觉得她有野马的一面，观察得很仔细，其他同学呢，也来说说看。

生：我觉得她挺像猪的，因为太能吃了，哈哈哈。

7. 师：你发现了她特殊的一面哦，能吃也是福气。我们来说说D同学，他说自己像树懒，你们觉得呢？

板书：猪　有福

生1：老师，我觉得其实他不懒的，他在发作业的时候很认真，动作很快，数学老师上次还表扬他了，发作业本的时候他更像兔子一样，速度很快。

生2：可他上体育课的时候有一点儿懒，不喜欢跑步。

8. 师：D同学，听到了吧，同学们的发现远比你自己的多，希望你在体育课上也能动起来。E同学呢，他在你眼里像什么动物？

生1：他有点儿像鸭子，因为他很喜欢游泳。

生2：喜欢游泳的更像鱼吧，我觉得他喜欢自由，更像鱼。

板书：鱼　自由

9. 师：感谢同学们的分享，相信大家对自己及他人都有了更深入的了解，你们有没有发现，自己眼中的“我”和别人眼中的“我”是有差异的。

生：是的。

设计意图：通过比对，学生们认识到对自己的评价可能是片面的，意识到对自己的认识除了自我的评价，还要了解他人对自己的评价，两个方面结合起来才是完整的自我概念。

四、认同、悦纳独一无二的“我”

（一）独一无二的木头人

1. 师：既有优点又有缺点，既有自评又有他评的评价才是全面和客观的，只有正确对待别人的评价才能越来越真实地认识自己。但是也有一种情况，有的人容易被别人的评价所影响，我们来看这样一个小故事。

出示PPT：有一个叫作微美克的村庄里，住着一群小木头人。他们每天做着同样的一件事情——互相贴贴纸。贴纸有两种：一种金色的星星贴纸，它们将被贴在漂亮的、学问好的、有特殊才能的木头人身上；而另一种灰色的点点贴纸将被贴在木质粗糙、油漆脱落，或者是看起来没什么优点和长处的木头人身上。胖哥是其中之一。他想要跟别人跳得一样高，却总是摔得四脚朝天。一旦他摔下来，其他人就会围过来，为他贴上灰点点。有时候，当他摔下来时，他的身体被刮伤了，别人又为他贴上灰点点。他为了解释为什么会摔倒，讲了一些可笑的理由，别人又会给他再贴一些灰点。因为灰点太多，他就不想出门了，怕又做出什么傻事。其实，有些人只因为看到他身上有很多灰点贴纸，就会跑过来再给他多加几个，根本没有其他理由。“他本来就该被贴很多点点的，”大家都这么说，“因为他不是个好木头人”。听多了这样的话，胖哥也这么认为了。他会说：“是啊，我不是个好微美克人。”他很少出门了，每次他出去就会去跟一样有很多灰点点的木头人在一起，这样他才不会自卑……

2. 师：木头人胖哥为什么会被别人贴上许多灰点点？他被贴上灰点点后是怎么想和怎么做的？在你身上有别人给你贴的“灰点点”吗？你是怎么看待这些标签的呢？

生1：因为木头人总是犯错。他被贴灰点点后更自卑了，把自己封闭起来。

生2：有时候也会有同学给我贴灰点点。

生3：我会很乐观。

生4：我也会很在意同学的评价。

3. 师：人无完人，每个人都是独一无二的，比如我们班，同学们有的个子高，有的个子矮，有的胖，有的瘦，有的外表漂亮，有的外表一般。每个人都是这个世界上独特的存在。每个人身上有优势，也会有一些不足，但这些并不影响你成为一个有价值的人。生活中有一个人，他比我们不幸多了，但是面对这些不幸，他又是怎么做的，我们一起来看看。

（二）独一无二的力克

播放视频《力克》：力克是一个天生有重度残疾的人，但是他可以像正常人一样做饭、运动、读书，正常人可以做的，他都可以。

1. 师：看完视频，你有什么想说的吗？

生1：我觉得力克非常了不起。

生2：力克有很多值得我们学习的地方。

生3：力克没有的，我们都有，我们比力克幸运多了。

2. 师：在我们眼中，力克没有手，没有脚，是重度残疾的人，但他能做很多事，可以游泳、开车、做饭，他并不是把精力用在抱怨、自卑上，而是接受自己的缺陷后不断完善自己。这种精神特别值得我们学习。

3. 师：最后，送给大家一句话：一出生，你是什么样子，这是上帝送给你的礼物。你将要成为什么样子，这是你送给上帝的礼物！好好认同、悦纳你自己吧！

板书：悦纳

设计意图： 初中阶段的学生对自我的认识还是不够深刻，很容易被他人影响。通过木头人的故事，学生深刻了解到每个人都有自己的优点，也有自己的缺点，不要轻易被别人的评价所影响，正确看待他人的评价很重要。发扬自己的优点，悦纳自己的不足，努力做一个有价值的人。现实生活中有些学生因为身高、家庭或者外表等因素很容易自卑，通过欣赏力克的视频、讨论、案例分析，使学生学会多角度看待自己的优缺点，承认、接受自己的所有悦纳自我。

【板书】

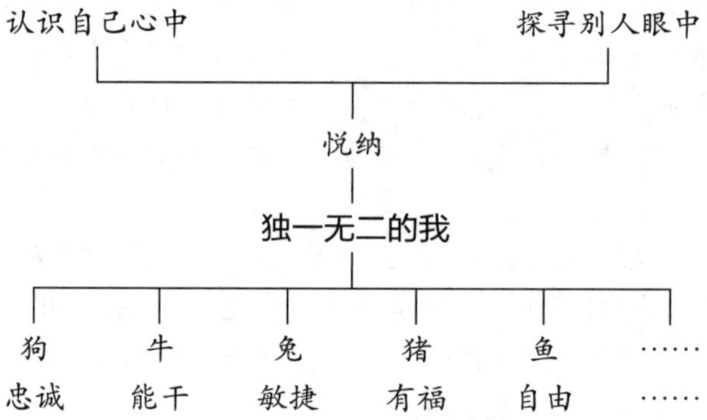

【点评】

1. 课堂重难点突出

何平平老师的《独一无二的我》这堂主题教育课，由视频导入，引出课题，创设情境，激发学生兴趣。通过“认识我心中独一无二的我”“探寻别人眼中独一无二的我”这两个环节来突出重难点。在“认同、悦纳独一无二的我”板块中，通过观看，讨论“力克”的励志经历，让学生深刻体会到现实生活中还有很多更不幸的人，但是学会悦纳和突破自我更为重要。

2. 课堂结构严谨

整堂课环环相扣，过渡自然，效果很好。教师点拨到位，思路开阔，善于引导学生的思维方向，易于与学生产生情感共鸣。

3. 课堂贴近生活

这堂课贴近生活，联系初中生青春期特点，符合学生实际情况，考虑到学生身心健康发展，令学生受益匪浅，收获颇多，是一节非常成功的主题教育课。

上海市浦东教育发展研究院德研员　姚瑜洁

第32课　小小对话框，网友知多少

设计教师：上海市实验学校附属光明学校　陆燕华
指导教师：上海市浦东教育发展研究院　　姚瑜洁

【活动背景】

《上海市中小学生生命教育指导纲要》明确要求："养成健康的生活方式，文明上网"。《青少年网络文明公约》也提出："要增强自护意识，不随意约会网友。"但从警方历年网络诈骗案件的大数据中可以看出，一些犯罪分子就是通过网络聊天来骗取青少年的信任，进行抢劫、诈骗甚至杀人等犯罪行为。据统计，网络犯罪数量近几年一直呈上升趋势，青少年网络安全教育成为当前教育的重要课题。

在生活中，曾经有家长这样抱怨："孩子老爱泡在QQ上，不知道在和什么人聊天，我很担心他会因此耽误学习。""我家的孩子QQ上有许多网友，没几个我熟悉的，我们实在担心他会学坏！"此次针对班级学生关于网络交友的问卷调查显示，有92%的学生结交过网友，有90%的学生经常与网友聊天，甚至有学生盲目地与网友相约见面，可见网络交友现象在班级中普遍存在。

【活动对象】

初中八年级学生

【活动目标】

1. 知识与技能

（1）知道网络交友存在一定的安全隐患，明白安全网络交友的原则和方法。

（2）懂得不轻信网上朋友的信息资料，不透露重要的个人信息，并不要轻易答应与网友见面，学会谨慎选择网友。

2. 过程与方法

（1）以教师与虚拟网友的聊天记录为线索，参与网上交友话题的讨论。

（2）在帮助网友的情景中，学会在生活中不轻信网友的信息资料，不随便透露个人信息，不随意与网友见面，懂得自我保护。

（3）以送"网上交友小贴士"的活动形式，总结正确结交网友的方法，以此强化自我保护的意识。

3. 情感态度与价值观

树立正确的网上交友观念，形成正确的网上交友意识，提高明辨是非的能力。

【活动重点】

在网络交友时，懂得不轻信网友的信息资料，不透露重要的个人信息，不轻易与陌生网友见面。

【活动难点】

在生活中提高明辨是非的能力，慎交网友，学会自我保护。

【活动准备】

1. 针对班级学生交网友现状设计问卷调查，并进行分析。
2. 课前和学生交流交网友的利弊，并让学生写下心得。
3. 安排学生课外收集关于网上交友的资料。
4. 制作多媒体课件。

【活动过程】

一、导入主题，激发兴趣

1. 师：前几天，有同学问我：“陆老师，你的网名是什么，有没有网友？”现在就让我来告诉大家吧。

出示PPT：聊天对话框的图样。

2. 师：我的网名叫“漫步雨中”。我的网友可多了，其中大部分是我以前的学生和现在的同事。同学们，能否告诉陆老师，你们的网名是什么？有哪些网友呢？

生1：我的网名叫“孤独超人”，我的网友大多是我小学和现在班级里的同学。

生2：我的网名叫“潇洒转身”，因为我喜欢打游戏，我的网友好多是打游戏的朋友。

3. 师：你们的网名都很与众不同，也很好听。同学们，在你们眼中，网络是天堂，在那里可以找到“知心朋友”，畅谈心中的秘密。几天前，陆老师在班级中做了一个调查，结果显示，我们当中有92%的学生结交过网友，有90%的学生每周都与网友聊天，网络交友已经成为大家生活中一道独特的风景线。其实在工作之余，陆老师和你们一样也爱交网友，喜欢和网友聊天，小小对话框已经成为我们沟通交流的一个重要媒介。今天我们要讨论的话题就是“小小对话框，网友知多少”。

板书：小小对话框，网友知多少

设计意图： 课堂一开始通过展示教师的QQ聊天对话框，介绍教师的网名和网友，拉近与学生的距离，引起共鸣。随后让学生也来介绍他们的网名和网友，并通过出示课前的调查，让学生知道QQ等社交工具已经成为现代人沟通交流的一个重要媒介。到底与网友聊些什么？对网友的了解程度如何？一系列的思考引出了本课的主题，也为下一环节的学习进行了预设和铺垫。

二、情景讨论，辨析明理

（一）情景导入1：不要轻信网上朋友的信息资料

1. 师：几年前，陆老师申请了一个QQ号，有空了我也经常会上网看看。来，现在让我们一起浏览一下陆老师的QQ。听，有人给我发信息了，是谁呢？ 哦，原来是我去年毕业的学生“记忆犹新”啊。“记忆犹新”刚刚学会了上网，刚刚学会聊天，还是菜鸟级的。他发我信息有什么事呢？

出示PPT：陆老师，有一个陌生人多次发出请求要我加他为好友，他们资料显示他和我在一个地区，并且和我一样大，我应该加他吗？

2. 师：同学们，你们来帮陆老师告诉他，要不要加这个陌生人为好友？为什么？

生1：我觉得加一下吧，人家诚心诚意发出请求要“记忆犹新”加他为好友，不加他显得“记忆犹新”有点不礼貌。

生2：我觉得不要加这个陌生人为好友，因为“记忆犹新”不知道对方的情况，盲目地加他为好友有点危险。

生3：我认为“记忆犹新”应该加这个陌生人为好友，因为网友之间不认识，也没关系的，彼此只是聊聊天打发时间而已，而且他们俩一样大，会有共同语言。不会有什么影响的。

3. 师：有的同学同意“记忆犹新”加这个陌生人为好友，有的同学建议不要加他为好友。大家都积极发表了自己的观点，很好！但是网络是一把双刃剑，既可以方便我们的学习，让我们更好地去了解世界，但也潜藏着一些骗局，所以我们在选择网友时一定要慎重。

板书：不要轻信网上朋友的信息资料

设计意图： 通过设计情景，显示教师和学生“记忆犹新”的模拟聊天记录，让学生针对“记忆犹新”提出的问题“上网时要不要加陌生人为好友”展开讨论，在各抒己见中力求引导学生了解网络是一把双刃剑，有利有弊。这种讨论来自学生的生活实际和处事方法，所以能更有效地提醒学生在生活中要慎交网友，学会自我保护。

（二）情景导入2：不要轻易告诉网友重要的个人信息

1. 师：那让陆老师赶快把大家的建议告诉“记忆犹新”吧。

出示PPT：“记忆犹新”，你不要轻信陌生人发来的信息资料，在没有了解他的情况下暂时不要加他为好友。

2. 师：啊呀，来不及了，我还没有发给他，“记忆犹新”又来信息了。

出示PPT：陆老师，我已经加对方为好友了。我和新的网友聊得很投机，他问我要家庭住址和电话号码，我应该怎么办？

3. 师：同学们，你们觉得“记忆犹新”要不要给新网友他家的住址和电话号码呢？

生1：我认为给个地址和电话号码无所谓的，不会损失什么的，相反与他联系起来更方便了。

生2：我也觉得不要这么小心翼翼的，人家是很有诚意的，你不告诉他是不够朋友的表现。

生3：我不同意刚才两位同学的观点，我觉得家庭住址和电话号码都是一个人的重要信息，老师在平时也一直教育我们不要轻易泄露个人的重要信息。

4. 师：某某同学说得非常对，我们不要轻易告诉网友重要的个人信息。那么哪些重要的个人信息不能轻易告诉别人呢？

生1：我觉得重要的个人信息有出生日期、身份证号码。

生2：家庭住址、电话号码、家人的银行卡密码都是重要的个人信息。

板书：不要轻易告诉网友重要的个人信息

设计意图：继续设计教师和学生“记忆犹新”的模拟聊天记录，对“记忆犹新”提出的困扰再次让学生发表见解，在讨论中为学生梳理出哪些是不可泄露的“重要信息”，这样学生便能非常清晰地了解“隐私”的重要性，并适时提醒学生不能将个人的重要信息轻易告诉网友。初中生还是一个孩子，所以课堂中明确“隐私”的信息很有必要，能帮助学生在生活中学有所用。

（三）情景导入3：不要轻易答应与陌生的网友见面

1. 师：哎，“记忆犹新”做事有点草率，现在不知道他和新网友聊得怎么样了呢？

出示PPT：陆老师，我觉得这个新网友还是很友好的，我们聊得很投机，所以我把我的生日、爱好告诉了他。现在他居然约我有空见见面，请问我该不该去呢？

2. 师：这个网友也很大胆，和“记忆犹新”聊的时间不长就要提出见面。同学们，你们觉得“记忆犹新”该不该去呢？为什么？

生1：假如我是“记忆犹新”，我会去见这个新网友的，我要看看他到底长得怎么样，是不是跟我想象的一样，因为我喜欢冒险。

生2：我觉得“记忆犹新”不应该去与新网友见面，因为网络是虚拟化的世界，万一他是个坏人，“记忆犹新”怎么能对付得了呢？

生3：我也认为不要去，因为“记忆犹新”还没真正了解这个新网友，盲目地去见他不安全。

3. 师：是的，大家说得很好。那么陆老师想知道，你们有没有去见陌生网友的经历呢？

生1：说起约见陌生网友的经历，我印象深刻。在六年级的时候，我第一次约了我的一位网友在公园里见面。想不到我和他有许多共同的兴趣爱好，我们聊得很开心，因为彼此住得不远，现在也经常见面。

生2：我也有约见陌生网友的经历。网上“他”告诉我是一个与我同龄的女学生，事实上他是一个大我好多岁的社会青年，吓得我一句话都没敢说，赶快溜了。那是好可怕的一次经历，从此我再也没有见过网友。

生3：我见陌生网友的经历更尴尬。我在我们事先约定的地方等了一个多小时，不见网友的影子，原来他只是说说而已，根本不当一回事。我真的太天真了！

4. 师：同学们，在没有彻底了解网友之前，我们与网友聊天、见面都要小心谨慎。接下来让我们来看一个视频，了解一下故事中小东的遭遇。

播放视频《小东的遭遇》：

15岁的小东辍学从老家出来，投奔在江门打工的父母。父母都在工厂打工，根本无暇顾及他，每天给他几元让他随便应付三餐。没有朋友的小东深感无聊，渐渐迷上了出租屋附近的网吧。在网吧里，他“无师自通”地学会玩游戏、打字以及上QQ。网络中的一切，令他大感新奇，每天父母前脚出门，他后脚就跑到网吧“上班”。

这样的日子过了几个月，小东混成了网吧的熟客，渐渐地在网吧也有了“当家做主”的“豪气”。那天，网吧里来了一群同龄人，其中一个女孩长得特别漂亮。小东忍不住跑过去看她，见她正在上QQ，于是小东加了她的QQ，两人有一句没一句地在QQ上聊起来。

谁料，这一幕被另一个男孩子看在眼中。傍晚时分，当小东伸伸懒腰准备离开网吧时，那少年突然带来了4个人，一哄而上把小东拖出网吧。在众人的惊呼声中，小东的手筋被挑断。

虽然医生对小东的双手实施了接驳手术，但他的双手还是丧失了大部分功能。事后经办案人员了解，小东当时与那个女孩子搭讪，其实只是感觉在异乡孤独无聊，想交个朋友，而闹事的男孩子是女孩的男朋友，他以为小东想抢他的女朋友，于是实施了暴行。一次网聊，一场误会，付出如此沉重的代价，怎能不让人扼腕叹息！

5. 师：同学们，故事中小东的遭遇真的太凄惨了。你们看了之后有什么感想吗？

生1：小东的遭遇告诉我们，我们不要沉迷于网上聊天、游戏等虚拟世界，不轻易与不曾相识的网友约会，自觉遵守互联网道德规范，不要让小东的悲剧重演。

生2：我觉得网上有许多不良的信息，这是不争的事实，我们中学生应该提高辨识有害信息的能力，遇到陌生的网友要提高警惕，这样才能尽可能地避免受到网上有害东西的影响，避免受到伤害。

6. 师：同学们，面对陌生网友的见面要求，我们一定要慎重考虑，不要轻易答应别人，避免不必要的麻烦，甚至受到伤害。我赶紧把大家的建议发送给“记忆犹新”。

板书：不要轻易答应与聊天不久的网友见面

设计意图： 以“记忆犹新”再次遇到是否与“网友见面”的问题为线索，再选择一个真实的新闻故事作为案例引发学生的思考。故事主人公小东的不幸遭遇，能给予学生一种警醒，让他们感受到小小的聊天对话框有时隐藏着很大的危险性，应当提高警惕，慎交网友，懂得自我保护，特别是尽量避免与陌生网友见面。这是对学生的一种社交安全教育。

三、活动总结，导行实践

1. 师：为了让“记忆犹新”这位网友能有较强的自我保护意识，在网络上交到真正的朋友，你们有什么“网上交友小贴士”送给他呢？

生1：不要轻信网上朋友的信息资料，学会自我保护，谨慎选择网友。

生2：不要轻易告诉网友重要的个人信息（如出生日期、身份证号码、家庭住址、电话号码、家人的银行卡密码、电子邮箱账号密码、个人照片等）。

生3：不要轻易答应与聊天不久的网友见面，如果必须见面，一定要多方了解其背景。当有人以各种理由提出约会或登门拜访时，应当高度警惕，最好婉言拒绝。

2. 师：同学们，网上交友不是不可以，关键在于你怎样对待它！当小小对话框弹出来的时候，你一定要保持清醒的头脑，增强自护意识，谨慎结交网友，不随意约见网友。学会保护自己，“三思而后聊”，积极地面对网络，善用网络。不管是在真实世界还是在虚拟世界中，都要以你的真情去和同样也拥有真情的人交往，共同创造美好的未来！

【板书设计】

小小对话框，网友知多少

不要轻信网上朋友的信息资料

不要轻易告诉网友重要的个人信息

不要轻易答应与陌生的网友见面

【点评】

1. 主题新颖，时代性强

陆老师能根据当前新媒体形式下学生爱交网友的现象，课前对学生在日常生活中网上交友情况进行了充分的调查，罗列出在网上交友过程中出现的问题，并针对这些问题设计了一系列的活动，切入点和设计环节都十分新颖，能激发学生的兴趣并引发学生的共鸣。

2. 内容真实，贴近生活

以情景人物“记忆犹新”在交网友过程中的困惑为主线，设计与“记忆犹新”之间的QQ模拟聊天记录，情景再现了学生日常生活中网上交友的实际情况。因为学生有深刻的体验，能敞开心扉，说出自己对网上交友的想法和经历，充分调动了学生课堂的参与性，使课堂气氛浓郁而民主，并学有所获。

3. 有效指引，意义深远

通过学生之间的讨论，以及陆老师适时的引导和点拨，学生对网上交友的利与弊做了进一步的剖析，知道小小对话框既能让自己一吐为快，也有欺骗和预谋，增强了学生网上交友时的自护意识和安全意识，知道了网上交友时一定要谨慎，不随意约见网友，保护好自己，强化了学生在情感上的认同，收到了预期的教育效果。

上海市实验学校附属光明学校副校长　张　婧

后记 *Afterword*

2019年深秋，收获的季节，满目金黄的银杏树，金蝴蝶般的叶儿簌簌飘落，给原本清冷的大地增添了几分暖意。“习惯养成教育”方案已悉数修改完毕，看着眼前的文稿，我们不禁回想起课堂上的张张笑脸和浓浓情意，一想到这些德育成果能和更多的教育工作者分享，心中平添几分快意。

这些文稿的“诞生”，每一份都来之不易。班主任们结合班级实际情况和学生特点选取适切的题材，搜集大量素材、选择恰当形式、创设有效情境，历经数稿备课、数次试教后作公开教学。这些经过实践检验的方案入选后，首先由各位执教老师按照要求进行再次修改，大到主题价值、目标描述、素材概述、内容结构，小到行文措辞、句段逻辑、字体大小、行距标点，一一进行通读修改。其次，各位编委以小组负责制的方式进行审核，通过对全文逐字逐句大声朗读，对方案内容进行精雕细琢，对大小标题进行凝练优化。接着，各位编委将修改意见和作者进行交流，由作者再作选择性修改。在区教发院的统筹安排下，这样的修改历经六轮，只为将方案改至尽善尽美。其间，主编一再强调必须站在读者的角度思考问题，尽可能将方案叙述详尽，将相关素材描述清楚，方便老师们学习和使用。

“习惯养成教育”是德育工作的重点。近十年来，开展各级各类习惯养成教育主题教育课展示研讨活动，已成为浦东新区德育阵地的优质品牌，也成了各中小学养成教育的固定项目。从历次公开课中遴选出的32篇方案，分为“学习生活习惯”“文明礼仪习惯”“人际交往习惯”和“孝亲敬老习惯”四个系列，这是对老师们智慧的肯定，也是我区习惯养成教育方面的小结。

本书由上海市浦东教育发展研究院姚瑜洁老师策划组稿，上海市宣桥学校祝永华、浦东新区顾路中心小学黄燕、浦东新区晨阳小学谈冰、浦东新区观澜小学曹丹红、上海市实验学校东校凌洁敏、浦东新区福山证大外国语小学杨燕青、浦东新区小学教育指导中心孙丽萍、浦东新区华林小学罗丽惠、浦东新区辅读学校王剑、上海市三灶学校富士英、浦东新区世博家园实验小学王磊、上海市南汇第四中学倪新华、上海市尚德实验学校杨路和王晓静、嘉定区古猗小学龚志萍、上海市秋萍学校张晓怡、浦东新区张江镇中心小学秦蓉子、上海市杨思中学何平平、周浦镇第二小学高慧担任编委。

“习惯养成教育”系列方案能结集成书，得益于多方努力和付出，感谢浦东新区各中小学的全力支持，感谢市（区）专家、浦东新区教育局、浦东教育发展研究院领导和同仁对本书出版的关心。

鉴于作者水平有限，不足之处在所难免，真诚期望专家、同行和读者不吝斧正！

本书编写组

2019年12月